应用型高等教育财经类专业"十三五"规划教材

U1009093

财 务 分 析

（第二版）

桂玉娟　主　编

程　康　叶显楚　副主编
童　梅　程兰兰

上海财经大学出版社

图书在版编目(CIP)数据

财务分析/桂玉娟主编．—2版．—上海：上海财经大学出版社，2020.7

(应用型高等教育财经类专业“十三五”规划教材)

ISBN 978-7-5642-3550-5/F·3550

Ⅰ.财… Ⅱ.①桂… Ⅲ.①会计分析-高等学校-教材 Ⅳ.①F231.2

中国版本图书馆CIP数据核字(2020)第089864号

□ 责任编辑 徐 超
□ 联系邮箱 1050102606@qq.com
□ 封面设计 张克瑶

财务分析

(第二版)

桂玉娟 主 编

程 康 叶显楚 童 梅 程兰兰 副主编

上海财经大学出版社出版发行
(上海市中山北一路369号 邮编200083)
网 址：http://www.sufep.com
电子邮箱：webmaster @ sufep.com
全国新华书店经销
上海天地海设计印刷有限公司印刷装订
2020年7月第2版 2024年5月第4次印刷

787mm×1092mm 1/16 15.5印张 397千字
定价：46.00元

第二版前言

随着我国产业升级和经济结构调整不断加快，会计职能逐渐由核算型向管理型转变，企业对财务会计人员的职业素质及职业技能提出了更高要求，要求他们在进行会计核算的同时，能够帮助企业进行财务分析、辅助财务决策。为适应企业需求和社会经济发展需要，培养应用技术型财会人才，我们在认真总结财务分析教学经验和财务分析实务经验的基础上，紧密围绕财务分析的重点、热点、难点问题，编写了本书。

本书选取了汽车行业中具有代表性的上汽集团为研究对象，以其近三年的财务报表及相关资料为研究依据，进行较全面的财务报表分析和财务能力分析，各章节数据之间存在较强的关联性，便于学生建立整体的财务分析观，形成较严谨的财务分析逻辑结构。

每章前均采取案例导入，选取最新的具有影响力的热门案例，如九好集团、万福生科、唯品会等，与财务分析实务紧密结合。此外，还配置了一定量的思考题、练习题和实务题，便于学生课后自主练习，巩固所学知识。

自 2017 年出版以来，本书深受全国众多高等院校师生及广大读者的认可和喜爱。本次修订在保持第一版基本体系和体例的基础上，考虑到财务分析理论发展、实务需求和财务分析教学特点，充分吸纳师生们的修改建议，对教材部分内容进行调整。与第一版相比，第二版主要做了以下修订：

1. 在各章节前，增加了职业技能目标，将教材设计与职业技能目标相关联。

2. 根据财政部《关于修订 2019 年度一般企业财务报表格式的通知》(财会〔2019〕6 号)调整了资产负债表、利润表等格式，调整了部分会计科目。

3. 删除了“营业税”，修正了部分表述，更新了部分数据。

4. 更新了部分章节的案例。

5. 充实了各章节实务分析部分的参考答案。

本书的参考答案和配套课件可在上海财经大学出版社网站 www.sufep.com 免费下载。

本书为湖北省高等学校省级教学研究项目(项目编号 2018508)阶段性研究成果，由湖北大学知行学院桂玉娟任主编，程康、叶显楚、童梅、程兰兰任副主编。全书由桂玉娟总纂、修改并定稿。具体编写分工如下:第一章,程兰兰;第二章、第三章、第四章、第五章、第六章、第十章,桂玉娟;第七章、第八章、第九章,程康;第十一章,童梅。叶显楚参与拟定大纲及校稿工作。

本书是高等教育会计学、财务管理专业应用转型试点教材,可作为普通高等院校特别是应用型本科院校会计学、财务管理及相关专业的财务分析教学用书,也可作为企业在职人员的参考用书。

本书在编写过程中参考了大量相关文献,在此对这些文献作者表示感谢。由于编者的水平和时间有限,书中难免存在疏漏和不足之处,恳请各位读者批评指正,并将意见和建议及时反馈给我们,以便修订时完善。

编 者

2020 年 3 月

目　录

第一章　财务分析概述

学习目标

1. 了解财务分析的产生与发展。
2. 理解财务分析的内涵与目标。
3. 掌握财务分析的内容与形式。
4. 理解财务分析的局限性。

职业技能目标

掌握财务分析发展史，建立整体财务分析观。

案例导入

被称为“现代证券分析之父”的本杰明·格雷厄姆(Benjamin Graham，1894—1976)是华尔街的传奇人物，他的财务分析学说和思想在投资领域产生了巨大震动，影响了几乎三代重要的投资者。他的投资哲学——基本分析法和“风险缓冲带”——为沃伦·巴菲特、马里奥·加贝利、约翰·奈夫、米歇尔·普赖斯等一大批顶尖证券投资专家所推崇。沃伦·巴菲特作为格雷厄姆的学生兼雇员，对格雷厄姆无比佩服。他说：“格雷厄姆的思想，从现在起直到100年后，将会永远成为理性投资的基石。”

格雷厄姆通过实践逐步确立了价值投资理念，在他看来，投机并不是一项好的投资，因为投机是建立在消息并非完全透明的基础之上的，其风险极高。股票价格有上涨的可能，但也有下跌的风险，即便是绩优股也不例外。所以，从严格意义上来说，基于事实本身的投资和基于消息的投机，两者所蕴含的风险是不同的。如果一家公司真的运营良好，那么，它的股票所含的投资风险便小，其未来的获利能力相应也会比较高。那么，如何判断一家公司的营运状况和未来发展趋势，如何预测公司未来的盈利能力和其股票的内在价值，财务分析则是不可或缺的有效工具。可以说，谁能运用财务分析得出更有效率的信息，谁就占据了信息优势，自然也就更容易获得较为丰厚的收益。

第一节 财务分析的产生与发展

一、财务分析的产生

财务分析最早产生于美国，是美国工业大发展的产物，起源于美国银行家对企业进行的信用分析。在美国工业大发展之前，企业规模相对较小，银行主要根据企业信用水平的高低决定是否向其发放贷款。

然而，随着经济的不断发展，银行不再根据企业信用水平向其贷款，而需要更详尽的、反映企业财务状况的资料来判断企业是否具有足够的偿债能力。1895 年，美国纽约州银行协会要求机构贷款人提交书面的、有其签字的资产负债表。1900 年，美国纽约州银行协会发布了申请贷款的标准表格，其中包括一部分资产负债表项目，通过检查客户的财务报表来确定是否放贷在银行家之间开始流行起来。1919 年，美国银行家亚历山大·沃尔(Alexander Wall)作为财务综合评价领域的著名先驱者之一，创立了比率分析体系。在当时，沃尔的比率分析体系仅限于"信用分析"，所用的财务比率指标只有流动比率指标，主要为银行提供信用分析服务，以防范贷款的违约风险，对贷款人进行信用调查和分析，据以判断客户偿债能力。

1923 年，百利斯(Bliss)出版了《管理中的财务和经营效率》一书，他提出并建立了各行业平均的标准比率以便于对各企业进行横向比较。1925 年，著名会计学家斯蒂芬·杰尔曼(Stephen Gilman)出版了著名的《分析财务报表》，指出比率分析存在三大缺陷：其一，比率的变动只是两个相关因素的变动；其二，单一比率很难综合反映与其相关的某一报表(如资产负债表、利润表等)之间的联系；其三，比率始终给人不保险的印象。为此，他设计了趋势分析法(trend method)并将之运用于对资产负债表的分析，由此便诞生了趋势分析法。19 世纪末 20 世纪初这一系列分析技术的重大突破，标志着财务分析学科的正式产生。

二、财务分析的发展

20 世纪 20 年代，随着资本市场的形成，财务分析由主要为贷款银行服务扩展到为投资人服务。在资本市场上，随着社会筹资范围的扩大，以及非银行的贷款人和股权投资人的增加，公众开始进入资本市场和债券市场。为了确保和提高投资收益，广大投资者纷纷利用银行对不同企业及行业的分析资料进行投资决策。于是，财务分析由信用分析阶段进入投资分析阶段，其主要任务也从稳定性分析过渡到收益性分析，使财务分析涵盖了偿债能力、盈利能力、筹资结构、利润分配等内容，从而发展到比较完善的外部财务分析体系。

第二次世界大战后，特别是进入 20 世纪 50 年代以后，伴随着第三次工业革命的兴起，科学技术迅猛发展，企业规模不断扩大，经营活动日趋复杂，市场竞争越来越激烈。此时，西方财务人员意识到企业财务问题不再仅仅是资金筹集问题，而在于如何更加有效地运用资金，无论是做事前的决策还是事中控制、事后评价都需要对财务报表提供的相关资料进行分析。由此，财务分析逐渐成为企业改善内部经营管理的重要手段。与此同时，除了比率分析方法得以广泛应用以外，各种计量方法和模型也开始逐渐在财务分析中得到应用。

20 世纪 60 年代中期尤其是 70 年代以后，随着企业经营状况的不断变化和发展以及通货膨胀和市场竞争的加剧，企业资金运用日趋复杂，投资风险加大，对历史资料的分析已经不能满足投资者的需要，一系列以分析企业未来发展状况为目标的分析技术应运而生。例如，以货币时间价值为基础的投资分析指标体系、考虑风险的经营杠杆和财务杠杆分析、以企业价值创造分析为目的的经济增加值分析等方法得到了显著发展。财务分析从基于企业历史状况的分析扩展到对未来发展的分析。

现代财务分析经过100多年来的发展和完善，分析主体、目的以及内容由单一化、简单化向多元化和复杂化发展，形成了一套相当完善的财务分析体系，其应用领域早已不限于初期的银行信贷分析和一般投资分析，而在资本市场、企业重组、绩效评价、企业评估等方面的应用越来越广泛。与此同时，财务分析技术也有了明显的突破。例如，预测分析技术、价值评估技术、实证分析技术、电算化分析技术等广泛地应用于财务分析之中，财务分析的效果大大改善，对经营投资决策起到了积极的指导和支持作用，且日益专业化、科学化。如美国的特许金融分析师(Chartered Financial Analyst，CFA)专门从事投资分析和信用分析，为债权人以及投资者服务，是全球证券投资与管理界一致公认的最具权威性的职业资格称号。

21世纪，信用技术迅猛发展，财务分析采用现代化技术手段已经成为必然，利用电子计算机对庞大的数据进行快速及时的收集、整理、计算、分类、分析成为可能，财务分析的效率和质量大大提高，同时分析成本更低、时效性更强、对特殊事项或偶然事项的处理能力更强。随着人力资源会计、社会责任会计等学科的兴起，财务分析的外延不断扩大，将越来越多的非财务信息纳入自己的体系，突破现行财务分析内容狭窄的局限性。

三、我国财务分析的产生和发展

在我国，过去将财务分析称为经济活动分析，理论界对其产生的说法不一。已故会计学家李宝震教授在《论会计在经济管理中的重要作用》一文中认为，经济活动分析随会计一起产生和发展。在唐元和八年(公元813年)，宰相李吉甫所著《元和国计簿》十卷通过历年财政状况的比较，说明军费增加是财政困难的原因之一。可以说，这是我国经济活动分析最早的一本著作。而多数人认为，这本专著应被看作我国会计理论发展史的一个里程碑，不应作为分析的开始。

新中国成立前，只存在财务分析的某些内容，不具备经济活动分析的整体知识，分析方法主要是比率分析法。没有专著，只有一些译著，公开发表的文章也很少，主要有1939年《会计学刊》创刊号中的《决算报表与分析》、1940年《会计学刊》第3期中的《成本会计与成本变动的分析》、1947年《现代会计》第8期中的《销售毛利变动的分析》等。

新中国成立后，财政部于1951年11月召开第一次全国财务管理及会计工作会议，对国营企业财务报表的格式和种类做了统一规定。1952年年初，国家颁发了《国营企业决策报告编制暂行办法》，为开展企业财务报表分析奠定了基础。1952年后企业开始进行财务报表分析。1955年，国务院制定了《国营企业决算报告编送办法》，明确规定企业必须编送财务状况说明书，其内容包括：(1)生产、基建、劳动工资、供应、销售、成本、财务等计划的完成情况；(2)财务情况分析；(3)损益原因分析；(4)成本分析；(5)流动资金的运用情况；(6)固定资产的利用情况；(7)企业奖励基金等特种基金和其他预算拨款的使用情况；(8)财务会计工作的情况和今后的改进意见。以上内容在年度终了要详细汇报，季度终了可以简略汇报。

1953年前后，高校开设经济活动分析课程，使用苏联教科书和中国人民大学补充教材《新中国国营企业经济分析特点》。1957年10月，第一本经济活动分析教科书正式出版，即《工业企业经济活动分析》。同期，一些有关经济活动分析的文章在全国范围内发表。进入20世纪

60 年代后，会计“应彻底放权”“大力简化”的论调出现，企业经济活动分析的实践和理论研究基本停止。至 20 世纪 70 年代，会计工作混乱，会计核算工作、研究工作、教学工作基本中断，经济活动分析这门学科的发展同样如此。中共十一届三中全会以后，会计工作得到重视。1980 年 1 月中国会计学会成立，有力地推动了会计理论研究。杨纪琬教授和阎达五教授率先提出了“会计的本质是一种管理活动”的观点，第一次突破了传统“工具论”的提法。会计除记录、反映财务状况和经营成果外，还有分析经济情况、核算经济效果、监督经济活动、预测经济前景、参与经济决策的重要作用。1980 年 10 月，财政部召开全国会计工作会议，研究如何适应新形势，进一步发挥会计的作用，更好地为“四化”服务。在这以后，经济活动分析的实践和理论得以全面恢复和发展。

20 世纪 90 年代初期进行的财务与会计制度改革，是我国企业财务分析和财务报表分析的理论与实践发展的又一个重大飞跃。从总体上看，新的财务分析理论在以下方面做了重大突破性改革：

第一，借鉴国际惯例，改革了报表体系，使企业财务分析能够更好地与国际惯例接轨，更好地适应社会主义市场经济发展的新要求。

第二，强化了报表分析和财务评价职能，并使报表分析和财务评价成为企业财务管理的一个专门化的重要功能，从而为企业报表分析和财务评价成为一门独立学科奠定了理论基础。

第三，改革了财务分析指标体系，使报表分析成为企业投资者、债权人、国家经济管理机关和企业内部管理者的共同需要，改变了单纯从政府角度评价企业的评价立场。

新的报表分析指标体系，以工业企业为例，主要包括资产负债率、流动比率、速动比率、应收账款周转率、存货周转率、销售利润率、资本金利润率、成本费用利润率等八项。借助这套指标体系，可以从不同的角度分析和评价企业偿债能力、获利能力和营运能力，揭示企业目前的实际情况，以适应各方面的需要。

第四，改革了报表分析和财务评价方法。借助新指标体系，根据企业计划完成程度，更重要的是采取了指标实际值与标准值对比的方法，判断企业目前所处的经营环境，适应各方面的需要。

第二节　财务分析的内涵与目标

一、财务分析的基本内涵

在对财务分析现状、学科定位、面临环境的挑战和分析目标研究的基础上，界定财务分析的内涵是建立财务分析理论体系的关键。财务分析是财务分析主体为实现财务分析目标，以财务信息及其他相关信息为基础，运用财务分析技术，对分析对象的财务活动的可靠性和有效性进行分析，为经营决策、管理控制及监督管理提供依据的一门具有独立性、边缘性、综合性的经济应用学科。

财务分析的主体是多元的，投资者、中介机构人员（如财务分析师）、管理者、监管部门、其他利益相关者等都是财务分析的主体，他们具有不同的财务分析目的。

财务分析的分析依据或基础以财务信息为主，其他相关信息为辅。财务信息包括财务报告信息和内部会计报告信息、资本市场金融产品价格信息和利率信息等；其他相关信息包括非财务的统计信息、业务信息等。

财务分析的对象是财务活动，分析的内容是其可靠性与有效性。可靠性分析是指分析财务信息是否真实准确地反映了财务活动的过程与结果，特别是分析那些由于会计信息确认、计量、记录和报告原则与方法的差异、变更、错误等对财务活动可靠性带来的影响。有效性分析是分析财务活动的盈利能力、营运能力、支付能力、增长能力等，以判断分析对象财务活动和结果的质量，为经营决策、管理控制及监督管理提供准确的信息或依据。

因此，从相关性主体来看，财务分析可分为投资者财务分析、管理者财务分析、监管者财务分析、客户财务分析、供应商财务分析、员工财务分析等；从分析方法来看，财务分析可分为会计分析与比率分析；从服务对象来看，财务分析可分为外部财务分析和内部财务分析；从职能作用来看，财务分析可分为基于决策的财务分析、基于控制的财务分析和基于监管的财务分析。

综上所述，财务分析是以会计核算和报表资料及其他相关资料为依据，采用一系列专门的分析技术和方法，对企业等经济组织过去和现在的有关筹资活动、投资活动、经营活动的盈利能力、营运能力、偿债能力和增长能力状况等进行分析与评价，为企业的投资者、债权人、经营者及其他关心企业的组织和个人了解企业过去、评价企业现状、预测企业未来，做出正确经营决策、管理控制和监督管理提供准确的信息或依据的经济应用学科。

二、财务分析的目标

财务分析目标是建立财务分析理论体系和内容的关键。财务分析的目标应该与财务分析信息使用者目标相一致。随着财务分析信息使用者的增加及信息使用者的多重化，财务分析目标必然出现多样性与多重性。

从财务分析主体或者信息使用者角度看，财务分析目标可分为投资者财务分析目标、管理者财务分析目标、监管者财务分析目标、利益相关者财务分析目标等。投资者财务分析目标又可分为股权投资者财务分析目标、债权投资者财务分析目标；管理者财务分析目标可分为高级管理者财务分析目标、部门管理者财务分析目标等；监管者财务分析目标可分为政府部门财务分析目标、中介机构财务分析目标等；利益相关者财务分析目标可分为客户财务分析目标、供应商财务分析目标、员工财务分析目标等。

从财务分析信息使用目的角度看，财务分析目标可分为基于决策的财务分析目标和基于管理控制的财务分析目标。基于决策的财务分析目标可按决策类型分为投资决策财务分析目标、筹资决策财务分析目标、经营决策财务分析目标、分配决策财务分析目标等；基于管理控制的财务分析目标可按控制环节分为预测、预算中的财务分析目标，业绩评价中的财务分析目标，管理激励中的财务分析目标等。

无论从其主体看、客体看，还是从使用目的看，财务分析的目标都是要满足投资者、债权人、经营者及其他利益相关者决策与控制的需要。因此，研究财务分析的目标可从以下几个方面进行。

（一）企业投资者

按照现代企业理论，股东或者业主是企业的投资者，拥有企业净资产的所有权，他们与企业经营者之间是委托代理关系。由于现代企业所有权与经营权相分离，企业投资者作为委托代理关系中的委托人，一方面，有权要求企业提供有关财务信息，了解企业财务状况、经营成果及现金流量，对其投资风险和投资回报做出估计和判断，为投资决策提供依据；另一方面，委托人需要选择优秀的经营管理者从事企业的经营活动，只有通过财务信息对企业经营者受托责任的履行情况进行分析评价，才能为选择经营管理者提供依据。因此，企业投资者是最重要的主体，他们对企业的投资回报及投资风险最为关注。对于一般投资者来讲，他们考虑更多的则是如何增强竞争实力，扩大市场占有率，降低财务风险和减少纳税支出，追求长期利益的持续、稳定增长。另外，对于上市公司的股东而言，他们还关心公司股票的市场价值，关心其在二级市场上的投资收益和风险。

美国著名投资专家巴菲特的主要经验之一就是：当企业的市场价格低于其价值时就进行投资。他认为：买股票本质上是选择企业，核心问题是判断企业到底值多少钱，即所谓的选股，它是由企业财务会计报告信息所决定的；而不是选市，选市是尽可能选择较低的市价进入市场，它是由股票总体供求关系决定的，而不是由企业业绩决定的。因此，投资者的财务分析目标为：(1)了解企业的盈利能力，即投资报酬率的高低；(2)了解企业的财务分配政策，即股利分配率的高低；(3)了解企业的财务结构、资产结构和财务规划，预测企业未来发展趋势。

(二)企业债权人

企业债权人包括向企业提供信贷资金的银行、公司及债券持有者等。因为债权人不能参与企业剩余收益分配，这决定了债权人必须首先对其贷款的安全性予以关注，所以，债权人在进行企业财务分析时，最关心的是自己的贷款风险，必须判断企业是否有足够的支付能力，以保证其债务本息能够及时、足额地得以偿还。而企业的财务报表恰恰能够帮助贷款人判断企业的偿债能力，因此，贷款人需要对企业的信用和风险情况及其偿债能力进行分析。

短期债权人和长期债权人关注的重点又有所不同。短期贷款需动用企业当期的资产偿付，所以短期债权人关心企业的财务流动性超过关心企业收益性，更重视对企业短期财务状况和短期偿债能力的分析；长期贷款则由企业在数个会计年度内偿付，因而，长期贷款人重视企业未来较长时间内偿债能力的分析，要求根据企业现在的经营情况和财务状况预测其未来的经营前景、收益能力和偿付能力。

(三)企业经营者

按照现代企业委托代理理论，企业经营管理者受托代理企业的经营管理业务，对股东投入的资本负有保值增值的责任。他们负责企业的日常经营活动，必须确保企业能支付给股东与其风险相适应的收益，及时偿还各种到期债务，并使企业的各种经济资源得到有效利用。为满足不同利益主体的需要，协调各方面的利益关系，企业经营者必须对企业经营理财的各个方面，包括营运能力、偿债能力、盈利能力及社会贡献能力的全部信息予以详尽了解和掌握，以便及时发现问题，采取对策，规划和调整市场定位目标、策略，以进一步挖掘潜力，为经济效益的持续稳定奠定基础。因此，经营者财务分析目标为：(1)了解企业资产的收益能力和流动能力；(2)了解企业资产存量结构、权益结构；(3)预测企业资产未来的收益能力和流动能力；(4)进行财务筹资、投资决策；(5)评价企业各项决策的执行情况。

(四)供应商和客户

供应商是企业原材料等资源的提供者，在现代企业契约关系中，供应商是企业的经济利益相关者。在赊购业务过程中，企业与供应商形成了商业信用关系，因此，供应商和贷款人类似，他们必须判断授信企业的信用状况、风险情况及偿债能力。

企业商品的消费者是客户，也是企业的利益相关者。企业在为客户提供商品和劳务时，同时承担着商品质量担保的义务。客户关心的是企业连续提供商品和劳务的能力，希望通过财务信息了解企业的销售能力和发展能力。

（五）政府部门

政府与企业的关系表现为多种形式。一方面，政府可以通过持有股权对企业行使全部或部分的业主权益，此时政府除了关注投资所产生的社会效益外，还必然对投资的经济效益予以考虑。在谋求资本保全的前提下，期望能够同时带来稳定增长的财政收入。另一方面，政府对几乎所有企业实行不同程度的管制，此时政府是以社会管理者的身份利用企业财务报表，获取对其进行宏观经济管理、制定宏观经济政策有用的信息。

因此，政府考虑企业理财状况，不仅需要了解企业所占用的资金的使用效率，预测财务收入增长情况，有效地组织和调整社会资源的配置，而且还要借助财务分析，检查企业是否存在违法违纪、浪费国家财产的问题，最后通过综合分析对企业的发展后劲以及对社会的贡献程度进行考察。

（六）员工

企业的员工通常与企业存在着长久、持续的关系。他们关心工作岗位的稳定性、工作环境的安全性及取得报酬的持续性和增长性，因此，他们关注企业的盈利能力及发展前景。

（七）竞争对手

竞争对手希望获取关于企业财务状况的会计信息及其他信息，借以判断企业间的相对效率，同时还可以为未来可能出现的企业兼并提供信息。因此，竞争对手可能将企业作为接管目标，因而对企业财务状况的各个方面均感兴趣。

（八）潜在投资者

潜在投资者的投资目的尽管千差万别，但都是出于对投资收益和资源有效利用的考虑。因此，为了对自己的未来投资收益率做出合理的判断和评估，理所当然地会关注未来投资对象的财务状况和经营成果。

尽管不同利益主体进行财务分析有着各自的侧重点，但就企业总体来看，财务分析可归纳为三方面：偿债能力分析、营运能力分析、盈利能力分析。其中，偿债能力是财务目标实现的稳健保证，营运能力是财务目标实现的物质基础，盈利能力是两者共同作用的结果，同时也对两者的增强起着推动作用。三者相辅相成，共同构成企业财务分析的基本目标与内容。

从前面的讨论中，可以得出以下结论：

（1）财务信息使用者所要求的信息大部分是面向未来的；

（2）不同的信息使用者各有其目的，因此，即使对待同一对象，他们所要求得到的信息也是不同的；

（3）不同的信息使用者所需的信息的深度和广度不同；

（4）企业财务报表中并不包括使用者需要的所有信息。

第三节　财务分析的体系与内容

一、企业经营活动与财务报表的关系

在市场经济条件下，企业经营活动直接受经营环境和企业经营战略的影响。经营环境包括国家产业政策和金融政策、企业所处的行业、经济发展水平、对外经济交往程度、产品市场、资本市场、劳动力市场等；经营战略包括企业的经营范围、发展方向和竞争策略，它决定了企业

未来的发展方向。企业经营活动是按照其经营战略与外部进行的资金、物资、信息的交流活动，企业的经营环境和经营战略直接影响着企业经营活动的过程和结果，因此，进行财务分析不能脱离企业的经营环境和经营战略。

企业经营活动进入会计系统后，经过会计确认、计量、记录，并以财务报表的形式对外报告。企业经营活动与财务报表之间的关系如图1—1所示。

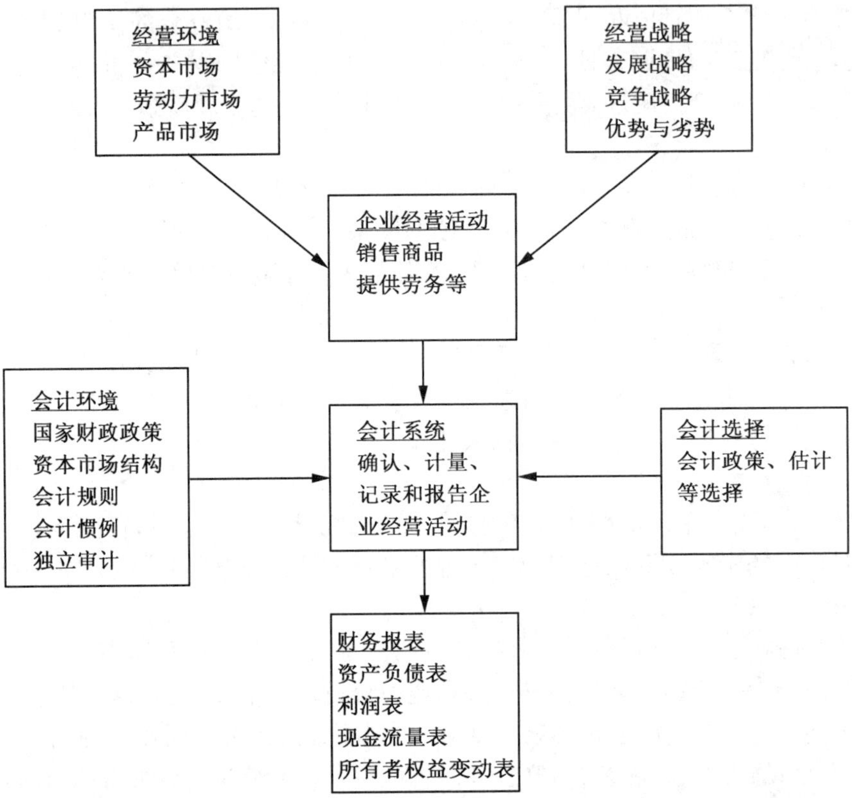

图1—1 企业经营活动与财务报告的关系

从图1—1中可以看出，企业经营活动都是在特定经营环境和经营战略下进行的，并受经营环境和经营战略的制约。企业经营活动进入会计系统加工后，最终形成企业的财务会计报表。会计系统在对经营活动进行确认、计量和报告的过程中，要接受会计环境的制约，企业自身的会计选择也会影响数据的加工结果。也就是说，在企业经营活动转化为财务报表数据的过程中，许多因素会导致财务报表不能真实完整地反映企业的经营活动，主要有以下因素。

(1)虽然会计准则对会计的确认、计量和报告提出了统一的要求，以增强财务报表的可靠性和可比性，但是由于企业面临的经营环境和经济业务的多样性，同时会计准则又赋予企业管理层一定的会计政策和会计估计的选择权，而这种选择权在客观上为经理人操纵财务报表提供了机会，因此无法保证会计信息的完全真实可靠。

(2)权责发生制原则是企业会计核算的基础，设立该原则的本意是希望能够真实客观地反映企业的财务状况和经营成果。但由于按照权责发生制确认的收入和费用与现金流量不一致，因此导致在实际应用时具有较强的主观性。企业的经理人员受到利益的驱动，有可能利用权责发生制操纵财务报表，导致会计信息失真。

(3)会计准则中的某些规定本身就有可能导致会计信息失真。例如，货币计量假设，完全不考虑币值变动对财务指标的影响，当物价变动较大时，会导致企业低估成本，高估利润；又如，稳健性原则要求将研究费和广告费直接计入当期损益，直接降低了企业当期的利润，实际上大量的研究和广告费投入，有助于提升企业价值，其所带来的经济效益具有延滞性，往往在以后期间才能显现出来。

(4)由于独立审计机构及其人员依照审计准则对财务报表进行的审计，可以在一定程度上提高会计信息质量、降低会计信息使用风险，但是也有可能强化财务报表本身的内在缺陷。其原因是，它作为独立的第三方认可了长期延续下来的会计规则和惯例，而这些规则和惯例本身存在缺陷。审计准则和审计行为使本身存在缺陷的会计规范和惯例得以更加有效地执行，客观上对会计准则的内在缺陷起到了放大作用。

综上所述，由于会计规范系统并非尽善尽美，因此必然导致企业财务报表存在一定的缺陷和不足，难以真实客观地反映企业的经济活动，在进行财务分析时应充分认识这一点，必要时应对其进行调整。

二、美国财务分析体系与内容评价

财务分析作为一门独立学科，必然涉及对财务分析目标、分析方法、分析内容的界定与安排问题。从不同角度或不同的分析目标出发，可以得出不同财务分析体系。目前美国理论界关于财务分析体系的安排多种多样，但从总体看，可以归为以下几种体系。

(一)概论、会计分析、财务分析三大部分

这种体系实际上是在总论财务分析目标、方法、资料、环境的基础上将财务分析内容分为会计分析和财务分析两大部分。

会计分析实质上是明确会计信息的内涵与质量，即从会计数据表面提示其实际含义。分析中不仅包括对各会计报表及相关会计科目内涵的分析，而且包括对会计原则与政策变动的分析、会计方法选择与变动的分析、会计质量及变动的分析等。

财务分析实质上是分析的真正目标所在，它是在会计分析的基础上，应用专门的分析技术与方法，对企业的财务状况与成果进行分析。其通常包括对企业投资收益、盈利能力、短期支付能力、长期偿债能力、企业价值等进行分析与评价，从而得出对企业财务状况及成果的全面、准确评价。

这种分析体系的典型代表是利奥波德·A. 伯恩斯坦(Leopold A. Bernstein)和约翰·J. 怀尔德(John J. Wild)两位教授所著的《财务报表分析——理论、应用与解释》，其基本体系是：

第一部分　财务报表分析与报告
　第一章　财务报表分析总论
　第二章　分析目标与财务报告
第二部分　财务报表的会计分析
　第三章　分析筹资活动
　第四章　分析投资活动
　第五章　分析投资活动：专题
　第六章　分析经营活动：收益

第七章 分析企业活动:现金流量
第三部分 财务分析的应用与解释
第八章 短期流动性
第九章 预测与预测表分析
第十章 资本结构与偿债能力
第十一章 投资收益
第十二章 盈利能力分析
第十三章 以收益为基础的分析与评价
综合案例 应用财务报表分析

与这个体系相类似的还有克莱德·P. 斯蒂克尼(Clyde P. Stickney)所著的《财务报表分析——一种战略展望》,该书的目录是:

第一章 财务报告与财务报表分析概论
第二章 收益流量与现金流量:理解企业动态关系
第三章 一般可接受的会计原则:收益确认与资产评估
第四章 一般可接受的会计原则:债务确认与相关费用
第五章 一般可接受的会计原则:公司实体间交易
第六章 分析财务报表中的数据
第七章 盈利能力分析:资产收益率
第八章 盈利能力分析:普通股权益收益率
第九章 风险分析
第十章 预测财务报表与价值评估
第十一章 行业分析案例

从目录来看,该书虽然没有直接分为三部分,但实际上其第一章和第二章可作为第一部分,即概论财务分析的环境、资料及企业主要活动之间的关系等;第三章至第六章可被看作会计分析,从一般可接受的会计原则,分析各会计项目的内涵与质量;第三部分为第七章至第十章,从盈利能力、风险、预测及价值评估等方面对企业的财务状况及成果进行分析。

(二)概论、分析工具、分析应用三大部分

这个体系中的概论部分主要强调财务分析的环境与目标,而将分析方法问题专门作为一部分研究。可以说第一部分概论是一种分析的理论基础。

第二部分分析工具则是分析的方法论问题,通常包括分析的程序与具体技术分析方法。从方法论角度看,分析程序可以分为经营环境分析(包括行业分析、企业经营战略分析等)、基础资料分析(主要指对财务报表的内涵与质量进行分析)、财务分析、前景分析(包括预测分析与价值评价),从而形成完整的分析方法论体系。关于具体分析技术,则根据不同环节的特点选择不同的技术方法,如财务分析中的比率分析,前景分析中的预测技术、以现金流量为基础的评价技术和以会计收益为基础的评价技术等。

第三部分是分析的具体应用问题,即上述分析工具在实践领域的应用,通常包括证券分析、信贷分析及经营分析评价在兼并与收购、公司筹资政策和管理交流等方面的应用。

这种体系的典型代表是帕利普(Palepu)、伯纳德(Bernard)和希利(Healy)所著的《经营分析与评价——使用财务报表》一书,该书的体系结构如下:

第一部分 绪论

第一章　应用财务报表进行经营分析的框架
第二部分　经营分析工具
第二章　经营战略分析
第三章　会计分析
第四章　财务分析
第五章　前景分析:预测
第六章　前景分析:以折现为基础的评价
第七章　前景分析:以会计为基础的评价技术
第三部分　经营分析应用
第八章　权益证券分析
第九章　信贷分析与危机预测
第十章　兼并与收购
第十一章　公司筹资政策
第十二章　管理交流

采用这种理论、方法、应用体系的还有乔治·福斯特(George Foster)的《财务报表分析》,但他的分析方法部分介绍的不是按分析程序与内容划分的战略分析、会计分析、财务分析、前景分析,而是按具体分析技术划分的横向比较分析、时间序列分析、比率分析、实证分析等。他的分析应用部分,则从证券市场分析、信贷分析与财务危机预测、会计政策选择角度进行。

(三)概论、经营分析、投资分析、筹资分析、价值评估分析

这种体系的概论部分主要论述财务分析的内涵,通常从企业筹资活动、投资活动和经营活动三方面引出分析目标、分析资料及分析内容。在此基础上,从经营分析、投资分析、筹资分析、价值评估分析几个方面,应用相应的分析方法进行系统分析与评价。

这种体系的典型代表是埃里克·A. 赫尔弗特(Erich A. Helfert)所著的《财务分析技术——管理与计量企业绩效的实践指南》一书,其体系与内容是:

前言
第一章　经营财务体系内容
第二章　管理经营基金
第三章　经营绩效评价
第四章　财务预算要求
第五章　动态经营体制
第六章　投资决策分析
第七章　资本成本与经营决策
第八章　筹资选择分析
第九章　价值与企业绩效

(四)目前分析内容值得研究的问题

由上可以看出,作为一个全面系统的分析体系,无论其如何安排篇章结构,基本内容通常都包括分析理论、分析方法、具体分析及分析应用。但目前分析内容值得研究的问题有三个:一是总体范畴问题;二是内容划分与地位问题;三是具体财务分析内容问题。

1. 财务分析总体范畴

从分析总体范畴看,传统财务分析中的盈利能力分析、偿债能力或支付能力分析、营运能

力分析(或投资分析、筹资分析、经营分析,或资产负债表分析、利润表分析、现金流量表分析)等不可缺少,问题是财务分析应否包括以下内容:

(1)战略分析。在调查样本中,将经营战略分析作为独立章节详细分析的较少,最具代表性的是帕利普、伯纳德和希利所著的《经营分析与评价——使用财务报表》一书。

(2)会计分析。在调查样本中,大部分都有会计分析的内容,而且有些占有相当大的篇幅,如利奥波德·A. 伯恩斯坦和约翰·J. 怀尔德两位教授所著的《财务报表分析——理论、应用与解释》、克莱德·P. 斯蒂克尼所著的《财务报表分析——一种战略展望》等都用较多章节进行了会计分析。帕利普、伯纳德和希利著的《经营分析与评价——使用财务报表》一书也突出了会计分析的位置。

(3)价值评估分析。在 20 世纪 90 年代出版的分析书中,大部分都有价值评估分析章节,但通常篇幅不大。将价值评估分析放在较突出位置的是帕利普、伯纳德和希利所著的《经营分析与评价——使用财务报表》一书。

(4)预测分析。预测分析的内容通常伴随着价值评估分析的出现而出现。预测分析往往是价值评估分析的基础。有些书将其作为独立章节,有些书将其放在价值评估分析之中。

2. 财务分析内容划分与地位

从总体内容看,现代财务分析或多或少地包含有会计分析、财务分析、战略分析、价值评估分析、预测分析等内容,但会计分析、战略分析、价值评估分析、预测分析与财务分析是否处于同等地位呢? 从上述体系与内容分析看,显然有不同的观点。

第一种处理方法是将这些内容与方法并列,构成一个分析与评价体系,典型代表是帕利普、伯纳德和希利所著的《经营分析与评价——使用财务报表》一书。

第二种处理方法是突出会计分析与财务分析,而将价值评估分析及预测分析内容放在财务分析之中,将经营战略分析等内容放在概论中,或不包括战略分析。其典型代表是《经营分析与评价——使用财务报表》一书和克莱德·P. 斯蒂克尼所著的《财务报表分析——一种战略展望》一书。

第三种处理方法是突出财务分析,将会计分析、经营战略分析等内容简化在概论中,将预测分析与价值评估分析作为财务分析的一部分或是作为财务分析的基础,如埃里克·A. 赫尔弗特所著的《财务分析技术——管理与计量企业绩效的实践指南》就属于这种方式;而乔治·福斯特所著的《财务报表分析》一书则很少谈及经营战略分析、价值评估分析,会计分析整合在分析方法与分析应用之中。

3. 财务分析的具体内容

从具体的财务分析内容看,分歧主要体现在两个方面:

第一,是否划分财务分析与财务分析应用。传统的分析中很少单独将分析应用作为一部分,通常从会计报表种类或分析技术入手进行财务分析。现代财务分析中通常区分为财务分析与分析应用。财务分析往往介绍基本内容与基本方法,分析应用则突出各实践领域的财务分析,如证券市场分析、兼并分析等。当然,现代财务分析也存在不区分财务分析与财务分析应用的情况。

第二,如何规范财务分析内容与财务分析应用内容。严格区分财务分析内容与财务分析应用内容是很困难的。如有的书将财务分析方法作为财务分析内容,将盈利能力分析、偿债能力分析、预测分析、价值评估分析作为分析应用内容;有的书将盈利能力分析、风险分析等作为财务分析内容,将企业重组分析、证券市场分析、价值评估分析等作为财务分析应用。

三、我国财务分析体系与内容构建

在研究财务分析产生与发展、界定财务分析内涵、明确财务分析目标的基础上，结合对国外财务分析体系与内容的剖析，本书将我国财务分析体系与内容归纳为以下十一章内容。

第一章为财务分析概述，介绍了财务分析的产生与发展，界定财务分析的内涵与目标，明确财务分析体系与内容等。

第二章为财务分析基础，介绍了财务分析基础信息，重点介绍年度报告及各类财务报表，明确了财务分析基础程序和基础方法。

第三章至第六章为财务报表分析，主要从会计分析角度对财务报表进行分析，包括资产负债表分析、利润表分析、现金流量表分析、所有者权益变动表分析。

第三章为资产负债表分析，包括资产负债表水平分析、结构分析及项目分析，分析资产与权益变动的原因、资产结构与资本结构，主要项目变动原因及影响。

第四章为利润表分析，包括利润表水平分析、结构分析及项目分析，分析利润变动的原因、利润结构与利润质量，收入、成本、费用项目变动原因及影响。

第五章为现金流量表分析，包括现金流量表水平分析、结构分析及项目分析，分析现金流量变动的原因、现金流量结构，现金流量各项目变动原因及影响。

第六章为所有者权益变动表分析，首先明确了所有者权益变动表的内容及与其他报表的关系；接着对所有者权益变动表进行水平分析与垂直分析，并分析各项目变动对所有者权益变动产生的影响。

第七章至第十章为财务能力分析，主要从财务指标角度分析企业各项财务能力，包括盈利能力分析、营运能力分析和偿债能力分析及发展能力分析。

第七章为盈利能力分析，包括商品经营盈利能力分析、资产经营盈利能力分析和资本经营盈利能力分析，对企业各层次盈利能力进行全面分析。

第八章为营运能力分析，包括流动资产营运能力分析、固定资产营运能力分析和总资产营运能力分析，对企业各层次资产营运效率进行全面分析。

第九章为偿债能力分析，包括企业短期偿债能力分析和企业长期偿债能力分析两个部分。短期偿债能力分析在明确影响短期偿债能力因素的基础上，通过对流动比率、速动比率等指标的计算与分析，评价企业的短期偿债能力状况。长期偿债能力分析则主要通过对资产负债率等指标的计算与分析，评价企业的长期偿债能力及其财务风险性程度。

第十章为发展能力分析，包括发展能力指标分析和发展能力循环分析，从企业单项指标角度和企业整体角度分析企业的发展能力。

第十一章为财务综合分析，介绍了杜邦财务分析体系对企业综合能力进行分析以及沃尔评分法，介绍了财务分析报告撰写以及财务预警分析。

第四节　财务分析的局限性及应注意的问题

一、财务分析的局限性

财务分析运用企业各类财务信息对企业过去的财务状况和经营成果及未来前景进行评价

和预测，其对总结企业经营得失、优化企业经营管理、帮助分析主体提高决策水平等都有重要的意义。但同时也必须清醒地认识到，财务分析与评价的结果并非绝对准确，有时可能与实际情况相去甚远。其原因在于财务分析本身所固有的各种局限性。

（一）财务报表自身的局限性

财务报表是财务分析的主要数据来源，财务报表自身的局限性决定了财务分析的局限性。财务报表自身的局限性主要体现在财务报表生成过程中使用的会计假设、会计计量属性、会计基础、会计核算方法、会计信息列报等方面。

1. 会计假设的局限性

财务报表是基于会计主体、持续经营、会计分期、货币计量四大会计基本假设编制的，但同时我们应当看到，这四大基本假设是对现实状况的简化和推断，这就必然使得基于这四大假设的财务报表会与企业实际存在差异。会计主体假设界定了财务报表信息是企业经济活动的反映，这就将企业与其关联方的经济行为分离开来。但是，现代企业的经营活动往往与其关联方有着密切的联系，仅仅从企业本身出发很难完整地分析企业的财务状况。持续经营假设是指企业将在特定时期内持续其经营活动。这可能是与事实相违背的，特别是在企业危机时期，按照持续经营假设编制的财务报表就可能会误导分析者。会计分期假设将企业的经营活动划分为一个个期间，企业按照会计期间分期报告，人为地割裂了企业的经营活动，只报告了短期信息，不能提供反映企业长期潜力的信息。而且，期间越短就需要越多的估计，需要估计的项目越多就越增加财务报表的不确定性。货币计量假设要求企业财务报表所反映的各项经济活动都必须能够用货币进行计量。货币计量一方面没有考虑企业其他许多无法用货币计量但却非常重要的资源，比如员工的知识和技能、客户的忠诚度等；另一方面货币计量背后实际上隐含着币值不变的假设，如果存在物价急剧变动，财务报表分析所提供的财务信息也就不能反映当时真实的成本费用和收益状况，从而导致企业财务状况被扭曲。

2. 会计计量属性的局限性

会计实务中使用的计量基础主要包括历史成本、重置成本、可变现净值、现值和公允价值等。企业编制会计报表最常用的计量基础是历史成本，通常还会结合其他计量基础。这五种计量属性各具优点，同时又都存在一定的局限性，如表1－1所示。

表1－1　　会计计量属性优缺点汇总

计量属性	优　点	缺　点
历史成本	数据资料容易取得，客观准确，可验证	提供历史信息，以物价稳定为前提与实际相背离，不反映持有得利
重置成本	克服了价格变动导致财务数据失真的缺点，提供真实信息，使得收入与成本更加匹配，区分企业的经营收入和资产利得	难以找到与原有资产完全吻合的重置成本，不能保证已耗成本得到补偿，会计核算工作量大
可变现净值	体现了稳健性原则，反映了资产预期的实现能力	只适用于计价那些为销售而持有的资产，其准确金额也难以确定
现值	考虑时间价值因素，提供关于企业未来的信息，决策有用性最强	未来现金流量、折现率和收益期限的确定受主观因素影响很大
公允价值	有利于企业的资本保全，更符合配比原则，更真实地反映企业的经营成果	可靠性和可比性较差，可操作性低，导致其可能成为管理层调节利润的工具，其确定的成本也较大

我国会计准则要求会计计量一般选择历史成本，采用其他计量属性的应当保证所确定的金额能够取得并能可靠计量。从表1－1可以看出，各类计量属性各有优缺点，而各类属性计量的资产直接加总核算是难以解释的，因而，会计计量的缺陷导致会计信息核算的缺陷会不可避免地影响财务分析的准确性。

3. 会计基础的局限性

会计的确认、计量和报告都应当以权责发生制为基础。权责发生制又称应计制原则，是以权利和责任的发生来决定收入和费用归属哪一会计区间的一项原则。它要求凡是应属本期的收入和费用，不论相应的款项是否收到或支出，都作为本期的收入和费用进行处理；反之，凡不属于本期的收入和费用，即使款项在本期收到或支出，也不应作为本期发生的收入和费用处理。权责发生制能够更加准确地反映特定会计期间实际的财务状况和经营业绩，体现了配比原则。但是，权责发生制使利润和现金相互背离，企业盈利性和流动性被夸大。从盈利性方面来看，权责发生制对一些未收到的收入予以确认，这样确定的收入是一个虚数，据此所创造出来的“利润”带有很大的风险性，而且容易导致利润虚增、分配提前；从流动性方面来看，权责发生制将应收款项、预付款项、待摊费用等均确认为流动资产，使得企业资产的流动性水平失真。权责发生制为管理层操纵利润提供了便利，因而进行财务分析时需要关注企业现金流状况。

4. 会计核算方法的局限性

企业在核算经济业务时，可以自由选择会计政策与会计处理方法，只要符合会计原则和计量要求即可。比如，存货发出计价方法、固定资产折旧方法、坏账的计提方法、长期股权投资的核算方法、所得税会计的核算方法等，都可以根据企业实际情况进行选择。本来会计准则的这条规定是为了企业更好地核算经济活动，但是现实中往往成为很多企业调节利润的手段，同时造成不同企业间财务数据可比性差的问题。此外，在会计核算中不可避免地要使用到会计估计，财务报表列示的许多数据并不是精确无误的，有很大的主观成分。

5. 会计信息列报的局限性

财务报表是对企业财务状况、经营成果和现金流量的结构性描述，是财务分析的主要资料来源，因而财务报表列报的内容、结构和时间等对财务分析的结果都会产生重大影响。然而，现行财务报表体系存在着诸多局限，进而导致了财务报表分析不可能完全反映企业真实的经营业绩。这些局限性主要是：财务报表内容偏重于固定资产、存货等有形资产，而较少关注企业知识产权、人力资源等无形资源；财务报表滞后于企业，企业滞后于经济环境，一方面财务报表反映的是企业历史经营情况，另一方面财务报表的披露周期也较长，比如我国企业年度报告的对外报出截止日为次年4月30日；财务报表结构单一、项目固定，通用的报告模式和报告项目无法满足不同信息使用者的需求。

综上所述，会计信息生成的前提假设、计量属性、会计基础、核算方法和列报方式都不同程度地存在着局限性，这些局限性进一步影响了财务信息的可靠性和相关性，因而，财务分析的结果也就不可避免地受到这些客观条件的制约。

（二）财务分析方法的局限性

财务分析方法是进行财务分析的工具，这些方法在考察企业得失、评价企业经营业绩、提升企业管理水平、帮助分析者决策等方面都发挥着巨大的作用。但是，也应该认识到各种财务分析方法由于资料来源不同等原因都有各自内在的局限性，利用各类财务分析法得出的结果并非绝对正确，甚至可能与实际情况差别很大。

趋势分析法一般运用数年的财务报表和财务比率进行财务分析。但由于各种偶然性因素的影响和会计处理方法的改变，必然使不同时期的财务指标和数据失去可比的基础，导致运用趋势分析法无法准确反映和判断企业的发展趋势。趋势分析法的另一个缺陷是它只提示了表面现象。结构分析法的局限在于只能进行初步分析和评价，不能反映被分析企业的相对规模。财务报表本身的局限性决定了比率分析法不一定能反映企业的实际情况，而且比率的设定、比率的确切含义、比率的解释以及评价的标准在很大程度上带有判断和假定的色彩。就比较分析法而言，其最难确定的是比较的基础，而分析结果很大程度上取决于所选择的比较基础。因素分析法不能区分各因素是直接影响还是间接影响，其分析的前提和替换顺序都带有很强的主观性。

（三）财务分析主体的局限性

作为财务分析的实际执行者，财务分析的主体本身存在的局限性会对财务分析结果产生很大影响。即便财务分析计划制订得再详尽、流程规定得再细致、分析技术要求得再严格，不同的分析者对同一企业的分析结果也可能相差甚远。这种差异可能来自分析人员的综合素质、财务分析的心理定势、财务分析理念、分析目的及敬业精神等方面。

1. 分析者的综合素质

财务分析是一门综合性极强的经济管理工作，需要工作人员在全面熟悉企业生产经营活动情况和了解技术、工艺流程的基础上，综合运用会计学、经济学、管理学、统计学、金融学、数学等学科知识进行分析。分析工作对分析者素质的要求较高，不仅需要具有较高的财经理论素养、丰富的相关行业的工作实践经验，还需要分析问题的广角视野、洞察力、职业判断力。不同的财务人员对财务信息的认识度、解读与判断力以及掌握财务分析理论和方法的深度及广度等各方面都存在差异，这种差异势必会影响财务分析的结果。

2. 分析者的耐心与敬业精神

财务分析需要收集大量的资料，关注各方面与分析相关的信息，计算若干个财务指标，需要较大的耐心和敬业精神。如果分析工作浅尝辄止，常常得不出有价值的结论，甚至得出错误的结论。

3. 分析者的心理定势

企业内部分析者由于自己在工作中付出了很多心血，因而常常对企业取得的成绩津津乐道，而对出现的问题有一种辩解、强调客观的心理。企业外部分析者容易受到媒体等外界信息的影响，很难公正、客观地进行分析并得出客观的分析结论。

4. 分析者的风险观念

由于人们对风险有不同的偏好，分析者对待企业财务风险也各有差异，因此，对待同一指标高低的看法也必然存在差异。有人认为只有承担高风险，才有高收益；有人认为企业还是稳妥一些好。对待风险的态度不同，利用相近或相同的财务分析指标，可能得出迥然不同的结论。

5. 分析者分析目的的局限性

不同的分析者进行财务分析的目的是不同的。分析者在进行财务分析时根据自身的目的，往往会局限于对企业盈利能力、偿债能力或其他某一方面进行分析，容易得出不正确的结论。

二、财务分析应注意的问题

从分析对象、分析方法和分析主体来看，财务分析虽然存在诸多局限性，但并不能说明现行企业财务分析失去必要性。我们应采取措施弥补现行分析的各种缺陷，防范由局限性导致的决策失误，增加财务报表的有效性。

(一)财务报表自身方面

简而言之，财务报表的自身局限性主要体现在财务报表信息不能如实反映企业经济活动，一方面是由于财务信息生成本身的问题，另一方面是财务信息可能受到管理层操控。因此，在进行财务分析时需要注意以下几个方面。

1. 关注会计信息质量

会计信息的质量是会计信息产品符合会计准则规定要求的程度。我国会计准则将会计信息质量的特征总结为可靠性、相关性、可理解性、可比性、实质重于形式、重要性、谨慎性和及时性八个方面，其中最重要的是可靠性。在进行财务分析前必须保证会计信息是真实可靠的，否则，无论分析步骤多么严谨、分析方法多么完善，分析结果都是错误的。关注会计信息质量可以从以下几个方面入手：观察企业财务报告是否经过注册会计师审核，观察企业是否受到证监会等监管机构处罚，观察企业是否受到中介机构(如媒体、分析师)指责，内部控制是否存在缺陷，等等。

2. 综合利用多种信息进行分析

为了克服财务报表在提供真实可靠信息方面的局限性，需要将财务报表信息与报表附注信息相结合，并参考企业公开披露的其他信息，综合利用多种信息进行分析，保证财务分析的依据全面、客观、准确。财务分析信息按照来源可以分为内部信息和外部信息。内部信息主要包括会计信息、统计信息、计划与预算信息等；外部信息主要包括宏观经济信息、行业信息、中介机构信息等。内部信息更能反映企业的实际情况，但这类信息外部投资者一般难以获得；外部信息一般比较容易获得，其来源渠道包括政府机构、同业协会、中介机构、科研院校以及新闻媒介等，但是通常过于宽泛，缺乏针对性。因此，企业财务分析需要建立在充分收集各类信息，并对其进行分类、整理、加工的基础上。

(二)财务分析方法方面

为了克服单一分析方法导致的片面结论，财务分析应当采用多种分析方法，从不同角度综合利用多种分析方法对财务信息资料进行分析，逐步形成系统的分析方法体系。

1. 定量分析与定性分析相结合

现代企业面临复杂而多变的外部环境，这些外部环境有时很难定量，但会对企业财务状况和经营成果产生重要影响。因此，在定量分析时，需要做出定性的判断，在定性判断的基础上，再进一步进行定量分析和判断。充分发挥人的丰富经验和量的精密计算两方面的作用，无疑可使报表分析达到最优化目的。

2. 动态分析与静态分析相结合

企业的生产经营业务和财务活动是一个动态的发展过程。我们所得到的信息资料，特别是财务报表资料，一般是过去情况的反映。在新形势下，同样的投入，可能会有不同的产出，因此要注意数值的时效性，在弄清过去情况的基础上，分析当前情况下的可能结果。

3. 个别分析与综合分析相结合

企业的经济业务是相互制约、相互促进的，指标数值也具有相对性，同一指标数值在不同的情况下反映不同的问题，甚至会得出相反的结论。例如，应收账款周转率高，一方面反映企业收账效率高、应收账款质量好，另一方面也可能是企业信用政策过于严格所致。因此，在进行财务分析和评价时，一两个指标不能说明问题，要根据该指标对其他方面可能产生的影响进行综合分析，才能得出正确结论。

此外，还可以采用现代技术手段，提高分析内容的容量和分析结果的时效性。目前，信息技术迅猛发展，电子计算机及网络技术广泛运用于各行各业。财务分析所需的数据绝大部分可来自计算机或网络，因而也可直接利用计算机对庞大的数据进行快速及时的收集、整理、计算、分类、分析。计算机的运用使财务分析从手工操作向自动化转变，不仅提高了财务分析的效率和质量，而且解决了现行分析成本高、时效性差、难以处理特殊事项或偶然事项的缺陷。

（三）财务分析主体方面

不管分析目的是什么以及采用何种分析方法，人都是最重要的因素。为保证财务信息不受分析主体差异的影响，在实际分析中应注意以下几个方面的问题。

1. 企业内部财务分析主体局限性的应对

企业内部财务分析活动需要对财务分析人员加强培训，提高他们的综合素质，增强他们对信息的解读与判断能力，并使他们同时具备会计、财务、市场营销、战略管理和企业经营等方面的知识，熟练掌握现代化的分析方法和分析工具，在实践当中树立正确的分析理念。企业还应当建立健全财务分析制度和工作流程，明确财务分析分工和职责，保证财务分析按质按量完成。

2. 企业外部分析主体局限性的应对

企业外部分析主体包括投资者、债权人以及政府部门等，这类分析主体的分析依据通常是相同的财务信息，比如上市公司公开披露的财务报表，因而即便分析目的不同，分析结论也不可能相差太大。所以外部分析主体可以多参考其他分析主体的分析意见，比较自身分析结论与其他分析主体的财务分析意见，保证分析结果的准确性。在现实中，许多中介机构会定期出一些财务分析报告。这类中介机构一般专业性强、获得信息较全面，因而分析结果一般公正客观，其他分析主体可以借助这些分析意见帮助自己进行决策，从而有效地防范分析者本身的局限性。但需要指出的是，财务分析者不能照搬他人的分析结果，人云亦云，否则可能会因为决策失误导致重大损失。

本章小结

财务分析是以会计核算和报告资料及其他相关资料为依据，采用一系列专门的分析技术和方法，对企业等经济组织过去和现在的有关筹资活动、投资活动、经营活动的盈利能力、营运能力、偿债能力和增长能力状况等进行分析与评价，为企业的投资者、债权者、经营者及其他关心企业的组织或个人了解企业过去、评价企业现状、预测企业未来，做出正确经营决策、管理控制和监督管理提供准确的信息或依据的经济应用学科。

财务分析目标受财务分析主体和财务分析服务对象的制约，不同的财务分析主体进行财务分析的目标是不同的，不同的财务分析服务对象所关心的问题也是不同的。各种财务分析主体的分析目标和财务分析服务对象所关心的问题，也就构成了财务分析的目标或财务分析的研究目标。财务分析对于正确预测、决策、计划、考核、评价都有着重要作用；但同时也必须清醒地认识到，财务分析与评价的结果并非绝对准确，有时可能与实际情况相去甚远。其原因在于财务分析本身所固有的各种局限性。

思考题

1. 财务分析产生与发展的影响因素有哪些?
2. 如何理解财务分析的基本内涵?
3. 财务分析有哪些方法? 各有什么优缺点?
4. 财务分析有什么局限性? 如何应对?

本章练习

一、单项选择题

1. 从企业债权者角度,财务分析的最直接目的是看(　　)。

A. 企业的盈利能力　　B. 企业的营运能力
C. 企业的偿债能力　　D. 企业的增长能力

2. 财务分析开始于(　　)。

A. 投资者　　B. 银行家
C. 财务分析师　　D. 企业经理

3. 企业投资者进行财务分析的根本目的是关心企业的(　　)。

A. 盈利能力　　B. 营运能力
C. 偿债能力　　D. 增长能力

4. 企业资产经营的效率主要反映企业的(　　)。

A. 盈利能力　　B. 偿债能力
C. 营运能力　　D. 增长能力

5. 业绩评价属于(　　)。

A. 会计分析　　B. 财务分析
C. 财务分析应用　　D. 综合分析

二、多项选择题

1. 财务报告包括(　　)。

A. 资产负债表　　B. 利润表
C. 现金流量表　　D. 所有者权益变动表
E. 附注

2. 企业财务信息的主要用户有(　　)。

A. 债权人　　B. 投资人
C. 国家财政和税务部门　　D. 证券监管部门
E. 企业自身

3. 财务分析的作用在于(　　)。

A. 评价企业过去　　B. 反映企业现状
C. 评估企业未来　　D. 进行全面分析
E. 进行专题分析

三、判断题

1. 公允可靠是财务会计报告的生命所在。 （ ）

2. 分析是计算的继续和深化，而把分析的情况及其结果写成书面报告就叫公司报表分析报告。 （ ）

3. 会计报表的纵向分析是同一时间不同项目的分析。 （ ）

4. 企业负责人对企业财务会计报告的真实性、完整性负责，企业不得编制和对外提供虚假隐瞒重要事实的财务报告。 （ ）

第二章　财务分析基础

学习目标

1. 掌握财务分析信息的概念及种类；理解财务分析信息的要求；掌握财务分析评价标准信息。

2. 了解年度报告及构成，掌握各类财务报表的概念、基本结构、内容及特点；了解财务报表附注的基本内容、主要财务报表的附表及财务报表局限性。

3. 了解财务分析程序。

4. 重点掌握各类财务分析方法及分析要点。

职业技能目标

具备财务分析信息收集、筛选、整理能力，掌握财务分析基本方法。

案例导入

唯品会公布了 2016 年全年财务报表。财务报表显示，唯品会 2016 年全年总营业收入 565.9 亿元，同比大涨 40.8%；毛利润 136 亿元，较上年同期增长 37.4%；年度运营利润较上年增长 32.4%至 34.9 亿元。2016 年全年，归属于唯品会股东的净利润达 28.7 亿元，同比增长 30.4%；唯品会全年活跃用户数同比净增 42%，达 5 210 万；全年总订单量同比增长 40%，达 2.698 亿单。通过上述数据，可以看出唯品会在 2016 年取得了强劲的运营业绩，用户数量和市场份额都有稳健增长，投资者信心增强。同时也说明，财务分析离不开对财务信息的获取。

2017 年 3 月 3 日，瑞星信息发布公告，称 3 月 1 日收到股转系统下发的自律监管措施的决定，因公司股票挂牌时披露的《公开转让说明书》使用了非最终审定版《审计报告》的财务数据，导致《公开转让说明书》财务报表中部分数据填写有误。瑞星信息上述行为违反股转系统相关规定，股转系统对公司及董事长王苹、信息披露联系人、财务负责人采取要求提交书面承诺的自律监管措施。由上述例子可以看出，财务信息的准确性，直接影响财务分析质量。如公司未能披露准确的财务报表信息，必将误导报表信息使用者，也必将受到惩罚。

进行财务分析，需要我们掌握真实、完整、准确的财务分析基础信息、科学的基础方法和程序。

第一节 财务分析基础信息

一、财务分析信息的概念及种类

（一）财务分析信息概念

财务分析信息是指财务分析主体在进行财务分析过程中所运用到的全部信息。财务分析信息是财务分析的基础和根本依据，财务分析信息的真实性、准确性、全面性是财务分析质量的保证。财务分析信息的数量和质量，对于保证财务分析工作的顺利进行、提高财务分析的质量与效果，都有着重要的作用。

（二）财务分析信息种类

财务分析信息具有多样性，从不同角度可进行不同的分类。

1. 从信息来源上，可分为内部信息和外部信息

内部信息，即从企业内部取得的信息，主要包括会计信息、统计与业务信息、计划与预算信息等。

外部信息，即从企业外部取得的信息，主要包括国家经济政策与法规信息、综合部门发布的信息、政府监管部门的信息、中介机构的信息、报纸杂志的信息、企业交换的信息、国外有关信息等。

2. 从取得时间的确定性程度上，可分为定期信息和不定期信息

定期信息是指企业经常性需要，可定期取得的信息，包括会计信息、统计信息、综合经济部门的信息、中介机构的信息。定期信息为企业定期财务分析提供了可能，奠定了基础。

不定期信息是根据临时需要搜集的信息，包括宏观经济政策信息、企业不定期交换的信息、国外经济信息、主要报纸杂志信息。不定期信息，有的是因为信息不能定期提供形成的，有的是因为企业不定期分析需要形成的。企业在财务分析中应注重定期信息的收集与整理，同时也应关注与企业相关的不定期信息，对其进行收集与整理。

3. 从信息是否实际发生上，可分为实际信息和标准信息

实际信息指反映各项经济指标实际完成情况的信息。

标准信息指作为评价标准而搜集整理的信息，如预算信息、行业信息等。

财务分析通常是以实际信息为基础进行的，但标准信息对于评价企业财务状况也是不可缺少的。

4. 从信息内容上，可分为财务信息和非财务信息

财务信息是指以数字方式反映企业的经营成果、财务状况和现金流量的信息，主要包括资产负债表信息、利润表信息、所有者权益变动表信息、现金流量表信息以及报表附注信息。

非财务信息是指以非数字方式反映企业组织结构、内部治理、战略目标和未来发展计划等方面的信息，主要包括股东及股权结构信息、董事会构成信息、内部控制信息、战略目标信息、行业信息、生产技术信息等。

对于财务分析而言，财务信息和非财务信息都是非常重要的信息来源。财务信息通过量化的数据反映企业财务活动的过程和结果，是财务分析的主要分析对象和信息来源；非财务信息提供企业有关组织机构设置和行业背景等信息，是财务信息的必要和有益补充。进行财务

分析时，应将财务信息与非财务信息进行有效结合，综合考虑企业实际和行业特点，提高财务分析的针对性和准确性。

二、财务分析信息的要求

为保证财务分析的质量与效果，财务分析信息必须满足以下要求。

（一）财务分析信息具有完整性

财务分析信息具有完整性，是指财务分析信息必须在数量上和种类上满足财务分析目的的需要。缺少财务分析所需要的某方面信息，必然会影响分析结果的准确性。例如分析资产报酬率时，既需要利润表相关信息，也需要资产负债表相关信息。此外，分析企业各项财务能力时，还应结合企业行业背景及特点进行分析，非财务信息的获取对财务分析的准确性也有一定影响。

（二）财务分析信息具有系统性

财务分析信息具有系统性，要求财务分析信息具有连续性，需要对企业持续数期相关信息进行跟踪分析，以确保财务分析的客观性；此外，财务分析信息的分类应具有科学性，以满足不同目的的财务分析需要。

（三）财务分析信息具有客观性

财务分析信息具有客观性，要求财务分析信息必须是真实的、准确的，且与财务分析目的或用途相关。财务分析信息如果缺乏真实性，必然导致错误的财务分析结果。而财务分析信息的准确性既受信息本身准确性的影响，又受资料整理过程准确性或信息使用准确性的影响，尤其对企业外部信息范围、计算方法等要有全面准确了解，在分析时结合企业实际进行数据处理，否则可能影响分析质量。

此外，财务分析信息还应与财务分析的用途及目的相关，不同的财务分析目的，所需求的财务分析信息有所差异。只有收集相关财务分析信息，才能保证财务分析的顺利推进和正确引导。

（四）财务分析信息具有及时性

滞后的财务分析信息，必然得出滞后的财务分析结果。财务分析信息的及时性决定财务分析的及时性。企业既要重视定期财务分析信息，也要重视不定期的财务分析信息，及时对它们进行收集和整理，为企业决策提供财务分析信息支持。

三、财务分析评价标准信息

对同一分析对象，采用不同的财务分析评价标准，可能会得出不同的财务分析结论。因此，财务分析评价标准信息的确定对财务分析而言，至关重要。合理确定或选择财务分析评价标准，有助于企业发现问题、寻找差距，得出正确的财务分析结论。一般而言，财务分析评价标准信息主要采取以下三种。

（一）经验标准

经验标准，是指这个标准的形成系依据大量的实践经验的检验。经验标准是在财务比率分析中经常采用的一种标准。这种评价标准信息的优点在于便于取得、简单明确。缺点在于以经验标准作为财务分析评价标准较主观，缺乏普遍的适用性，可能产生较大的评价误差。

（二）历史标准

历史标准是指以企业过去某一时间实际业绩为标准。这种标准有益于评价企业自身经营状况和财务状况。历史标准可以选择企业历史最高水平，也可以选择企业正常经营下的业绩水平。一般而言，往往采用上年业绩水平作为历史标准，与企业本年度业绩水平进行比较。这种评价标准信息的优点在于比较可靠，且具有较高的可比性。缺点在于历史标准比较保守，适用范围较窄。

（三）行业标准

行业标准是财务分析中广泛采用的标准，是指按行业制定的，或反映行业财务状况和经营状况的基本水平。行业标准也可指同行业某一比较先进的业绩水平。

这种评价标准信息的优点在于可以说明企业在行业中的地位与水平。缺点在于应用行业标准有一些限制条件，并不能适用于行业全部企业。这主要是由于同行业企业也会因经营规模、经营特点、采用会计方法的差异等，使财务状况、经营成果和财务能力指标不具有可比性。

（四）预算标准

预算标准是指企业结合自身目标，根据自身经营条件或经营状况所制定的目标标准。通常，预算标准在一些新的行业、新建企业以及垄断性企业应用较多。

这种评价标准信息的优点在于预算标准往往可以将行业标准和企业历史标准相结合，较全面反映企业的状况。在企业内部财务分析中，运用预算标准，可以考核和评价企业各部门的经营业绩和企业总体目标的实现程度。缺点在于预算标准较主观，受到人为因素影响，缺乏客观依据。

第二节　年度报告及财务报表

一、年度报告的概念及内容

（一）年度报告的概念

年度报告是指公司整个会计年度的财务报告及其他相关文件。根据我国《证券法》和《公司法》规定，所有上市公司必须按时编制并披露年度报告。年度报告与财务报告并不相同。财务报告是年度报告的重要组成部分，但年度报告的内容并不局限于财务报告。

（二）年度报告的内容

根据中国证券监督管理委员会《公开发行证券的公司信息披露内容与格式准则第2号——年度报告的内容与格式》等规定，年度报告至少应包括以下内容：

(1)公司简介，包括公司的中英文名称及简称、法定代表人、注册地址等。

(2)会计数据和业务数据摘要，提供截至报告期末公司近3年的主要会计数据和财务指标，包括但不限于：总资产、营业收入、归属于上市公司股东的净利润、归属于上市公司股东的扣除非经常性损益的净利润、归属于上市公司股东的净资产、经营活动产生的现金流量净额、净资产收益率、每股收益。

(3)董事会报告，重点分析公司在报告期内的业务、产品、技术、行业有关的外部环境，以及公司的财务状况和经营成果。

(4)重要事项，披露报告期内重大诉讼、仲裁和媒体普遍质疑的事项。

(5)股份变动及股东情况。

(6)优先股相关情况。

(7)董事、监事、高级管理人员和员工情况。

(8)公司治理，披露公司治理的基本状况以及报告期内的各项公司治理制度。

(9)内部控制，披露董事会关于内部控制责任的声明，并披露建立财务报告内部控制的依据以及内部控制制度建设情况。

(10)审计报告。

(11)财务报告，包括财务报表、财务报表附注及其他资料。

(12)公司其他有关资料。

二、财务报表

如前所述，财务报告是年度报告的重要组成部分，是企业对外提供的反映企业财务状况、经营成果、现金流量等会计信息的文件。财务报告包括财务报表和其他应当在财务报告中披露的相关信息和资料。

财务报表是财务报告的重要组成部分，由资产负债表、利润表、现金流量表、所有者权益变动表和财务报表附注共同组成。

(一)资产负债表

1. 资产负债表的概念

资产负债表是反映企业在某一特定日期财务状况的财务报表，由资产、负债、所有者权益三大会计要素构成，是企业经营活动的静态体现，属于静态报表。资产负债表是依照一定的分类标准和一定的次序，将企业某一特定日期的资产、负债、所有者权益的具体项目予以适当排列编制而成。

2. 资产负债表的基本结构及内容

资产负债表的编制基础是会计恒等式：资产＝负债＋所有者权益。

资产负债表的基本结构有账户式和报告式。我国一般采取账户式，即左右平衡式，左方反映企业各类资产，右方反映企业负债和所有者权益，左右双方总额相等。资产负债表由资产、负债和所有者权益组成，基本内容如表 2—1 所示。

表 2—1　　**上汽集团合并资产负债表**

2×15 年 12 月 31 日　　单位：元

项　目	期末数	期初数	项　目	期末数	期初数
流动资产：			流动负债：		
货币资金	72 672 666 192.62	87 948 624 133.99	短期借款	4 908 346 545.97	5 505 253 039.46
交易性金融资产	1 221 103 619.65	179 263 543.85	吸收存款及同业存放	44 384 484 259.05	44 758 063 908.24
应收票据	36 273 968 771.39	31 144 243 041.67	拆入资金	23 429 657 800.31	—
应收账款	29 332 370 952.75	20 696 097 314.82	交易性金融负债	7 486 291.00	—
预付款项	13 388 651 691.99	21 298 374 862.24	应付票据	7 282 802 230.82	5 574 215 320.69
其他应收款	7 060 800 647.97	4 137 688 414.04	应付账款	99 034 578 618.58	66 027 244 570.41
存货	37 243 441 948.98	38 765 888 491.75	预收款项	18 317 063 798.28	27 430 862 400.76
持有待售资产	27 459 029.83	34 684 325.47	应付职工薪酬	8 406 294 056.51	7 107 347 694.73
一年内到期的非流动资产	29 213 526 240.21	15 793 373 034.24	应交税费	7 391 537 440.61	3 410 400 465.00
其他流动资产	43 496 708 158.65	17 044 305 103.64	其他应付款	39 325 588 760.62	33 120 292 518.24

续表

项　目	期末数	期初数	项　目	期末数	期初数
流动资产合计	269 930 697 254.04	237 042 542 265.71	一年内到期的非流动负债	4 974 248 176.38	6 843 788 125.87
非流动资产：			其他流动负债	205 734 205.76	154 042 787.13
发放贷款和垫款	34 676 090 843.68	8 574 071 474.85	流动负债合计	257 667 822 183.89	199 931 510 830.53
可供出售金融资产	65 495 009 648.25	36 448 127 149.53	非流动负债：		
持有至到期投资	—	—	长期借款	1 398 811 144.23	2 049 144 366.45
长期应收款	801 879 818.41	1 347 201 401.01	应付债券	8 208 109 400.04	2 700 490 000.00
长期股权投资	59 019 671 405.86	63 389 634 195.51	长期应付款	914 135 846.72	1 097 038 323.24
投资性房地产	2 684 961 353.45	2 884 580 134.77	长期应付职工薪酬	6 018 478 333.05	5 516 722 123.55
固定资产	38 690 585 922.68	31 709 006 820.92	预计负债	9 869 134 713.81	7 685 580 005.22
在建工程	11 856 268 860.79	10 702 857 557.18	递延收益	13 803 658 069.28	8 701 834 935.13
无形资产	8 360 918 797.39	6 477 803 607.25	递延所得税负债	2 833 255 427.98	2 189 275 882.82
开发支出	4 298 394.04	8 434 650.99	其他非流动负债		
商誉	463 459 170.13	82 304 137.64	非流动负债合计	43 045 582 935.11	29 940 085 636.41
长期待摊费用	1 286 897 910.97	1 033 544 543.95	负债合计	300 713 405 119.00	229 871 596 466.94
递延所得税资产	16 991 606 228.73	13 757 825 810.37	股东权益		
其他非流动资产	1 368 345 230.79	1 412 739 732.17	股本	11 025 566 629.00	11 025 566 629.00
非流动资产合计	241 699 993 585.17	177 828 131 216.14	其他权益工具	—	—
资产总计	511 630 690 839.21	414 870 673 481.85	其中：优先股	—	—
			永续债	—	—
			资本公积	38 939 769 815.73	37 986 599 121.54
			减：库存股		
			其他综合收益	10 916 793 233.73	9 703 495 421.66
			专项储备	275 789 416.38	181 962 263.44
			盈余公积	26 728 261 764.70	21 836 161 907.74
			一般风险准备	844 919 712.17	844 919 712.17
			未分配利润	86 397 638 086.22	76 085 680 916.97
			归属于母公司股东权益合计	175 128 738 657.93	157 664 385 972.52
			少数股东权益	35 788 547 062.28	27 334 691 042.39
			股东权益合计	210 917 285 720.21	184 999 077 014.91
			负债和股东权益总计	511 630 690 839.21	414 870 673 481.85

3. 资产负债表的作用

(1)有利于全面了解企业资产规模、资产结构及资产质量，判断企业持续经营的能力与竞争实力。资产是任何一家企业赖以生存、运营并获利的基本要素。资产数量的多少，很大程度上决定着企业经营规模的大小；不同性质、不同数量的资产匹配形成不同的资产结构和资产质量，可以反映企业的经营状况、资源配置和使用的合理性。因此，分析资产负债表，是评价企业可持续性发展以及竞争实力的基础。

（2）有利于全面了解企业资本结构、评价企业融资能力及潜在的财务风险。资本结构是企业不同资金筹集来源的构成和比例。企业的资金来源主要源于负债和所有者权益。分析企业资本结构，可以了解企业的负债结构，掌握企业总体债务水平、判断企业偿债能力的高低和财务风险的大小；同时，也可以了解企业的所有者权益结构以及收益分配情况。

（3）有利于分析判断企业财务状况，特别是资金需求的未来变动趋势。通过对资产质量及其变现能力的分析，以及对债务结构特别是对债务期限与偿还方式的分析，并结合现金流量表所反映的信息，有助于使用者分析推测企业未来的资金流入水平和资金流出需求。

（二）利润表

1. 利润表的概念

利润表是反映企业某一会计期间经营成果的财务报表，反映了一定期间的收入、成本、费用以及最终形成的损益。

2. 利润表的基本结构及内容

利润表的编制依据是收入、费用与利润三者之间的数量关系，即收入－费用＝利润。

利润表的基本结构有多步式和单步式。我国现行会计制度规定，企业应采用多步式利润表编制格式，即按照收入与费用之间的因果关系进行配比，先分步计算营业收入、营业利润，再汇总计算利润总额和净利润。

本章中仍以上汽集团 2×14 年和 2×15 年利润表为分析依据，编制利润水平分析表如表 2－2 所示。

表 2－2　　**上汽集团合并利润表**

2×15 年　　单位：元

项　目	2×15 年	2×14 年
一、营业收入	670 448 223 139.34	630 001 164 437.70
减：营业成本	588 225 388 309.74	550 146 491 552.39
税金及附加	5 598 402 254.42	3 757 210 874.15
销售费用	35 537 515 509.27	40 073 775 337.67
管理费用	24 275 281 948.48	19 308 705 072.27
研发费用	—	—
财务费用	－231 192 097.17	－164 598 681.79
加：其他收益		
投资收益（损失以“－”号填列）	29 663 134 420.97	27 834 668 696.05
其中：对联营企业和合营企业的投资收益	26 631 281 828.54	25 300 635 852.35
公允价值变动收益（损失以“－”号填列）	－285 516 870.56	17 727 642.36
信用减值损失（损失以“－”号填列）	—	—
资产减值损失（损失以“－”号填列）	2 848 172 468.53	4 400 239 891.44
汇兑收益（损失以“－”号填列）	15 758 109.29	2 031 776.32

续表

项　目	2×15 年	2×14 年
二、营业利润(亏损以“—”号填列)	43 588 030 405.77	40 333 768 506.30
加:营业外收入	3 666 663 216.93	3 329 082 332.66
其中:非流动资产处置利得	130 869 909.39	428 958 213.82
减:营业外支出	1 445 017 136.44	974 055 646.12
其中:非流动资产处置损失	385 789 730.40	105 676 803.02
三、利润总额(亏损总额以“—”号填列)	45 809 676 486.26	42 688 795 192.84
减:所得税费用	5 735 707 263.02	4 438 022 170.80
四、净利润(净亏损以“—”号填列)	40 073 969 223.24	38 250 773 022.04
归属于母公司所有者的净利润	29 793 790 723.65	27 973 441 274.41
少数股东损益	10 280 178 499.59	10 277 331 747.63
五、其他综合收益税后净额	1 041 372 544.12	6 065 205 482.27
归属母公司所有者的其他综合收益的税后净额	1 213 297 812.07	5 280 869 505.84
归属于少数股东的其他综合收益的税后净额	—171 925 267.95	784 335 976.43
六、综合收益总额	41 115 341 767.36	44 315 978 504.31
归属于母公司所有者的综合收益总额	31 007 088 535.72	33 254 310 780.25
归属于少数股东的综合收益总额	10 108 253 231.64	11 061 667 724.06
七、每股收益		
(一)基本每股收益	2.702	2.537
(二)稀释每股收益	不适用	不适用

3. 利润表的作用

(1)提供了反映营业收入、成本费用的信息。企业营业收入和成本费用状况是企业生产经营状况的直接和具体体现。通过分析评价企业营业收入和成本费用,可以找出企业生产经营中存在的问题和不足,合理评价企业业绩,规划企业未来。

(2)提供了反映企业财务成果的信息。企业的财务成果即企业的利润,是企业经营目标所在,是企业经营者、投资者和长期债权人都非常关心的信息。通过利润表分析,可以了解不同的利润来源,合理评价企业财务成果。

(3)提供了反映企业盈利能力的信息。盈利能力通常体现了财务成果和与其相关的一些指标之间的比率关系,如财务成果与收入的比率关系、财务成果与成本费用的比率关系等。通过利润表分析,可以了解企业盈利能力,评价企业的经营业绩,是投资者、决策者进行决策的重要依据。

(4)提供了企业经营业绩结构的信息。在利润表中,经营成绩的来源被划分为经常性营业利润和非经常性营业外收支。营业利润又分为营业收入、投资收益和公允价值变动三项。比较不同业绩之间的差异，能够提供经营业绩的结构，为分析企业经营业绩的质量和未来的持续性提供必要的信息。

（三）现金流量表

1. 现金流量表的概念

现金流量表是反映企业一定会计期间的现金和现金等价物的流入、流出情况及其流量的财务报表。现金流量表中的现金不仅指会计上的现金，而且包括银行存款和其他现金等价物。

2. 现金流量表的基本结构及内容

现金流量表以收付实现制为编制基础，有直接法和间接法两种编制方法。这两种方法都是相对于经营活动产生的现金流量净额的不同表现形式而言的。其中直接法是指以营业收入为起算点，通过调整与经营活动有关的各个项目的增减变动，直接列示各类主要经营活动的现金收入与现金支出，以此计算经营活动的现金净流量；而间接法则是以净利润为起算点，通过调整不涉及现金（但涉及利润）的收入、费用、资产减值损失等有关经营活动的项目，以及不涉及利润（但涉及经营活动现金流量）的应收、应付款以及存货等有关项目的增减变动，并剔除与经营活动（但与净利润有关）的投融资项目金额，计算出经营活动的现金净流量。两种方法与格式的区别主要在于如何计算和反映经营活动的现金流量净额。

现金流量表包括正表和附注两个部分。正表一般采用直接法编制，在附注中也同时用间接法反映经营活动产生的现金流量。

现金流量表正表包括表头和主要内容。表头应标明报表名称、编制时间和金额单位。现金流量表属于时期报表，编制时间应写明某一时期。

以上汽集团 2×15 年现金流量表说明其格式，如表 2—3 所示。

表 2—3　　**合并现金流量表**

2×15 年　　单元：元

项　目	2×15 年发生额	2×14 年发生额
一、经营活动产生的现金流量		
销售商品、提供劳务收到的现金	755 958 174 719.75	738 442 989 311.00
吸收存款和同业存放款项净增加额	112 553 683.71	1 986 308 931.07
收取利息、手续费及佣金收到的现金	10 165 188 014.62	3 532 720 138.45
回购业务资金减少额	—	146 040 000.00
收到的税费返还	469 468 307.74	480 313 600.63
存放中央银行款项净减少额	6 313 425 501.05	—
收到其他与经营活动有关现金	3 614 956 863.82	3 786 729 124.20
经营活动现金流入小计	776 633 767 090.69	748 375 101 105.35
购买商品、接受劳务支付的现金	659 768 302 155.44	644 150 534 452.98
发放贷款及垫款净增加额	3 591 474 452.80	5 603 896 029.81
存放中央银行款项净增加额	—	991 173 322.38
支付利息、手续费及佣金支付的现金	2 688 009 640.71	938 329 354.03
支付给职工以及为职工支付的现金	18 541 620 374.81	15 372 676 121.15

续表

项　目	2×15 年发生额	2×14 年发生额
支付的各项税费	22 773 045 906.76	24 266 442 926.38
拆入资金净减少额	10 786 444 397.74	—
支付其他与经营活动有关现金	32 492 295 246.13	33 768 237 924.32
经营活动现金流出小计	750 641 192 174.39	725 091 290 131.05
经营活动产生的现金流量净额	25 992 574 916.30	23 283 810 974.30
二、投资活动产生的现金流量		
收回投资收到的现金	22 600 221 585.81	12 707 747 663.64
取得投资收益收到的现金	28 389 009 121.72	23 263 910 855.77
处置固定资产、无形资产和其他长期资产收回的现金净额	571 074 171.25	239 465 087.44
处置子公司及其他营业单位收到的现金净额		
收到其他与投资活动有的现金	3 815 669 522.46	1 529 114 250.98
投资活动现金流入小计	55 375 974 401.24	37 740 237 857.83
购建固定资产、无形资产和其他长期资产支付的现金	15 426 903 859.94	14 319 557 135.32
投资支付的现金	51 491 759 050.83	28 694 072 514.43
取得子公司流出的现金净额	2 194 171 772.81	19 368 200.00
支付其他与投资活动有的现金		
投资活动现金流出小计	69 112 834 683.58	43 032 997 849.75
投资活动产生的现金流量净额	−13 736 860 282.34	−5 292 759 991.92
三、筹资活动产生的现金流量		
吸收投资收到的现金	1 006 657 925.94	313 478 333.19
其中：子公司吸收少数股东投资收到的现金	1 006 657 925.94	310 273 756.54
取得借款收到的现金	7 666 107 288.01	12 384 390 445.08
发行债券收到的现金	6 280 000 000.00	0
收到其他与筹资活动有的现金		
筹资活动现金流入小计	14 952 765 213.95	12 697 868 778.27
偿还债务支付的现金	13 498 299 173.08	11 503 737 624.30
分配股利、利润或偿付利息支付的现金	23 210 888 620.20	21 313 472 330.49
其中：子公司支付给少数股东的股利、利润	8 333 152 753.30	7 520 125 067.24
支付其他与筹资活动有关的现金	600 447 044.62	65 973 355.84
筹资活动现金流出小计	37 309 634 837.90	32 883 183 310.63
筹资活动产生的现金流量净额	−22 356 869 623.95	−20 185 314 532.36
四、汇率变动对现金及现金等价物的影响	137 133 961.98	−11 898 498.63

续表

项　目	2×15 年发生额	2×14 年发生额
五、现金及现金等价物净增加额	−9 964 021 028.01	−2 206 162 048.61
加:年初现金及现金等价物余额	72 071 515 299.46	74 277 677 348.07
六、年末现金及现金等价物余额	62 107 494 271.45	72 071 515 299.46

现金流量表的主要内容包括 6 个项目，具体编制规则如下：

(1)前 3 个项目分别按照各项活动引起的现金流入和流出项目的原因划分为若干项目，并按各项目的“现金流入小计”与“现金流出小计”之差，计算出各项活动所产生的现金流量净额。

(2)第 4 项反映企业持有的外币现金由于汇率变动而产生的对现金及现金等价物的影响数。

(3)第 5 项是现金及现金等价物净增加额即前 4 项的合计数。

(4)第 6 项是在第 5 项基础上加上期初现金及现金等价物余额后得出的。

3. 现金流量表的作用

(1)提供了企业资金来源与运用的信息。通过提供企业现金流量方面的信息，使报表使用者了解公司一定会计期间现金流入与流出的主要来源和去向，据此推测未来现金流量的可能情况，评价企业的营业收入和营业利润质量。

(2)提供了企业现金增减变动原因的信息。通过对经营现金流量、投资现金流量和筹资现金流量的分析，可以了解企业现金增减变动的原因，判断变动的合理性，为改善企业现金管理提供思路。

(3)为资产负债表分析和利润表分析提供信息支持，相互印证。现金流量表提供的信息可以将资产负债表、利润表衔接起来，说明利润形成与分配同资金来源与运用的关系，对于分析研究企业总体经营和财务状况有着积极意义。

(四)所有者权益变动表

1. 所有者权益变动表的概念

所有者权益变动表是反映企业一定会计期间的所有者权益各组成部分当期增减变动情况的财务报表。

2. 所有者权益变动表的基本结构及内容

为了清楚地表明构成所有者权益的各组成部分当期的增减变动情况，所有者权益变动表应采用矩阵式结构。一方面，按所有者权益变动的来源对一定时期所有者权益变动情况进行全面反映；另一方面，按照所有者权益各组成部分(包括实收资本、资本公积、盈余公积、未分配利润和库存股)及其总额列示交易或事项对所有者权益的影响。

以上汽集团 2×15 年所有者权益变动表说明其格式，如表 2—4 所示。

3. 所有者权益变动表的作用

(1)提供了所有者权益变动原因。通过所有者权益变动表，可以了解导致当期所有者权益的变动因素及其影响程度，使信息使用者可以较好地评估不同活动对所有者权益变动产生的影响。

(2)列示所有者权益内部结构的变动。在所有者权益变动表中，除了提供不同原因对所有者权益产生的影响之外，还列示了所有者权益内部结构的变动，为评估结构变动的合理性提供依据。

表 2—4

2×15 年上汽集团合并所有者权益变动表

单位：元

项　目	归属于母公司所有者权益								少数股东权益	所有者权益合计
	股本	资本公积	其他综合收益	专项储备	盈余公积	一般风险准备	未分配利润	小　计		
一、上年期末余额	11 025 566 629.00	37 986 599 121.54	9 703 495 421.66	181 962 263.44	21 836 161 907.74	844 919 712.17	76 085 680 916.97	157 664 385 972.52	27 334 691 042.39	184 999 077 014.91
加：会计政策变更										
前期差错更正										
其他										
二、本年年初余额	11 025 566 629.00	37 986 599 121.54	9 703 495 421.66	181 962 263.44	21 836 161 907.74	844 919 712.17	76 085 680 916.97	157 664 385 972.52	27 334 691 042.39	184 999 077 014.91
三、本期增减变动额		953 170 694.19	1 213 297 812.07	93 827 152.94	4 892 099 856.96	—	10 311 957 169.25	17 464 352 685.41	8 453 856 019.89	25 918 208 705.30
(一)综合收益	—	—	1 213 297 812.07	—	—	—	29 793 790 723.65	31 007 088 535.72	10 108 253 231.64	41 115 341 767.36
(二)股东投入资本	—	—	—	—	—	—	—	—	731 025 925.94	731 025 925.94
1. 股东投入的普通股										
2. 其他权益工具持有者投入资本										
3. 股份支付计入所有者权益金额										
4. 其他										
(三)利润分配	—	1 641 152.55	—	—	4 892 099 856.96	—	−19 481 833 554.40	−14 588 092 544.89	−8 899 227 681.13	−23 487 320 226.02
1. 提取盈余公积	—	—	—	—	4 892 099 856.96	—	−4 892 099 856.96	—		
2. 提取一般风险准备										
3. 对所有者(或股东)的分配							−14 333 236 617.70	−14 333 236 617.70	−8 644 162 539.85	−22 977 399 157.55
4. 其他	—	1 641 152.55	—	—	—	—	−256 497 079.74	−254 855 927.19	−255 065 141.28	−509 921 068.47
(四)所有者权益内部结转										
(五)专项储备	—	—	—	93 827 152.94	—	—	—	93 827 152.94	−190 588.71	93 636 564.23
1. 计提专项储备	—	—	—	96 313 710.21	—	—	—	96 313 710.21	3 364 228.93	99 677 939.14
2. 使用专项储备	—	—	—	−2 486 557.27	—	—	—	−2 486 557.27	−3 554 817.64	−6 041 374.91
(六)其他	—	951 529 541.64	—	—	—	—	—	951 529 541.64	6 513 995 132.15	7 465 524 673.79
1. 本年因合并范围变更而变动									4 718 647 016.24	4 718 647 016.24
2. 本年因对子公司持股比例变更而变动		938 708 711.25						938 708 711.25	1 789 807 776.81	2 728 516 488.06
3. 其他	—	12 820 830.39	—	—	—	—	—	12 820 830.39	5 540 339.10	18 361 169.49
四、本年年末余额	11 025 566 629.00	38 939 769 815.73	10 916 793 233.73	275 789 416.38	26 728 261 764.70	844 919 712.17	86 397 638 086.22	175 128 738 657.93	35 788 547 062.28	210 917 285 720.21

(3)提供企业全面收益的信息,并与资产负债表分析和利润表分析相互印证。在不考虑增资、股利分配及内部结转的情况下,影响所有者权益变动的主要因素是经营活动收益和直接计入所有者权益的利得和损失,这两者被称为全面收益。全面收益可以反映企业的经营情况,还可以反映公允价值变动对企业所有者财富状况产生的影响,为信息使用者提供更全面的投资决策信息,与资产负债表分析和利润表分析相互印证。

三、会计报表附注

会计报表附注是会计报表的重要组成部分,是对会计报表本身无法或难以充分表达的内容和项目所作的补充说明和详细解释。

(一)会计报表附注基本内容

会计报表附注主要包括企业的基本情况、财务报表的编制基础、遵循企业会计准则的声明、重要会计政策和会计估计、会计政策和会计估计变更以及差错更正的说明、合并财务报表的合并范围以及重要事项的揭示等内容。

1. 企业的基本情况

企业的基本情况主要包括:企业注册地、组织形式和总部地址;企业的业务性质和主要经营活动;母公司以及集团最终母公司的名称;财务报告的批准报出者和财务报告批准报出日。

2. 财务报表的编制基础

财务报表的编制基础主要简述企业会计核算和会计报表编制所依据的基本会计假设,对以未公认的基本会计假设为前提的业务处理和报表编制,应予以披露,并说明理由。

3. 遵循企业会计准则的声明

遵循企业会计准则的声明明确说明编制的财务报表符合企业会计准则体系的要求,真实、完整地反映了企业的财务状况、经营成果和现金流量。

4. 重要会计政策和会计估计

重要会计政策和会计估计主要包括财务报表项目的计量基础和会计政策的确定依据;下一会计期间内很可能导致资产、负债账面价值发生重大调整的会计估计的确定依据等。不重要的会计政策和会计估计可以不披露。

5. 会计政策和会计估计变更以及差错更正的说明

企业会计报表附注对当期会计政策变更、会计估计变更及前期差错更正的信息予以披露。

6. 报表重要项目的说明

企业对报表重要项目的说明,应当按照资产负债表、利润表、现金流量表、所有者权益变动表及其项目的列示顺序,采用文字和数字描述相结合的方式进行披露。报表重要项目的明细金额合计,应当与报表项目金额相衔接。

7. 重要事项的揭示

重要事项的揭示主要包括以下三类:或有事项、资产负债表日后事项、关联方关系及其交易等需要说明的事项。

(二)主要会计报表附表

1. 资产负债表附表

资产负债表附表主要有三种:

(1)资产减值准备明细表。资产减值准备明细表,用于补充说明企业的各项资产减值准备的增减变动情况。通过资产减值准备披露,可以获得各项资产减值准备本期计提额、本期转回额和本期转销额等信息，有助于对企业资产减值政策及实施情况进行客观的分析。资产减值准备明细表的格式与内容如表2－5所示。

表2－5 资产减值准备明细表

项　目	期初余额	本期计提额	本期减少额		期末余额
			转回	转销	
一、存货跌价准备					
二、长期股权投资减值准备					
三、投资性房地产减值准备					
四、固定资产减值准备					
五、工程物资减值准备					
六、在建工程减值准备					
七、生产性生物资产减值准备					
八、油气资产减值准备					
九、无形资产减值准备					
十、商誉减值准备					
十一、其他					
合　计					

(2)应付职工薪酬明细表。应付职工薪酬明细表用于反映企业应付职工薪酬项目增减变动情况。通过应付职工薪酬披露，可以获得企业支付的职工工资收入、社会保险费、住房公积金和非货币性福利等方面金额及构成情况的信息，反映企业对员工社会责任的履行情况。其格式与内容如表2－6所示。

表2－6 应付职工薪酬明细表

项　目	期初余额	本期增加额	本期支付额	期末余额
一、工资、奖金、津贴和补贴				
二、职工福利费				
二、社会保险费				
其中：1. 医疗保险费				
2. 基本养老保险费				
3. 年金缴费				
4. 失业保险费				
5. 工伤保险费				
6. 生育保险费				
四、住房公积金				
五、工会经费和职工教育经费				

续表

项　目	期初余额	本期增加额	本期支付额	期末余额
六、非货币性福利				
七、因解除劳动关系给予的补偿				
八、其他				
其中:以现金结算的股份支付				
合　计				

(3)应交税费明细表。应交税费明细表用于反映企业应交税费详细情况。通过应交税费披露,可以获得企业在一定期间各项税费缴纳情况的信息。其格式与内容如表2—7所示。

表2—7　应交税费明细表

税费项目	期末余额	期初余额
1. 增值税		
2. 消费税		
3. 所得税		
4. 资源税		
5. 教育附加费		
6. 其他		
合　计		

2. 利润表附表

利润表附表主要是分部报告。分部报告是反映企业各经营分部的收入、成本、费用、营业利润、资产总额和负债总额等情况的报表。企业应当以内部组织结构、管理要求、内部报告制度为依据确定经营分部,以经营分部为基础确定报告分部,并按规定披露分部信息。

3. 现金流量表附注

现金流量表附注包括现金流量表补充资料、当期取得或处置子公司及其他营业单位的有关信息、现金及现金等价物的详细信息等。

企业在现金流量表附注中披露将净利润调节为经营活动现金流量的信息。现金流量表补充资料格式如表2—8所示。

表2—8　现金流量表补充资料

补充资料	本期金额	上期金额
1.将净利润调节为经营活动现金流量		
净利润		
加:资产减值准备		
固定资产折旧、油气资产折耗、生产性生物资产折旧		
无形资产摊销		

续表

补充资料	本期金额	上期金额
长期待摊费用摊销		
处置固定资产、无形资产和其他长期资产的损失(收益以“—”号填列)		
固定资产报废损失(收益以“—”号填列)		
公允价值变动损失(收益以“—”号填列)		
财务费用(收益以“—”号填列)		
投资损失(收益以“—”号填列)		
递延所得税资产减少(增加以“—”号填列)		
递延所得税负债增加(减少以“—”号填列)		
存货的减少(增加以“—”号填列)		
经营性应收项目的减少(增加以“—”号填列)		
经营性应付项目的增加(减少以“—”号填列)		
经营活动产生的现金流量净额		
2.不涉及现金收支的重大投资和筹资活动		
债务转为资本		
一年内到期的可转换公司债券		
融资租入固定资产		
3.现金及现金等价物净变动情况		
现金的期末余额		
减:现金的期初余额		
加:现金等价物的期末余额		
减:现金等价物的期初余额		
现金及现金等价物净增加额		

四、财务报表的局限性

财务报表是财务报告的主体内容,财务报表是否真实可靠直接关系到企业财务分析质量的高低。企业财务分析的准确性来源于财务报表的真实性。但由于下列情况的存在,使得财务报表难以反映企业的真实经营状况,从而削弱了企业财务分析的可信度。

(一)会计政策选用的灵活性

由于会计政策的多样性,几乎在所有资产、负债、所有者权益、收入和费用项目中,都存在着可供会计人员选择的惯例和原则,如存货计价方法、固定资产折旧方法的选用、资产减值准备的计提比率、固定资产折旧期限、无形资产摊销年限的估计等都由企业自主决定。即使两个企业实际经营状况完全相同,由于采用不同会计政策对期末存货及销售成本水平会有不同影响,从而使财务报表中反映财务状况与收益成果的相关数据会有所不同,致使两个企业财务分析发生误差。

(二)历史成本计价的弊端性

财务报表是财务会计核算的产物,是建立在币值稳定和历史成本计价基础上的。财务报表的真实性在很大程度上依靠于货币的真实性,只有在物价稳定的条件下,按这种假设提供的财务报表信息才能真实地反映单位的财务状况与收益状况,以此为依据进行的财务分析才能对企业经营业绩做出正确的分析与评价。当物价发生变动时,尤其通货膨胀时,必然使以币值稳定和历史成本假设为基础编报的财务报表失真,从而歪曲企业经营成果、财务状况和资金运转的真实状况。

(三)信息披露的不充分性

财务报告反映的主要是能用货币计量的信息,而对信息使用者非常有用的、对企业财务状况和经营成果产生重大影响的非货币信息,如企业的人力资源信息、环境资源信息等却被排除在财务报告内容之外。这些非货币指标能推进企业财务目标的实现,却在财务报表中没有充分反映,使得信息使用者只能依据不完整的数据资料进行分析判断,使决策偏离实际。

第三节 财务分析基础程序

财务分析程序是指进行财务分析所应遵循的一般规则。研究财务分析程序是进行财务分析的基础与关键,为开展财务分析、掌握财务分析技术指明了方向。

一般而言,可将财务分析程序分为四个阶段。

一、财务分析信息收集整理

在此阶段,应明确财务分析目的,制定财务分析方案,收集整理财务分析相关信息。财务分析的第一步是明确分析目的,这也是分析工作的灵魂,分析过程中的各项工作都应围绕实现分析目的而进行。只有明确了财务分析的目的,才能正确收集整理信息,选择正确的分析方法,从而得出正确的财务分析结论。

分析目的确定后,就应当根据目的确定分析的内容和范围,并明确分析的重点内容,分清主次难易,制定财务分析方案。财务分析方案一般包括分析的目的和内容、分析人员的分工和职责、分析工作的步骤和时间分配。

信息收集整理应按财务分析的目的和财务分析方案进行。财务分析信息是财务分析的基础,信息收集整理的及时性、完整性、准确性,对分析的正确性有着直接影响。同时,也应注重平时财务分析信息的收集和整理。

二、会计分析

一般而言,进行会计分析以前,应对公司所处行业及公司基本情况进行简要描述,以使财务分析人员可以全面了解企业的经济状况和经济环境,从而进行客观、正确的会计分析和财务能力分析。

会计分析通过对财务报表数据以及会计政策、会计方法等分析,揭示会计信息的质量,并为财务能力分析奠定基础。会计分析的目的在于评价企业会计反映的财务状况、经营成果、现金流量等的真实程度。

会计分析的基本步骤如下:阅读财务报表→比较财务报表→解释财务报表→修正财务报

表信息。

三、财务能力分析

进行会计分析以后，可以运用各种财务指标及分析工具对企业的偿债能力、盈利能力和营运能力进行分析。主要包括以下两个步骤：

（一）财务指标分析

财务指标能准确反映某方面的财务状况。进行财务分析，应根据分析的目的和要求选择正确的分析指标。例如，债权人主要关注企业的偿债能力，因此应选择反映偿债能力或反映资产流动性的指标，如流动比率、资产负债率等；而投资者主要关注企业的盈利能力，因此应选择反映盈利能力的指标，如总资产报酬率、销售净利率、净资产报酬率等。

（二）因素分析

通过因素分析，不仅可以解释财务指标的变动，还可以分析财务指标变动的原因。因此，对一些主要财务指标，可从其影响因素角度，进行深入定量分析，确定各因素变动对其的影响方向及影响程度，为正确评价企业的财务状况、经营成果等提供依据。

四、综合分析

在此阶段，应结合会计分析和财务能力分析的内容，编写财务分析报告，对企业的财务状况、经营成果、现金流量以及各项财务能力进行综合评价，指出企业存在的问题，给出解决的建议，提供对决策有用的信息。

财务分析报告是分析组织和人员，反映企业财务状况和经营成果意见的报告性书面文件。财务分析报告贯彻财务分析目的，评价要客观、全面、准确，对分析的主要内容、选用的分析方法、采用的分析步骤也要作简明扼要的叙述。

财务分析报告是对财务分析工作的总结，可作为历史信息，为后来的财务分析者提供参考，以保证财务分析的连续性。

第四节　财务分析基础方法

财务分析基础方法包括水平分析法、垂直分析法、趋势分析法、比率分析法、因素分析法、图解分析法等。

一、水平分析法

（一）水平分析法的概念

水平分析法，是将反映企业报告期财务状况的信息（特别指会计报表信息资料）与反映企业前期或历史某一时期财务状况的信息进行对比，研究企业各项经营业绩或财务状况的发展变动情况的一种财务分析方法。

（二）基本要点及公式

1. 基本要点

将报表资料中不同时期的同项数据进行对比。

2. 公式

(1)增减额,反映报表某项目的绝对值增减变动,说明变动规模。

$$增减额=某项指标本期实际数-同项指标基期实际数$$

(2)增减率,反映报表某项目的相对值增减变动,说明增减幅度。

$$增减率=\frac{增减额}{同项指标基期实际数}$$

(3)变动比率值:

$$变动比率值=\frac{某项指标本期实际数}{同项指标基期实际数}$$

水平分析法通过将企业报告期的财务会计资料与前期对比,揭示各方面的变动,为全面深入分析企业财务状况奠定了基础。水平分析法是基本的财务分析方法,不仅可用于同一企业不同时期的对比分析,还可用于一些可比性较高的同类企业之间的对比分析。

二、垂直分析法

(一)垂直分析法的概念

垂直分析法,又称结构分析法,通过计算报表中各项目占总体的比重或结构,反映报表项目与总体关系情况及其变动情况。会计报表经过垂直分析法处理后,通常称为同度量报表,或称总体结构报表、共同比报表等。

(二)基本要点及步骤

1. 基本要点

某项目占总体项目的比重。

2. 步骤

(1)确定财务报表中各项目占总额的比重或百分比,公式如下:

$$某项目的比重=\frac{该项目金额}{各项目总金额}$$

一般来说,对于同比资产负债表而言,项目总额指的是资产总额。在同比利润表中,项目总额一般使用营业收入项目金额。

(2)通过各项目的比重,分析各项目在企业经营中的重要性。一般而言,项目比重越大,说明其重要程度越高,对总体的影响越大。

(3)将分析期各项目的比重与前期同项目比重对比,研究各项目的比重变动情况,也可将本企业报告期项目比重与同类企业的可比项目比重进行对比,研究本企业与同类企业相比还存在哪些优势或差距,考察其在行业中的水平和地位。

三、趋势分析法

(一)趋势分析法的概念

趋势分析法,是根据企业连续几年或几个时期的分析资料,运用指数或完成率的计算,确定分析期各有关项目的变动情况和趋势的一种财务分析方法。趋势分析法既可以研究对一定时期财务报表各项目的变动趋势进行整体性分析,也可以对某些主要指标的发展趋势进行分析。

(二)基本要点及步骤

1. 基本要点

连续多期的数据比较,水平分析的扩展应用。

2. 步骤

(1)计算趋势比率或指数。趋势指数的计算通常有两种方法:定基指数和环比指数。

$$定基指数=\frac{分析期数值}{固定基数数值}$$

$$环比指数=\frac{分析期数值}{前一期数值}$$

(2)根据指数计算结果,评价和判断企业该指标的变动趋势和合理性。

(3)预测未来的发展趋势。根据企业分析期该项目的变动情况,研究其变动趋势或总结其变动规律,从而可以预测企业该项目的未来发展状况。

(三)趋势分析法运用应注意的问题

(1)运用趋势分析法时,选择比较的指标既可以针对财务报表的项目,也可以针对财务指标,还可以针对结构比重。采取的形式既可以是数据对比分析,也可以运用趋势分析图进行形象表达。

(2)对于计算趋势指数的财报数据,财务报表使用者应注意比较前后期的会计政策、会计估计的一致性,如果会计政策、会计估计不一致,那么趋势指数也会失去比较的实际意义。

(3)对分析结果,财务报表使用者需要注意排除偶然性或意外性因素的影响。

四、比率分析法

(一)比率分析法的概念

比率分析法是将企业同一时期财务报表中的相关项目进行对比,得出一系列财务比率,以此揭示企业财务状况的分析方法。

(二)比率分析法的分类

根据不同的财务分析目的,比率分析法主要包括以下三类:

1. 结构比率

结构比率是反映某项经济指标的各组成部分与总体之间关系的财务比率,如存货与资产总额的比率、流动负债与负债总额的比率等。

2. 效率比率

效率比率是反映某项经济活动投入与产出之间的财务比率,如资产报酬率、销售净利率等。利用效率比率可考察经济活动的经济效益,揭示企业的盈利能力。

3. 相关比率

相关比率是反映经济活动中某两个或两个以上相关项目比值的财务比率,如流动比率、速动比率等。利用相关比率可以考察各项经济活动之间的相互关系,从而揭示企业的财务状况。

(三)比率分析法运用应注意的问题

(1)分析项目应具有可比性、相关性;

(2)计算口径的一致性,即比率的分子项与分母项必须在时间、范围等方面保持口径一致;

(3)应将各种比率有机联系起来进行全面分析,不可孤立地看某种或某类比率,同时要结合其他分析方法,这样才能较好地实现财务分析的目的。

五、因素分析法

(一)因素分析法的概念

因素分析法是依据分析指标与其影响因素的关系,按照一定的程序和方法,从数量上确定各因素对分析指标影响方向和影响程度的一种方法。因素分析法既可以全面分析各因素对某一经济指标的影响，又可以单独分析某个因素对经济指标的影响，在财务分析中应用颇为广泛。

（二）因素分析法的分类

因素分析法根据其分析特点可分为连环替代法和差额计算法两种。

1. 连环替代法

（1）概念。连环替代法是根据因素之间的内在依存关系，依次测定各因素变动对经济指标差异影响的一种分析方法。连环替代法的主要作用在于分析计算综合经济指标变动的原因及各因素的影响程度。

应用连环替代法的前提条件：经济指标与它的构成因素之间有着因果关系，能够构成一种代数式。注意，这个代数式不一定是乘积关系，加减乘除都可以。

连环替代法是因素分析法的基本形式，也是进行因素分析的重要方法，其规范化形式就是连环替代法数学模型。运用连环替代法数学模型，可以分析确定财务指标变动的原因，从而采取措施，加强管理。

（2）程序。连环替代法的程序由以下几个步骤组成：

①确定分析指标与其影响因素之间的关系。即通过指标分解，将财务指标在计算公式上进行分解或扩展，从而得出各影响因素与分析指标之间的关系式。如：

材料成本＝产品产量×单位产品材料消耗量×材料单价

②根据分析指标的报告期数值与基期数值列出两个关系式或指标体系，确定分析对象。如对于材料成本而言，两个指标体系是：

基期材料成本＝基期产品产量×基期单位产品材料消耗量×基期材料单价

实际材料成本＝实际产品产量×实际单位产品材料消耗量×实际材料单价

分析对象为实际材料成本－基期材料成本。

③连环顺序替代，计算替代结果。所谓连环顺序替代，就是以基期指标体系为计算基础，用实际指标体系中的每一因素的实际数顺序地替代其相应的基期数，每次替代一个因素，替代后的因素被保留下来。计算替代结果，就是在每次替代后，按关系式计算其结果。有几个因素就替代几次，并相应确定计算结果。

④比较各因素的替代结果，确定各因素对分析指标的影响指标。比较替代结果是连环进行的，即将每次替代所计算的结果与这一因素被替代前的结果进行对比，两者的差额就是替代因素对分析对象的影响程度。

⑤检验分析结果。检验分析结果将各因素对分析指标的影响额相加，其代数和应等于分析对象。如果两者相等，说明分析结构可能是正确的；如果两者不相等，则说明分析结果一定是错误的。

现举例说明连环替代法的步骤和应用。某企业 2×19 年和 2×20 年有关产品产量、单位产品材料消耗量、材料单价如表 2－9 所示。

表 2－9　　材料成本及影响因素表

成本因素	2×19 年	2×20 年
产品产量（件）	100	110
材料单耗（千克）	8	7

续表

成本因素	2×19 年	2×20 年
材料单价(元)	5	6
材料成本(元)	4 000	4 620

要求:运用连环替代法分析各因素变动对材料成本的影响程度。

分析对象:4 620—4 000=620(元)

连环替代:

2×19 年:100×8×5=4 000(元)

替代产品产量:110×8×5=4 400(元)

替代材料单耗:110×7×5=3 850(元)

替代材料单价:110×7×6=4 620(元)

确定替代结果:

产量影响:4 400—4 000=400(元)

材料单耗影响:3 850—4 400=—550(元)

材料单价影响:4 620—3 850=770(元)

检验分析结果:

400+(—550)+770=620(元)

(3)运用连环替代法应注意的问题:

①因素分解的关联性。各经济指标因素必须在客观上存在着因果关系,能够反映形成该项指标差异的内在构成原因,只有将相关因素与分析对象建立关系时才有意义。

②因素替代的顺序性。因素不仅要确定准确,而且因素排列顺序也不能交换。通常是按照题目给的先后顺序进行操作。传统方法是先数量指标,后质量指标;先实物量指标,后价值量指标;先主要因素,后次要因素;先分子,后分母。

③因素分解的连环性。连环替代法是严格按照各因素的排列顺序逐次以一个因素的实际数替换其基数。除第一次替换外,每个因素的替换都是在前一个因素替换的基础上进行的。

④计算结果的假定性。运用这一方法在测定某一因素影响时,是以假定其他因素不变为条件的。因此,计算结果只能说明是在某种假定条件下的计算结果。这种科学的抽象分析方法,是在确定内部各种因素影响程度时必不可少的。

(二)差额计算法

差额计算法是连环替代法的一种简化形式,当然也是因素分析法的一种形式。差额计算法的原理与连环替代法是相同的。区别仅在于分析程序上,差额计算法比连环替代法简单,即它可直接利用各影响因素的实际数与基期数的差额,在其他因素不变的假定条件下,计算各因素对分析指标的影响程度。也可以认为,差额计算法是将连环替代法的第三步骤和第四步骤合并为一个步骤进行。

下面仍以表 2—9 数据为例,运用差额计算法分析各因素变动对材料成本的影响程度。

分析对象:4 620—4 000=620(元)

因素分析:

产量影响:(110—100)×8×5=400 (元)

材料单耗影响:110×(7—8)×5=—550 (元)

材料单价影响：110×7×(6－5)＝770（元）

检验分析结果：

400＋(－550)＋770＝620（元）

应用差额计算法，同样应注意应用连环替代法应注意的问题。但需要提醒的是，并非所有连环替代法都可按上述差额计算法的方式予以简化，特别是在各影响因素之间不是连乘的情况下，运用差额计算法必须慎重。

六、图解分析法

（一）图解分析法的概念

图解分析法，也称图解法，是财务分析中经常应用的方法之一。图解分析法并不是一种独立的财务分析方法，而是上述财务分析方法的直观、形象表达形式。水平分析法、结构分析法、趋势分析法、因素分析法等都可以运用图解分析法进行形象表达。图解分析法的作用在于能形象、直观地反映财务活动过程和结果，将复杂的经济活动及其结果以通俗、易懂的形式表达出来。

（二）图解分析法的应用形式

图解分析法的应用非常广泛，应用形式多样，这里主要对对比图解分析法、结构图解分析法、趋势图解分析法、因素图解分析法进行说明。

1. 对比图解分析法

对比图解分析法，是指用图形形式，将某一指标的报告数值与基准数值进行对比，以揭示报告数值与基准数值之间的差异。对比图解分析法较常见的形式是柱形图。现以 2×12 年至 2×15 年万科、保利、绿地三个房地产上市公司长期股权投资规模比较为例，进行分析说明。

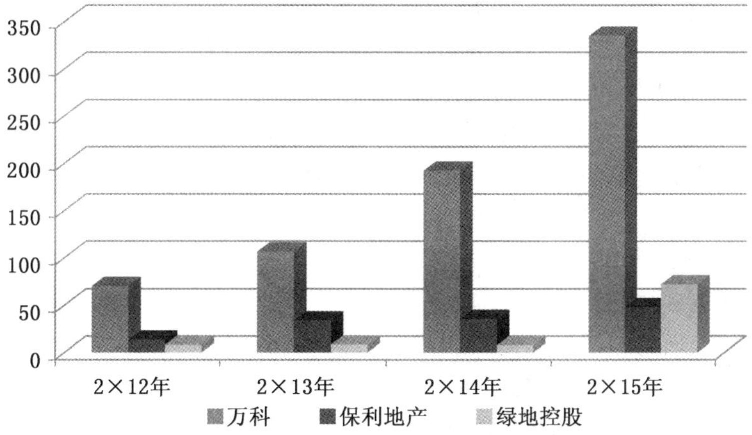

图 2—1　长期股权投资比较

从图 2—1 可以看出，2×12 至 2×15 年上述三家房地产上市公司中，万科长期股权投资规模较大且呈逐年上涨趋势，近三年保利长期股权投资规模较稳定，绿地长期股权投资规模在 2×15 年有较大幅度增长，说明万科长期股权投资具有相对的规模优势。长期股权投资是企业通过投资而取得被投资企业的股份，从而对被投资企业实施控制或产生重大的影响，获取相关的经济利益也会承担相应的风险。房地产上市公司通过多元化的长期股权投资，可以有效扩大市场占有率，增强市场竞争力，但投资金额越大，潜在风险越大，企业应综合平衡风险与收益。

2. 结构图解分析法

结构图解分析法,实际上是垂直分析法的图解形式,它以图形的方式表示在总体中各部分所占比重。结构分析图的常见形式是饼形图。

图 2－2 和图 2－3 反映了上汽集团的资产结构和资本结构。

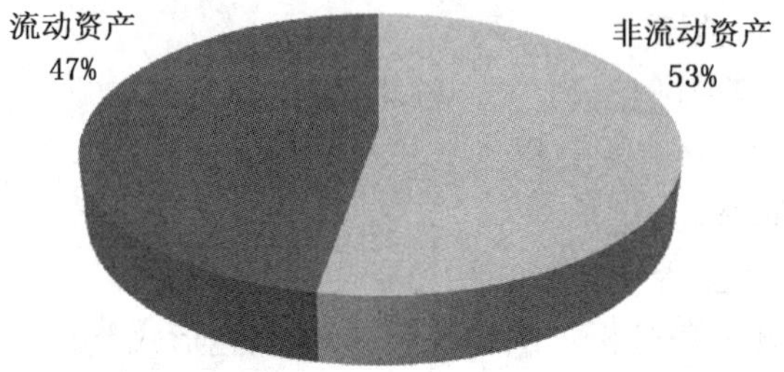

图 2—2 资产结构

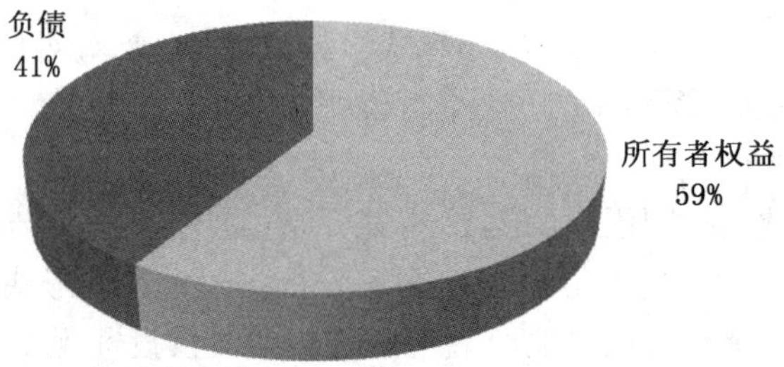

图 2—3 资本结构

图 2－2 反映了企业总资产中流动资产占 47%,非流动资产占 53%。

图 2－3 反映了企业资本来源中债务资本(即负债)占 41%,所有者权益资本占 59%。将图 2－2 和图 2－3 结合起来分析,可以看出,上汽集团的资产结构与资本结构较适应,两者比例分布较接近。

3. 趋势图解分析法

趋势图解分析法,通常是指坐标图反映某一个或某几个指标在一个较长时期内的变动趋势。坐标图的横轴表示时期,纵轴表示指标数值,将不同时期的指标数值用线连接起来,就形成了反映指标变动趋势的曲线,或称折线图。

现以图 2－4 反映万科、保利、绿地三家企业 2×12 年至 2×14 年长期资本负债率的变动趋势。

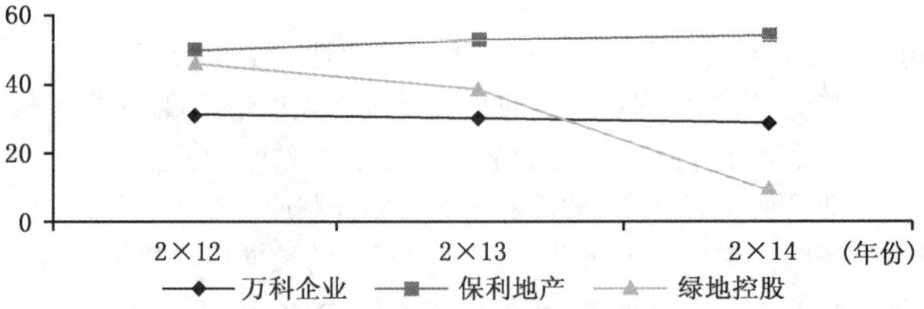

图 2—4 长期资本负债率趋势

从图 2—4 可知，2×12～2×14 年三家房地产上市公司的长期资本负债率总体不高，说明公司债权人的利益得到了较好保护，但企业可能没有充分发挥负债的财务杠杆效应。此外，万科企业和保利地产长期资本负债率变化相对平稳，而绿地控股的长期资本负债率逐年下降，说明我国房地产行业某些上市公司正逐渐减少利息负担和财务风险，其财务结构也由此向相对稳健的方向发展。

4. 因素图解分析法

因素图解分析法是运用因素分解图来反映某项经济指标的影响因素及影响程度的一种图解分析法，它有利于直观、清晰地反映分析指标与影响因素之间的关系。下面以材料成本为例，说明因素分解法的应用，如图 2—5 所示。

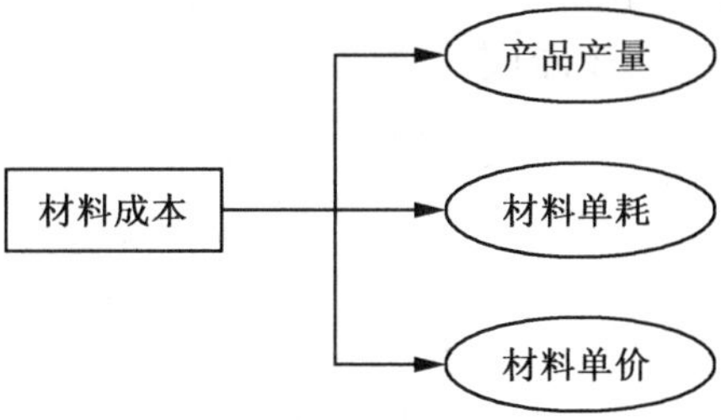

图 2—5　材料成本因素分解

本章小结

财务分析信息是财务分析的基础和根本依据，财务分析信息的真实性、准确性、全面性是财务分析质量的保证。财务分析信息具有多样性，从不同角度可进行不同的分类。为保证财务分析质量与效果，财务分析信息必须具有完整性、系统性、客观性和及时性。对同一分析对象，采用不同财务分析评价标准，可能会得出不同的财务分析结论。财务分析评价标准信息可采用经验标准、历史标准、行业标准和预算标准。

年度报告是指公司整个会计年度的财务报告及其他相关文件。财务报告是年度报告的重要组成部分，包括财务报表和其他应当在财务报告中披露的相关信息和资料。财务报表是财务报告的重要组成部分，由资产负债表、利润表、现金流量表、所有者权益变动表和财务报表附注共同组成。财务报表附注是财务报表的重要组成部分，也是财务报表信息的有益补充。

财务分析程序是指进行财务分析所应遵循的一般规则。财务分析程序一般分为财务分析信息收集整理、会计分析、财务能力分析、综合分析四个阶段。

财务分析基础方法包括水平分析法、垂直分析法、趋势分析法、比率分析法、因素分析法、图解分析法等。

思考题

1. 简述财务分析信息的分类及要求。
2. 年度报告的主要组成部分有哪些？
3. 简述财务分析程序。
4. 财务分析方法有哪些？各自的特点是什么？

本章练习

一、单项选择题

1. 会计分析的关键在于（　　）。

A. 揭示会计信息的质量状况　　B. 评价企业会计工作

C. 找出会计核算错误　　D. 分析会计人员素质

2. 利用共同比资产负债表评价企业的财务状况属于（　　）。

A. 水平分析　　B. 垂直分析　　C. 趋势分析　　D. 比率分析

9. 对于连环替代法中各因素的替代顺序，传统的排列方法是（　　）。

A. 主要因素在前，次要因素在后

B. 影响大的因素在前，影响小的因素在后

C. 不能明确责任的在前，可以明确责任的在后

D. 数量指标在前，质量指标在后

二、多项选择题

1. 为保证财务分析质量，财务分析信息应满足以下要求：（　　）。

A. 财务信息的相关性　　B. 财务信息的系统性

C. 财务信息的准确性　　D. 财务信息的完整性

E. 财务信息的及时性

2. 下列属于资产负债表附注的是（　　）。

A. 应交税费明细表　　B. 资产减值准备明细表

C. 应付职工薪酬明细表　　D. 分部报表

E. 财务费用明细表

三、判断题

1. 资产负债表是反映企业某一时点财务状况的会计报表，因此，资产负债表附表反映的也是某一时点的财务状况。（　　）

2. 水平分析法在不同企业应用中，一定要注意其可比性问题，即使在同一企业中应用，对于差异的评价也应考虑其对比基础。（　　）

3. 运用差额计算法进行因素分析不需要考虑因素的替代顺序问题。（　　）

第三章　资产负债表分析

学习目标

1. 掌握资产负债表分析的目的及作用、资产负债表分析的内容。

2. 掌握资产负债表水平分析的目的、步骤和要点，理解资产负债表水平分析应注意的问题。

3. 掌握资产负债表结构分析的目的、步骤和要点，理解资产负债表结构分析应注意的问题。

4. 重点掌握资产负债表各项目分析要点。

职业技能目标

掌握资产负债表分析方法，具备收集甄别信息，进行资产负债表水平分析、结构分析及项目分析的职业素养及职业能力。

案例导入

在中国，上市公司资格是一种非常重要的“壳资源”。有些公司为实现借壳上市、资产重组，大肆进行财务造假。2017 年，证监会严厉查处了浙江九好办公服务集团有限公司（简称九好集团）企图通过违规手段，谋求借壳鞍山重型矿山机器股份有限公司（简称鞍重股份）上市案。

经查实，九好集团通过各种手段，虚增 2013 年至 2015 年服务费收入 2.6 亿余元，虚增 2015 年贸易收入 57 万余元，虚构银行存款 3 亿元。九好集团通过多次资金的自循环，完成虚构交易中的假账计入。一笔资金，最初从九好集团的账户划转至外部平台公司账户后，再经过多个账户，又返回至九好集团，形成了隐蔽的资金闭环。为了掩盖在资金转出、转入时形成的资金窟窿，九好集团又特意找了转贷公司与其配合进行专业化的资金管理，虚构近 3 亿元的银行存款。九好集团将自己包装成价值 37.1 亿元的优良资产，与鞍重股份联手进行忽悠式重组，以期达到借壳上市的目的。

无独有偶，万福生科也曾通过虚增资产虚增收入。2012 年万福生科中报显示：该公司在建工程在没有项目转入固定资产的情况下，账面余额从 86 750 113.38 元增加至

179 975 363.60 元，增加近 8 323 万元；预付账款账面余额从 119 378 847.66 元增加至 145 695 483.65 元，增加了近 2 632 万元。万福生科很“聪明”地选择了虚增“在建工程”和“预付账款”，募集资金建设项目还在建设中，这样做不至于招人耳目。至于预付账款，谁也不知道是不是真的预付，就是走一下账，钱实际上又回来了。这种方法比用“应收账款”去虚增收入要高明得多。最终“在建工程”空留下很多水分，或者根本就是子虚乌有的项目。“预付账款”也是个假数字，是永远没有对应的原材料等物资进来的。不通过应收账款，而是转化为在建工程、无形资产、长期股权投资等，是更高级的造假。

如何透过资产负债表看清数据背后的真相？如何鉴别公司的资产结构和资本结构？如何评价公司会计信息质量？本章将引导大家正确理解和分析公司资产负债表、运用财务分析方法，判断企业财务状况、识别企业优劣、预测未来。

第一节　资产负债表分析概述

一、资产负债表分析的目的及作用

资产负债表是反映某一会计主体在某一特定日期财务状况的财务报表，是企业最重要的财务报表之一。资产负债表分析是以资产负债表和其他财务资料为依据和起点，采用专门方法，进行系统分析和评价的体系。通过资产负债表分析，可以了解企业总资产、负债以及所有者权益等情况，掌握企业财务状况和偿债能力，发现企业经营管理中存在的问题，反映企业未来的发展趋势。

资产负债表分析的目的在于了解企业对财务状况的反映程度，以及所提供会计信息的质量，据此对企业资产和权益的变动情况以及企业财务状况做出恰当的评价。资产负债表分析的作用主要表现在以下方面：

（一）反映企业拥有或控制的经济资源及其分布情况

资产负债表左方提供了企业所拥有或控制的经济资源总量。资产配置的合理程度反映在资产及各类资产内部各项目的分布和占资产总额的比重上。

财务报表使用者根据资产负债表，可以了解和分析企业所掌握的经济资源及其分布与结构的合理性。

（二）反映企业的资金来源和构成情况

资产负债表右方提供了企业资金来源，即权益总额及其构成。企业不同资金来源的构成及其比例，或者说企业负债和所有者权益的构成及其比例，就是企业的资本结构。

财务报表使用者根据资产负债表，可以了解企业资本结构及其变动，分析企业偿债能力及财务风险。

（三）反映企业财务实力、变现能力和支付能力

负债既然要用资产或劳务偿还，资产与负债之间就应当有一个合理的比例关系。企业到期的负债，需要以流动资产清偿，财务报表使用者可以借此了解企业的财务实力、变现能力和支付能力。

（四）反映企业未来的财务趋势

通过分析资产负债表，可以了解各资产、负债和所有者权益的变动情况，预测未来的发展

趋势，为相关决策提供依据。

二、资产负债表分析的内容

（一）资产负债表水平分析

资产负债表水平分析，主要是对资产负债表各项资产、负债和所有者权益的增减变动及其合理性进行分析，揭示企业筹资与投资过程差异，分析与揭示企业生产经营活动、经营管理水平、会计政策及会计估计变更对筹资与投资的影响。

（二）资产负债表结构分析

资产负债表结构分析，主要是将资产负债表中各项目与总资产或权益总额进行对比，分析企业的资产构成、负债构成和股东权益构成，揭示企业资产结构和资本结构的合理程度，探索优化企业资产结构和资本结构的思路。

（三）资产负债表趋势分析

资产负债表趋势分析，主要是指对较长时期企业总资产及主要资产项目、负债及主要负债项目、所有者权益及主要所有者权益项目变化趋势的分析，揭示筹资活动和投资活动的状况、规律及特征，推断企业发展的前景。

（四）资产负债表项目分析

资产负债表项目分析主要是在资产负债表全面分析的基础上，对资产负债表中资产、负债和所有者权益主要项目的变动情况及其合理性进行分析。

第二节　资产负债表水平分析

一、资产负债表水平分析的目的

资产负债表水平分析的目的之一是通过了解企业财务状况变动情况，揭示企业资产、负债、所有者权益的增减变动差异，分析差异产生的原因及财务影响，为企业进行筹资、投资等相关决策提供相应的依据。

资产负债表水平分析的依据是资产负债表，通过采用水平分析法，将资产负债表的实际数与选定的标准进行比较，编制出资产负债表水平分析表，以此进行分析评价。

资产负债表水平分析要根据分析目的来选择比较的标准（基期），当分析目的在于揭示资产负债表的实际变动情况，分析产生实际差异的原因时，其比较的标准应选择资产负债表的上年实际数；当分析目的在于揭示资产负债表预算或计划执行情况，分析影响资产负债表预算或计划执行情况的原因时，其比较标准应选择资产负债表的预算数或计划数。

二、资产负债表水平分析的步骤及要点

资产负债表水平分析时基本遵循“总—分—总”模式，一般分析步骤及要点如下：

（一）进行资产负债表整体性分析

描述资产负债表年末资产、负债、所有者权益的增减变动额及增减变动率，分析资产、负债、所有者权益的整体变化。

(二)从企业投资活动或资产角度,进行资产分析

描述企业总资产规模的增减变动额及增减变动率,以及流动资产、非流动资产的增减变动额及增减变动率。结合公司实际及行业特点,重点分析变动幅度比较大或对总资产变动影响较大的资产部分,推断各类资产变化的相关原因。

(三)从企业筹资活动或权益角度,进行负债分析和所有者权益分析

描述企业负债、所有者权益的增减变动额及增减变动率。分项分析各类负债及各类所有者权益项目的增减变动额及增减变动率。结合公司实际及行业特点,重点分析变动幅度比较大或对负债、所有者权益总额变动影响较大的负债、所有者权益项目,推断各类负债及各类所有者权益项目变化的相关原因。

(四)小结

对资产负债表分析的总体趋势、主要因素、原因进行概括,评估相关财务影响。值得注意的是,资产负债表的分析也应结合会计报表附注的相关内容,同时关注会计报表附注对数据变化的解释。相关数据之间应相互印证,数据之间应具有一定勾稽关系。

三、资产负债表水平分析实例

上汽集团股份有限公司(简称上汽集团)是目前国内产销规模最大的汽车集团,同时也是国内A股市场市值最大的汽车上市公司,属于汽车制造行业。公司凭借在汽车产业链上较为完整的布局、持续提升的创新研发能力,以及整体上市后借力资本市场加快发展,整车产销规模多年来保持国内领先地位。

公司主要业务是研发、生产、销售汽车整车(包括乘用车和商用车)和汽车零部件(包括发动机、变速箱、动力传动、底盘、内外饰、电子电器等),并从事相关汽车服务贸易和金融投资业务。公司采取投资管控与实体运营相结合的经营模式,对下属上汽大众、上汽通用、上汽通用五菱等企业进行投资管控,对自主品牌业务进行实体运营。

以上汽集团为例,编制资产负债表水平分析表,见表3—1。

表3—1 上汽集团资产负债表水平分析表 单位:元

项　目	2×15年年末余额	2×14年年末余额	增减额	增减率
流动资产:				
货币资金	72 672 666 192.62	87 948 624 133.99	−15 275 957 941.37	−17.37%
交易性金融资产	1 221 103 619.65	179 263 543.85	1 041 840 075.80	581.18%
应收票据	36 273 968 771.39	31 144 243 041.67	5 129 725 729.72	16.47%
应收账款	29 332 370 952.75	20 696 097 314.82	8 636 273 637.93	41.73%
预付款项	13 388 651 691.99	21 298 374 862.24	−7 909 723 170.25	−37.14%
其他应收款	7 060 800 647.97	4 137 668 414.04	2 923 112 233.93	70.65%
存货	37 243 441 948.98	38 765 888 491.75	−1 522 446 542.77	−3.93%
持有待售资产	27 459 029.83	34 684 325.47	−7 225 295.64	−20.83%
一年内到期的非流动资产	29 213 526 240.21	15 793 373 034.24	13 420 153 205.97	84.97%
其他流动资产	43 496 708 158.65	17 044 305 103.64	26 452 403 055.01	155.20%

续表

项　目	2×15 年年末余额	2×14 年年末余额	增减额	增减率
流动资产合计	269 930 697 254.04	237 042 542 265.71	32 888 154 988.33	13.87%
非流动资产：				
发放贷款和垫款	34 676 090 843.68	8 574 071 474.85	26 102 019 368.83	304.43%
其他债权投资	65 495 009 648.25	36 448 127 149.53	29 046 882 498.72	79.69%
债权投资				
长期应收款	801 879 818.41	1 347 201 401.01	−545 321 582.60	−40.48%
长期股权投资	59 019 671 405.86	63 389 634 195.51	−4 369 962 789.65	−6.89%
投资性房地产	2 684 961 353.45	2 884 580 134.77	−199 618 781.32	−6.92%
固定资产	38 690 585 922.68	31 709 006 820.92	6 981 579 101.76	22.02%
在建工程	11 856 268 860.79	10 702 857 557.18	1 153 411 303.61	10.78%
无形资产	8 360 918 797.39	6 477 803 607.25	1 883 115 190.14	29.07%
开发支出	4 298 394.04	8 434 650.99	−4 136 256.95	−49.04%
商誉	463 459 170.13	82 304 137.64	381 155 032.49	463.11%
长期待摊费用	1 286 897 910.97	1 033 544 543.95	253 353 367.02	24.51%
递延所得税资产	16 991 606 228.73	13 757 825 810.37	3 233 780 418.36	23.51%
其他非流动资产	1 368 345 230.79	1 412 739 732.17	−44 394 501.38	−3.14%
非流动资产合计	241 699 993 585.17	177 828 131 216.14	63 871 862 369.03	35.92%
资产总计	511 630 690 839.21	414 870 673 481.85	96 760 017 357.36	23.32%
流动负债：				
短期借款	4 908 346 545.97	5 505 253 039.46	−596 906 493.49	−10.84%
吸收存款及同业存放	44 384 484 259.05	44 758 063 908.24	−373 579 649.19	−0.83%
拆入资金	23 429 657 800.31	—	23 429 657 800.31	—
交易性金融负债	7 486 291.00	—	7 486 291.00	—
应付票据	7 282 802 230.82	5 574 215 320.69	1 708 586 910.13	30.65%
应付账款	99 034 578 618.58	66 027 244 570.41	33 007 334 048.17	49.99%
预收款项	18 317 063 798.28	27 430 862 400.76	−9 113 798 602.48	−33.22%
应付职工薪酬	8 406 294 056.51	7 107 347 694.73	1 298 946 361.78	18.28%
应交税费	7 391 537 440.61	3 410 400 465.00	3 981 136 975.61	116.74%
其他应付款	39 325 588 760.62	33 120 292 518.24	6 205 296 242.38	18.74%
一年内到期的非流动负债	4 974 248 176.38	6 843 788 125.87	−1 869 539 949.49	−27.32%
其他流动负债	205 734 205.76	154 042 787.13	51 691 418.63	33.56%
流动负债合计	257 667 822 183.89	199 931 510 830.53	57 736 311 353.36	28.88%

续表

项　目	2×15 年年末余额	2×14 年年末余额	增减额	增减率
非流动负债：				
长期借款	1 398 811 144.23	2 049 144 366.45	−650 333 222.22	−31.74%
应付债券	8 208 109 400.04	2 700 490 000.00	5 507 619 400.04	203.95%
长期应付款	914 135 846.72	1 097 038 323.24	−182 902 476.52	−16.67%
长期应付职工薪酬	6 018 478 333.05	5 516 722 123.55	501 756 209.50	9.10%
预计负债	9 869 134 713.81	7 685 580 005.22	2 183 554 708.59	28.41%
递延收益	13 803 658 069.28	8 701 834 935.13	5 101 823 134.15	58.63%
递延所得税负债	2 833 255 427.98	2 189 275 882.82	643 979 545.16	29.42%
其他非流动负债				
非流动负债合计	43 045 582 935.11	29 940 085 636.41	13 105 497 298.70	43.77%
负债合计	300 713 405 119.00	229 871 596 466.94	70 841 808 652.06	30.82%
股东权益				
股本	11 025 566 629.00	11 025 566 629.00	0	0
资本公积	38 939 769 815.73	37 986 599 121.54	953 170 694.19	2.51%
其他综合收益	10 916 793 233.73	9 703 495 421.66	1 213 297 812.07	12.50%
专项储备	275 789 416.38	181 962 263.44	93 827 152.94	51.56%
盈余公积	26 728 261 764.70	21 836 161 907.74	4 892 099 856.96	22.40%
一般风险准备	844 919 712.17	844 919 712.17	0	0
未分配利润	86 397 638 086.22	76 085 680 916.97	10 311 957 169.25	13.55%
归属于母公司股东权益合计	175 128 738 657.93	157 664 385 972.52	17 464 352 685.41	11.08%
少数股东权益	35 788 547 062.28	27 334 691 042.39	8 453 856 019.89	30.93%
股东权益合计	210 917 285 720.21	184 999 077 014.91	25 918 208 705.30	14.01%
负债和股东权益总计	511 630 690 839.21	414 870 673 481.85	96 760 017 357.36	23.32%

(一)总体性分析

2×15 年年末上汽集团资产总额较 2×14 年增长了 96 760 017 357.36 元，增长率为 23.32%；负债总额增长了 70 841 808 652.06 元，增长率为 30.82%，所有者权益总额增长了 25 918 208 705.30 元，增长率为 14.01%。

上述数据变化说明 2×15 年上汽集团采取了扩张型投资策略，导致资产大幅增长；同时，公司的投资行为会影响公司的筹资行为，上汽集团采取扩张型投资策略，导致当期资金量需求增长，而当期企业负债的增长额及增长率大于所有者权益增长额及增长率，说明企业采取了较激进的筹资策略。

(二)资产分析

上汽集团资产总额增长了 96 760 017 357.36 元，增长率为 23.32%。资产增长主要是由非流动资产增长导致的。非流动资产当期增长了 63 871 862 369.03 元，增长率为 35.92%。而非流动资产项目中变化比较大的主要是发放贷款和垫款以及其他债权投资，其增长额分别是 26 102 019 368.83 元和 29 046 882 498.72 元，其增长率分别为 304.43%和 79.69%。结合上汽集团 2×15 年年报等相关资料，上述数据变化主要是 2×15 年度上汽集团子公司——上汽财务合并收购了上汽通用金融[1]，将其纳入合并报表范围中，导致相关资产数据发生变化。发放贷款及垫款增加主要是由于上汽财务合并通用金融而增加的中长期个人汽车消费贷款。而其他债权投资的增加主要是由于上汽财务增加基金投资所致。

流动资产当期增长了 32 888 154 988.33 元，增长率为 13.87%。而流动资产项目中变化比较大的主要是货币资金、一年内到期的非流动资产和其他流动资产，它们的增长额分别是 −15 275 957 941.37 元，13 420 153 205.97 元，26 452 403 055.01 元，增长率分别是 −17.37%、84.97%和 155.20%。货币资金变化为反向变化，一年内到期的非流动资产和其他流动资产为正向变化。根据上汽集团 2×15 年年报等相关资料披露，货币资金减少的主要原因是当年度上汽集团采取扩张型投资战略，进行了系列股权收购。而一年内到期的非流动资产和其他流动资产增加的主要原因是上汽财务合并通用金融而增加的一年期内到期的个人汽车消费贷款和短期个人汽车消费贷款。通过上述资产分析，可以看出上汽财务合并通用金融给公司整体财务状况分布带来了不小的变化。

（三）负债分析

上汽集团负债总额增长了 70 841 808 652.06 元，增长率为 30.82%，增长数额及增长幅度均高于所有者权益增长数额及增长幅度。负债增长主要是由流动负债增长所导致的。流动负债当期增长了 57 736 311 353.36 元，增长率为 28.88%。

流动负债项目中变化比较大的主要是应付账款，其增长额为 33 007 334 048.17 元，其增长率为 49.99%。根据上汽集团 2×15 年年报等相关资料披露，应付账款大幅增加的主要原因有：(1)货款结算方式改变影响，整车销售企业与整车企业的货款结算方式由原来的预付款改为应付款；(2)合并范围变化影响；(3)产销量影响，当期产销量增加而增加应付供应商货款。

非流动负债当期增长了 13 105 497 298.70 元，增长率为 43.77%。非流动负债项目中变化比较大的主要是应付债券。应付债券增长 5 507 619 400.04 元，增长率为 203.95%。负债性筹资增长有利于公司运用财务杠杆，优化公司资本结构。

（四）所有者权益分析

上汽集团所有者权益总额增长了 25 918 208 705.30 元，增长率为 14.01%。其中，归属于母公司股东权益和少数股东权益增长额分别为 17 464 352 685.41 元和 8 453 856 019.89 元，增长率分别为 11.08%和 30.93%。所有者权益增长主要是由未分配利润增长所导致的。未分配利润当期增长了 10 311 957 169.25 元，增长率为 13.55%。所有者权益增长较正常，说明公司当期经营状况较好，产生了较多盈利。

（五）小结

总体而言，2×15 年上汽集团资产总额、负债总额、所有者权益总额较上年都有了较大幅度增长，说明企业具有较强的生产能力和较良好的财务状况，企业通过资源有效配置，在专注汽车主业发展的同时采取多元化投资策略，积极融资，不断调整资产结构和资本结构。

---

[1] 根据上汽集团《2×15 年年度报告》披露：上汽集团之子公司上汽财务收购 General Motors Financial Company Inc. 持有的上汽通用金融 5%的股权，从而上汽集团间接持有上汽通用金融 55%股权。

但也应注意，根据利润表相关资料，企业当期利润总额增幅为7.31%，营业收入增幅度为6.42%，均低于资产增幅，说明企业资源利用效率仍有待提高，可能存在资源闲置现象，需结合利润表及现金流量表等进行深入分析。

四、资产负债表水平分析应注意的问题

(一)多角度分析各资产、负债、所有者权益项目的变化

分析评价各资产、负债、所有者权益项目，不仅应关注相关财务数据的具体金额变化及增减幅度变化，还应关注方向变化及性质变化。

(二)分析资产变动的合理性和效率性

资产变动是否合理，直接关系到资产生产能力形成与发挥，并通过资产的利用效率体现出来。因此，对资产变动合理性和效率性的分析评价，可借助企业产值、销售收入、利润和经营活动现金净流量等指标变动进行评价。

如增产、增收、增利或增加经营活动现金净流量时，资产规模维持不变，或增资规模较小，或资产相对减少，则说明资产利用效率提高，形成资金相对节约。

如增产、增收、增利或增加经营活动现金净流量时，资产规模大幅增长超过前者增幅，则说明资产利用效率有所降低。

如减产、减收、减利或减少经营活动现金净流量时，资产规模大幅增长，则说明资产利用效率低下，资产调整不合理，资产闲置，生产能力未充分利用。

(三)分析会计政策或会计估计变更的影响

资产负债表各项目变化既可能是由企业经营活动造成的，也可能是由企业会计政策或会计估计变更影响的，或者由其他非正常因素导致的。因此，需要结合各项目的具体变化情况，才能揭示各项目变动的真正原因。如有必要，分析应连续进行，通过长期趋势分析进一步推断各项目数据变动的合理性。

第三节　资产负债表结构分析

一、资产负债表结构分析的目的

资产负债表结构反映资产负债表各项目的相互关系及各项目的比重。资产负债表结构分析的目的就是通过计算资产负债表各项目占总资产或权益总额的比重，分析评价企业资产结构和资本结构的变动情况和合理程度。

资产负债表结构分析主要包括两方面内容：企业资产结构的变动及合理性分析；企业资本结构的变动及合理性分析。

进行资产负债表结构分析，应关注本期结构比，同时也应关注结构比的变动值。一般而言，企业结构比的变动往往是将本期结构比与上期结构比进行横向比较。

二、资产负债表结构分析的步骤及要点

资产负债表结构分析时基本遵循“总—分—总”模式。分析基本步骤及要点如下：

（一）总体性结构分析

通过数据分析，分别描述企业资产结构、资本结构的结构比及变动值，分析资产结构与资本结构之间的依存关系。企业资产结构受制于行业性质，不同行业性质也会影响企业筹资方式。资本结构受制于资产结构，但资本结构也会影响资产结构。分析评价不同结构可能产生的财务结构，以及对企业未来财务状况和经营可能的影响。总体评价企业资产负债表整体结构。

资产负债表整体结构主要有以下四种类型：

1. 保守型结构

保守型结构的特征在于企业没有流动负债，资金需求全部使用非流动负债和所有者权益来满足。在此种结构下，企业风险极低，资金成本最高，筹资结构弹性弱，如表3—2所示。

表3—2　　**保守型结构的资产负债表**

<table>
<tr><td rowspan="2">流动资产</td><td>临时性占用流动资产</td><td rowspan="3">非流动负债
所有者权益</td></tr>
<tr><td>永久性占用流动资产</td></tr>
<tr><td colspan="2">非流动资产</td></tr>
</table>

2. 稳健型结构

稳健型结构的特征在于企业流动资产的一部分资金需求（主要是临时性占用流动资产）需要使用流动负债来满足，其他资金需求通过非流动负债和所有者权益满足。在此种结构下，企业风险较小，资金成本较低，筹资结构具有一定弹性，如表3—3所示。

表3—3　　**稳健型结构的资产负债表**

<table>
<tr><td rowspan="2">流动资产</td><td>临时性占用流动资产</td><td>流动负债</td></tr>
<tr><td>永久性占用流动资产</td><td rowspan="2">非流动负债
所有者权益</td></tr>
<tr><td colspan="2">非流动资产</td></tr>
</table>

3. 平衡型结构

平衡型结构的特征在于企业流动资产资金需求全部由流动负债来满足，非流动资产资金需求通过非流动负债和所有者权益满足。在此种结构下，企业风险较均衡，资金成本中等，如表3—4所示。

表3—4　　**平衡型结构的资产负债表**

流动资产	流动负债
非流动资产	非流动负债 所有者权益

4. 风险型结构

风险型结构的特征在于企业流动负债不仅用于满足流动资产的资金需求，还用于满足部分非流动资产的资金需求。在此种结构下，企业财务风险较大，负债成本最低，企业资金链流转较紧张，如表3—5所示。

表 3—5 风险型结构的资产负债表

<table>
<tr><td>流动资产</td><td rowspan="2">流动负债</td></tr>
<tr><td rowspan="2">非流动资产</td></tr>
<tr><td>非流动负债
所有者权益</td></tr>
</table>

（二）企业资产结构分析

通过数据分析，描述企业资产结构中本期比重较大的项目，以及与上期结构比相比较，结构比变动较大的项目。结合公司实际及行业特点，分析资产结构比变动的原因及合理性。一般从以下方面分析入手：

1. 流动资产的结构比分析

主要分析流动资产占总体资产的比重，及当期结构比变动。重点分析流动资产中货币资金、存货、应收账款的结构比及其变动。

流动资产结构比是否合理并无一个绝对标准，应考虑企业实际和行业特点，同时联系生产经营变化而进行。在其他资产比重保持不变的情况下，流动资产比重提高使生产经营额大幅提高，说明流动资产在资产总额中所占比重较合理。但如果流动资产比重增长率大幅高于生产增长，则可能说明企业资金利用效率减低，此时流动资产结构比有待调整。

2. 固流结构分析

固流结构即固定资产与流动资产之间的比例关系。企业应合理配置资产，如果固定资产比重过大，企业可能存在闲置资产，或虚增资产，或固定资产效率低下等问题。合理的固流结构，有助于企业保持高效的生产能力。

固流结构主要有以下三种类型，如表 3—6 所示。

表 3—6 固流结构类型

类　型	特　点	流动性	盈利性	风险性
适中固流结构	比例较平均	一般	一般	一般
保守固流结构	流动资产比例较高	较强	较低	较小
冒险固流结构	固定资产比例较高	较弱	较高	较大

固流结构是否合理并无一个绝对标准，如工业企业往往采取冒险固流结构，其固定资产在总体资产中比重较大；商业企业往往采取保守固流结构，其流动资产在总体资产中比重较大。因此，固流结构分析还应考虑行业特点及企业实际。

（三）企业资本结构分析

分别描述企业负债结构中本期比重较大的项目，以及与上期结构比相比较，结构比变动较大的项目；分别描述企业所有者权益结构中本期比重较大的项目，以及与上期结构比相比较，结构比变动较大的项目。结合公司实际及行业特点，分析负债结构比、所有者权益结构比变动的原因及合理性，可从以下方面入手：

1. 负债结构分析

负债结构是企业负债筹资的结果，与负债规模、负债成本、债务偿还期限、财务风险、筹资政策、经济环境等因素有关。负债筹资结构可从以下方面分析：

（1）负债期限结构分析：计算流动负债比率和长期负债比率，如表 3—7 所示。

表 3—7　　负债期限结构分析

	比　例	财务风险	资金压力	资金成本
长期负债	多	较小	较小	较高
流动负债	多	较大	大	低

(2)负债方式结构分析:负债方式可分为银行信用、商业信用、应交款项、内部结算款项、外部结算款项、债券、应付股利和其他负债等。计算各负债方式对应的负债在负债总额中的比重。

(3)负债成本结构分析:不同负债的成本不同。应付账款等商业信用筹资,基本属于无成本;短期借款一般属于低成本负债;而长期借款、应付债券等则属于高成本负债。根据对各种负债成本的划分,进行归类整理,形成负债成本结构。

2. 所有者权益结构分析

所有者权益结构是企业所有者权益筹资的结果,与所有者权益规模、企业利润分配政策、企业控制权、股东权益资金成本、经济环境等因素有关。

所有者权益结构分析中应关注结构比重较大的项目以及当期变动比重较大的项目。如企业净利润增加导致所有者权益结构变化,往往被视为企业盈利前景看好的迹象。而股本增加导致所有者权益结构变化,往往被视为企业实力增强或企业筹资策略调整。

所有者权益结构变动可从以下方面分析:

(1)所有者权益总量变动、内部结构变动。如净利润导致所有者权益总额增加,其内部结构也随之改变。

(2)所有者权益总量不变、内部结构变动。如资本公积转增股本,所有者权益总额不变,但其内部结构改变。

(3) 所有者权益总量变动、内部结构不变。当所有者权益内部项目按相同比例相同方式变动时,会出现此种情况,但一般此种情况较少见。

(四)小结

分析并总结企业资产结构与资本结构,注意两者之间的依存关系。不同行业的资产结构与资本结构会有所差异,资产结构与资本结构彼此之间相互影响。

三、资产负债表结构分析实例

这里以上汽集团 2×14 年和 2×15 年资产负债表为分析依据,编制资产负债表结构分析表,如表 3—8 所示。

表 3—8　　上汽集团资产负债表结构分析表　　金额单位:元

项　目	2×15 年	2×14 年	2×15 年(%)	2×14 年(%)	变动比(%)
流动资产:					
货币资金	72 672 666 192.62	87 948 624 133.99	14.20	21.20	−6.99
交易性金融资产	1 221 103 619.65	179 263 543.85	0.24	0.04	0.20
应收票据	36 273 968 771.39	31 144 243 041.67	7.09	7.51	−0.42

续表

项　目	2×15年	2×14年	2×15年（%）	2×14年（%）	变动比（%）
应收账款	29 332 370 952.75	20 696 097 314.82	5.73	4.99	0.74
预付款项	13 388 651 691.99	21 298 374 862.24	2.62	5.13	−2.52
其他应收款	7 060 800 647.97	4 137 688 414.04	1.38	1	0.38
存货	37 243 441 948.98	38 765 888 491.75	7.28	9.34	−2.06
持有待售的资产	27 459 029.83	34 684 325.47	0.01	0.01	0.00
一年内到期的非流动资产	29 213 526 240.21	15 793 373 034.24	5.71	3.81	1.90
其他流动资产	43 496 708 158.65	17 044 305 103.64	8.50	4.11	4.39
流动资产合计	269 930 697 254.04	237 042 542 265.71	52.76	57.14	−4.38
非流动资产：					
发放贷款和垫款	34 676 090 843.68	8 574 071 474.85	6.78	2.07	4.71
其他债权投资	65 495 009 648.25	36 448 127 149.53	12.80	8.79	4.02
债权投资					
长期应收款	801 879 818.41	1 347 201 401.01	0.16	0.32	−0.17
长期股权投资	59 019 671 405.86	63 389 634 195.51	11.54	15.28	−3.74
投资性房地产	2 684 961 353.45	2 884 580 134.77	0.52	0.70	−0.17
固定资产	38 690 585 922.68	31 709 006 820.92	7.56	7.64	−0.08
在建工程	11 856 268 860.79	10 702 857 557.18	2.32	2.58	−0.26
无形资产	8 360 918 797.39	6 477 803 607.25	1.63	1.56	0.07
开发支出	4 298 394.04	8 434 650.99	—	—	—
商誉	463 459 170.13	82 304 137.64	0.09	0.02	0.07
长期待摊费用	1 286 897 910.97	1 033 544 543.95	0.25	0.25	0.00
递延所得税资产	16 991 606 228.73	13 757 825 810.37	3.32	3.32	0.00
其他非流动资产	1 368 345 230.79	1 412 739 732.17	0.27	0.34	−0.07
非流动资产合计	241 699 993 585.17	177 828 131 216.14	47.24	42.86	4.38
资产总计	511 630 690 839.21	414 870 673 481.85	100.00	100.00	0.00
流动负债：					
短期借款	4 908 346 545.97	5 505 253 039.46	0.96	1.33	−0.37
吸收存款及同业存放	44 384 484 259.05	44 758 063 908.24	8.68	10.79	−2.11
拆入资金	23 429 657 800.31	—	4.58	—	—
交易性金融负债	7 486 291.00	—	—	—	—
应付票据	7 282 802 230.82	5 574 215 320.69	1.42	1.34	0.08
应付账款	99 034 578 618.58	66 027 244 570.41	19.36	15.92	3.44

续表

项　目	2×15 年	2×14 年	2×15 年（%）	2×14 年（%）	变动比（%）
预收款项	18 317 063 798.28	27 430 862 400.76	3.58	6.61	−3.03
应付职工薪酬	8 406 294 056.51	7 107 347 694.73	1.64	1.71	−0.07
应交税费	7 391 537 440.61	3 410 400 465.00	1.44	0.82	0.62
其他应付款	39 325 588 760.62	33 120 292 518.24	7.68	7.98	−0.3
一年内到期的非流动负债	4 974 248 176.38	6 843 788 125.87	0.97	1.65	−0.68
其他流动负债	205 734 205.76	154 042 787.13	0.04	0.04	0.00
流动负债合计	257 667 822 183.89	199 931 510 830.53	50.36	48.19	2.17
非流动负债：					
长期借款	1 398 811 144.23	2 049 144 366.45	0.27	0.49	−0.22
应付债券	8 208 109 400.04	2 700 490 000.00	1.60	0.65	0.95
长期应付款	914 135 846.72	1 097 038 323.24	0.18	0.26	−0.08
长期应付职工薪酬	6 018 478 333.05	5 516 722 123.55	1.18	1.33	−0.15
预计负债	9 869 134 713.81	7 685 580 005.22	1.93	1.85	0.08
递延收益	13 803 658 069.28	8 701 834 935.13	2.70	2.10	0.60
递延所得税负债	2 833 255 427.98	2 189 275 882.82	0.55	0.53	0.02
其他非流动负债					
非流动负债合计	43 045 582 935.11	29 940 085 636.41	8.41	7.22	1.20
负债合计	300 713 405 119.00	229 871 596 466.94	58.78	55.41	3.37
股东权益					
股本	11 025 566 629.00	11 025 566 629.00	2.15	2.66	−0.51
资本公积	38 939 769 815.73	37 986 599 121.54	7.61	9.16	−1.55
其他综合收益	10 916 793 233.73	9 703 495 421.66	2.13	2.34	−0.21
专项储备	275 789 416.38	181 962 263.44	0.05	0.04	0.01
盈余公积	26 728 261 764.70	21 836 161 907.74	5.22	5.26	−0.04
一般风险准备	844 919 712.17	844 919 712.17	0.17	0.20	−0.04
未分配利润	86 397 638 086.22	76 085 680 916.97	16.89	18.34	−1.45
归属于母公司股东权益合计	175 128 738 657.93	157 664 385 972.52	34.23	38.00	−3.77
少数股东权益	35 788 547 062.28	27 334 691 042.39	6.99	6.59	0.41
股东权益合计	210 917 285 720.21	184 999 077 014.91	41.22	44.59	−3.37
负债和股东权益总计	511 630 690 839.21	414 870 673 481.85	100.00	100.00	0.00

(一)总体性结构分析

资产结构中,2×15 年上汽集团流动资产比重为 52.76%,非流动资产比重为 47.24%,说明企业资产配置较均衡,保持了一定资产流动性。此外,流动资产比重较上期降低了 4.38%,而非流动资产比重较上期上升了 4.38%。资产结构变动幅度不大,说明企业的资产结构相对比较稳定。

资本结构中,2×15 年上汽集团负债比重为 58.78%,所有者权益比重为 41.22%,说明企业资产负债率较高,是否合适需结合企业盈利能力作进一步分析。此外,负债比重较上期上升了 3.37%,而所有者权益比重较上期降低了 3.37%。资本结构变动幅度不大,说明企业的资本结构相对比较稳定。

从资产负债表整体结构而言,2×15 年上汽集团流动资产比重为 52.76%,流动负债比重为 50.36%,流动资产比重略高于流动负债比重,属于稳健型结构。而上期流动资产比重为 57.14%,流动负债比重为 48.19%,流动资产比重大于流动负债比重,属于稳健型结构。因此,相对于上年,虽然当期资产结构和资本结构都有所改变,但该公司资产结构与资本结构适应程度的性质并未改变。

(二)企业资产结构分析

2×15 年上汽集团流动资产比重为 52.76%,较上期降低了 4.38%。导致流动资产结构变动的主要因素是货币资金、预付款项和存货。其中,货币资金比重减低了 6.99%,预付款项比重减低了 2.52%,存货比重减低了 2.06%。由此可见,货币资金比重降低是流动资产结构变动的最主要原因,但当期上汽集团整车销售同比增长 5%,说明企业销售整体趋势仍看好,货币资金比重变动仅是当期股权收购所引起的,应被认为是正常的结构变动。

2×15 年企业非流动资产比重为 47.24%,较上期上升了 4.38%。导致非流动资产结构变动的主要因素是发放贷款和垫款、其他债权投资、长期股权投资,其中发放贷款和垫款比重上升了 4.71%,其他债权投资上升了 4.02%,长期股权投资降低了 3.74%,说明企业调整了长期资产配置,调整效果有待观察。

2×15 年上汽集团流动资产比重为 52.76%,固定资产比重为 7.56%,固流结构比例大致为 1∶7;上年度流动资产比重为 57.14%,固定资产比重为 7.64%,固流结构比例大致为 1∶7.5,均属于保守型固流结构,固流结构比例较稳定。

(三)企业资本结构分析

1. 负债结构分析

(1)根据表 3—8 所列资料,编制负债期限结构分析表,如表 3—9 所示。

表 3—9 **负债期限结构分析表**

项 目	金额(元)		结构(%)		
	2×15 年	2×14 年	2×15 年	2×14 年	差异
流动负债	257 667 822 183.89	199 931 510 830.53	85.69	86.98	−1.29
非流动负债	43 045 582 935.11	29 940 085 636.41	14.31	13.02	1.29
负债合计	300 713 405 119.00	229 871 596 466.94	100.00	100.00	0.00

从表 3—9 可以看出,负债期限结构中,上汽集团 2×15 年流动负债比重较大,其比重达到 85.49%,比上期降低了 1.29%,表明该公司在使用负债筹资时,主要以短期资金为主。由于

流动负债对企业资产流动性要求较高，企业将承担较大财务风险，短期偿债压力加大，但企业负债成本相对较低。

(2)根据表 3—8 所列资料，编制负债成本结构分析表，如表 3—10 所示。

表 3—10　　**负债成本结构分析表**

项　目	金额(元)		结构(%)		
	2×15 年	2×14 年	2×15 年	2×14 年	差异
无成本负债	177 655 045 056.74	144 093 978 562.14	59.10	62.68	—3.58
低成本负债	80 012 777 127.15	55 837 532 268.39	26.60	24.29	2.31
高成本负债	43 045 582 935.11	29 940 085 636.41	14.30	13.03	1.27
负债合计	300 713 405 119.00	229 871 596 466.94	100.00	100.00	0.00

从表 3—10 可以看出，负债成本结构中，上汽集团 2×15 年无成本负债比重较大，其比重达 59.10%，比上期降低了 3.58%；低成本负债比重为 26.6%，比上期上升了 2.31%；高成本负债为 14.3%，比上期上升了 1.27%。这可能是由于受当期合并报表范围变更的影响，也可能是由于受企业当期发放贷款和垫款、其他债权投资等多项高成本负债增加的影响。由此可见，为降低企业负债资本成本，应合理利用无成本负债。

2. 所有者权益结构分析

根据表 3—8 所列资料，编制所有者权益结构分析表，见表 3—11。

表 3—11　　**所有者权益结构分析表**

项　目	金额(元)		结构(%)		
	2×15 年	2×14 年	2×15 年	2×14 年	差异
股本	11 025 566 629.00	11 025 566 629.00	5.23	5.96	—0.73
资本公积	38 939 769 815.73	37 986 599 121.54	18.46	20.53	—2.07
其他综合收益	10 916 793 233.73	9 703 495 421.66	5.18	5.25	—0.07
专项储备	275 789 416.38	181 962 263.44	0.13	0.10	0.03
盈余公积	26 728 261 764.70	21 836 161 907.74	12.67	11.80	0.87
一般风险准备	844 919 712.17	844 919 712.17	0.40	0.46	—0.06
未分配利润	86 397 638 086.22	76 085 680 916.97	40.96	41.13	—0.16
归属于母公司股东权益合计	175 128 738 657.93	157 664 385 972.52	83.03	85.22	—2.19
少数股东权益	35 788 547 062.28	27 334 691 042.39	16.97	14.78	2.19
股东权益合计	210 917 285 720.21	184 999 077 014.91	100.00	100.00	0.00

从表 3—11 可以看出，上汽集团 2×15 年归属于母公司股东权益占所有者权益结构比重最大，达到 83.03%，未分配利润比重 40.96%超过股本比重 5.23%。这种所有者权益结构较正常，说明企业大股东在所有者权益结构中具有绝对优势，企业盈利能力较强，股东投资回报较丰厚。虽然，归属于母公司股东权益较上期下降了 2.19%，这主要是受到资本公积比重下

降的影响，且变动幅度较小，对企业没有持续性影响。

（四）小结

总体而言，2×15 年上汽集团资产结构和资本结构均保持相对稳定，对整体资产负债表而言，企业仍然采用稳健型结构。

从资产结构而言，虽然货币资金比重降低导致了流动资产结构变动，但企业销售整体趋势仍看好，企业固流结构为保守型固流结构，固流结构比例较稳定。

从负债结构而言，企业以流动负债和无成本负债为主，负债成本相对较低，但具有一定财务风险。从所有者权益结构而言，企业以归属于母公司股东权益为主，未分配利润比重较大，说明企业股权较为集中，盈利前景看好。

四、资产负债表结构分析应注意的问题

（一）资产负债表结构分析应结合企业实际和行业特点进行

不同企业的经营特点会影响资产结构。一般而言，流动资产占资产总额的比例越高，企业日常生产经营活动越重要。例如，在企业产品市场需求旺盛时期，流动资产比例相对较高；在企业高速发展或扩张规模时期，固定资产比例相对较高。

无形资产增减和固定资产折旧快慢也可以反映企业的新产品开发能力和技术装备水平。无形资产多的企业，开发创新能力强；固定资产折旧比例较高的企业，技术更新快。此外，不同行业特点也会影响企业资产结构，如商业企业的流动资产往往大于非流动资产，而工业企业的情况却恰恰相反。

不同企业的风险偏好会影响资本结构。一般而言，传统企业经营风格较保守，负债比率较低；高新企业经营风格较激进，负债比率偏高。

此外，不同行业特点也会影响企业资本结构，如房地产企业资产负债率往往较高，而粮食类企业资产负债率往往偏低。

（二）资产负债表结构分析应动静结合分析

资产负债表结构分析应区分资产结构和资本结构，对它们进行分项分析。对资产结构和资本结构既需要进行静态分析（即分析本期结构比数据），也需要进行动态分析（即分析结构比变动数据），将本期结构比及其相关变动联合分析，推测结构的稳定性和合理性。同时，既需要关注资产负债表中结构比比重大的项目，也需要关注结构比比重变动大的项目。

第四节　资产负债表项目分析

资产负债表项目可以分成资产、负债、所有者权益三大类，这些项目受到企业投资活动和筹资活动的影响。筹资活动解决企业资金来源，主要影响负债和所有者权益项目；投资活动解决企业资金流向，主要影响资产项目。在各类项目变化的同时，可能还对其他相关类别项目产生影响。对资产负债表具体项目进行分析，可以了解企业投资活动和筹资活动的变化，分析不同影响。

本节重点分析主要资产项目和主要负债项目，所有者权益项目分析在第六章所有者权益变动表分析中进行。

一、主要资产项目分析

(一)货币资金

货币资金包括现金、银行存款和其他货币资金。货币资金是企业资产中的一项特殊资产，其特殊性在于流动性最强、最有活力，但其盈利能力最低，或者说几乎不产生收益。企业持有现金量较多时，流动性好，但盈利性弱；而企业持有现金量较少时，改善了其盈利性，但削弱了其流动性。因此，企业现金持有量过高或过低，对企业生产经营都会产生不利影响。

货币资金分析应关注以下方面内容：

1. 分析货币资金规模及相关变动，推测变动原因，判断其合理性

(1)进行货币资金规模、增减额及增减率变动数据分析。

(2)推测货币资金变动原因，判断其合理性。

一般而言，货币资金变动可能基于以下原因：

第一，销售规模变动。企业销售商品或提供劳务是取得货币资金的重要途径，当销售规模变动时，货币资金规模必然会发生相应变动，两者具有一定相关性。

第二，信用政策变动。销售增长时，往往伴随货币资金增加。但如果企业改变信用政策，货币资金规模也会受此影响。如企业销售时，采取宽松的信用政策，扩大赊销规模，则货币资金规模会变小些；如采取严格的信用政策，提高现销比例，则货币资金规模会变大一些。

第三，为大笔现金支出做准备。如准备派发现金股利，偿还即将到期的巨额负债，或集中购货，企业为此必须提前准备，积累资金以备开支。

第四，其他原因。如企业资金调度的需要或企业筹资资金尚未及时使用。

2. 分析货币资金结构及相关变动，推测变动原因，判断其合理性

(1)进行货币资金结构、比重变动数据分析。

(2)推测货币资金比重变动原因，判断其合理性。

货币资金存量过低，可能影响企业正常经营；存量过高，可能影响资产利用效率，降低资产收益水平。因此，货币资金比重变动应结合以下因素进行分析：

第一，企业资产规模与业务量。一般而言，企业资产规模越大，业务量越大，持有货币资金越多。

第二，企业筹资能力。如果企业信用良好，筹资渠道通畅，随时在市场可以筹资，没有必要持有大量现金，货币资金存量及比重相对可以降低些。

第三，企业货币资金运营能力。如果企业运营货币资金能力较强，可以灵活进行资金调度，则货币资金存量及比重相对可以降低些。

第四，行业特点。不同行业的货币资金需求不同，货币资金持有量也会受到行业性质影响。如零售业企业，相对而言，货币资金持有量较大。

3. 分析企业是否存在歪曲现金余额的现象

一些企业为修饰资产负债表，常在会计期末时，将会计期间终了后所收到的收入，列入本期的现金内，借以修饰现金余额，提高流动比率和速动比率。

此外，还需要结合利润表、现金流量表等相关资料，关注企业的货币资金规模与销售规模是否匹配。如果企业销售增长，应收账款未变，货币资金未增长或反向变化，则销售增长为异常增长，可能存在虚增收入的嫌疑。

【分析实例】

根据表 3—1 和表 3—8 可以看出：

(1)从货币资金规模及变动上而言，当期货币资金比上年减少了 15 275 957 941.37 元，减少率为 17.37%，但企业当期营业收入增长了 6.42%，应收账款增长了 41.73%，可见企业销售状况整体较好，只是由于改变了信用政策，扩大了赊销规模，导致货币资金减少。此外，根据现金流量表相关资料可知，经营活动现金净流入额增加了 2 7028 763 942.00 元，增长率为 11.63%，经营活动现金净流量的提高，也进一步说明企业销售良好，具有较强的市场竞争力。

(2)从货币资金结构及变动上而言，期末货币资金比重为 14.2%，期初货币资金比重为 21.2%，降低了 6.99%，与货币资金规模变动的变化趋势一致，但在流动资产结构比重中，货币资金所占比重仍较大，说明企业的资金流较为充裕。

(3)由于当期企业营业收入增长，经营活动现金净流量增长，应收账款增长，货币资金规模略降低，但结构比重仍较高，据此判断，货币资金数据较真实。

(二)应收款项

应收款项主要包括应收账款、应收票据和其他应收款，各项目产生原因不同，所以分析时也应分别进行。本章节主要以应收账款和其他应收款为例说明。

1. 应收账款

对于企业而言，应收账款是因为企业提供商业信用产生的，是他人对企业资金的一项占用，但采取赊销往往有助于扩大企业销售规模、减少企业存货，所以，应收账款对企业也是有必要的。对应收账款的分析，应从以下几方面进行：

(1)分析企业应收账款的规模及变动。

一般而言，企业应收账款规模往往与销售规模正相关，当销售增长的时候，应收账款往往也会增长。如果企业应收账款增长率超过销售收入增长率，可能说明应收账款存在不合理增长。此时，应进一步分析应收账款变动原因。从经营角度而言，应收账款往往受到以下因素影响：

第一，销售规模，销售规模越大，往往应收账款规模也越大；

第二，信用政策，信用政策越宽松，应收账款规模越大；

第三，收账力度，收账政策执行越有力，收账力度越大，应收账款规模越小；

第四，应收账款质量等，应收账款账龄越长，不确定性因素越多，收回可能性越小。

此外，还应特别关注企业应收账款的巨额增加及巨额冲销行为。例如，企业年末或季末应收账款的突然增加，此种变化应被视为应收账款的异常变化，可能是企业虚增收入或提前确认收入；而企业巨额冲销应收账款，特别是关联方应收账款，也应被视为应收账款的异常变化，可能是还旧账也有可能企业借此操纵利润。

(2)分析企业应收账款的结构及变动。

企业应收账款结构分析，一般从账龄结构及交易方结构入手，关注以下方面：

第一，分析应收账款的账龄结构，判断其分布是否合理。应收账款为流动资产，一般而言，应收账款回款应在一年之内。如企业应收账款账龄结构中，超过一年的应收账款比重较大，则说明企业应收账款账龄结构不合理，信用政策有待改进，收账力度有待加强。对长期挂账的应收账款(特别是 3 年以上的应收账款)，应予以特别关注。如此类应收账款比重较大，未能得到及时处理(确认坏账或催收)，则说明企业可能存在虚增利润或虚增应收账款的嫌疑。

第二，分析应收账款的交易方来源比重，判断其分布是否合理。例如，应收账款交易方中，关联方比重较大，则此分布不合理，可能被视为企业利用关联交易进行利润调节的信号。此时，应进一步关注关联方应收账款的数额及比例异常变化。

(3)分析会计政策变更和会计估计变更的影响。

企业采取不同的会计政策或会计估计，也会影响应收账款的确认。例如，企业将应收账款入账金额的确认由总价法改为净价法，会造成应收账款余额减少，但这并不是应收账款本身减少形成的。此外，资产负债表中反映的应收账款是一个净额数据，是根据“应收账款”科目期末借方余额合计减去“坏账准备”科目期末余额后的金额填列。因此，坏账准备计提受到会计政策变更或会计估计变更影响时，也会影响应收账款。

【分析实例】

(1)从应收账款的规模及其变动而言，根据上汽集团提供的会计报表及会计报表附注可知，该公司当期应收账款 29 332 370 952.75 元，上期应收账款 20 696 097 314.82 元，当期应收账款增加了 8 636 273 637.93 元，增长率为 41.73%。但值得注意的是，当期应收账款增长率为 41.73%远大于营业收入增长率 6.42%，说明应收账款变动具有一定的不合理性，可能是受当期信用政策宽松的影响，具体原因有待进一步分析。

(2)从应收账款的结构及其变动而言，期末应收账款比重为 5.73%，期初应收账款比重为 4.99%，当期结构比重变动不大，说明该公司应收账款的结构比重相对稳定。此外，根据表 3—12 可以看出，应收账款期限结构比重中，1 年以内的应收账款比重为 95.86%，说明该公司应收账款的流动性较强，账龄结构分布较合理，企业收账政策较稳定。

表 3—12　　2×15 年上汽集团应收账款结构比

账　龄	应收账款期末余额(元)	结构比(%)
1 年以内	28 734 618 551.04	95.86
1 至 2 年	661 255 737.70	2.21
2 至 3 年	195 590 667.11	0.65
3 年以上	383 905 446.19	1.28
合　计	29 975 370 402.04	100.00

应收票据的分析方法及分析要点与应收账款基本相同，限于篇幅不再赘述。

2. 其他应收款

其他应收款是企业间或企业内部由非购销活动所产生的应收债权，包括企业拨出的备用金，应收的各种赔款、罚款，应向职工收取的各种垫付款项等。资产负债表中的“其他应收款”项目应根据“应收利息”“应收股利”和“其他应收款”科目期末余额合计数，减去“坏账准备”科目中相关坏账准备期末余额后的金额填列。其中“应收利息”仅反映相关金融工具已到期可收取但于资产负债表日尚未收到的利息。基于实际利率法计提的金融工具的利息应包括在相应金融工具的账面余额中。

其他应收款仅仅是垫付款，一般期限较短。实务中，企业有时会将其他应收款作为调整成本费用和利润的手段，对其他应收款的长期挂账或巨额变动等应予以充分关注。对其分析一般从以下方面入手：

(1)分析其他应收款的规模及变动。一般而言，其他应收款规模应小于应收账款规模。如果其他应收款余额大幅高于应收账款规模，或其增长率大幅超过应收账款增长率，这些变动均属于异常变动。此时，应进一步分析数据来源，判断企业是否有利用其他应收款操纵利润的嫌疑。此外，应特别关注其他应收款的具体内容，如是否将应计入当期成本费用的支出计入其他应收款；是否将应计入其他项目的内容计入其他应收款；是否存在违规拆借资金，如上市公司以委托理财等名义违规拆借资金而借助其他应收款。

(2)分析其他应收款的结构及变动。

第一，分析其他应收款的账龄结构，判断其分布是否合理。对长期挂账的其他应收款，例如，其比重较大，则说明企业可能存在虚增利润的嫌疑。

第二，分析关联方其他应收款余额及比重，判断其分布是否合理。如其他应收款中，关联方比重较大，则此分布不合理，可能被视为关联方长期、大量占用上市公司资金，造成其他应收款比重较大，余额居高不下的现象。

【分析实例】

(1)从其他应收款的规模及其变动而言，根据上汽集团提供的财务报表及财务报表附注可知，该公司2×15年其他应收款7 060 800 647.97元，上期其他应收款4 137 688 414.04元，当期其他应收款增加了2 923 112 233.93元，增长率为70.65%。其他应收款增长率70.65%远远大于应收账款增长率41.73%。这主要是由于当期公司股权并购，子公司业务中有大量的保证金、押金、资产处置款等作为其他应收款，其变动合理性有待进一步观察。

(2)从其他应收款的结构及其变动而言，期末其他应收款比重为0.99%，期初其他应收款比重为0.66%，当期结构比重变动不大。此外，根据会计报表附注披露，前5名欠款合计1 928 138 193.04元，占其他应收款的34.78%，且均属于与上汽集团无关的第三方，说明债务人较分散，不存在关联方资金占用。

3. 坏账准备

坏账准备是应收款项的备抵项目。实务中，坏账准备有三种提取方法：应收账款余额百分比法、账龄分析法和销售百分比法。对其分析一般从以下方面入手：

(1)分析坏账准备的提取方法、提取比例的合理性。这是坏账准备项目分析的关键。由于企业可以自行确定计提坏账准备的方法，实务中，有些企业往往出于某种动机，随意选择坏账准备的提取方法、提取比例，造成少提或不提坏账准备，虚增企业应收账款净额，同时虚增企业利润。

(2)分析企业前后会计期间坏账准备提取方法、提取比例的一致性。企业坏账准备提取方法和提取比例一经确定，就不能随意变更。如企业随意变更，则往往另有企图。对于此种情况，应先查明企业在财务报表附注中是否对坏账准备提取方法或提取比例变更进行了披露，并分析上述变更的合理性，是正常变更还是企业为了调节利润。

【分析实例】

根据上汽集团的资产负债表和会计报表附注可知，上汽集团当期坏账损失采取备抵法核算，采用账龄分析法计提坏账准备。坏账准备按决算日应收账款余额进行分类计提，其中按信用风险特征计提坏账准备的应收账款占应收账款总额的比重为100%。本期计提坏账准备金额156 850 993.14元。当期该公司未发生会计政策和会计估计变更事项，坏账准备的增加主要是由应收账款和其他应收款余额增加所导致的。

(三)存货

存货是指企业在日常活动中持有以备出售的产成品或商品、处在生产过程中的在产品、在生产过程或提供劳务过程中耗用的材料或物料等，包括各类材料、在产品、半成品、产成品或库存商品以及包装物、低值易耗品、委托加工物资等。存货是企业最重要的流动资产之一，对存货核算的准确性既会影响资产负债表，也会影响利润表。存货分析非常重要，一般包括存货构成分析和存货计价分析。

1. 存货构成分析

存货主要由材料存货、在产品存货和产成品存货构成。存货构成分析包括各类存货规模与变动分析和各类存货结构与变动分析。

(1)存货规模与变动分析。存货规模与变动分析主要分析各类存货的增减变动情况与增减变动趋势，推测各类存货变动原因。值得注意的是，存货规模也会受到行业因素影响。不同行业的存货规模，也有着显著差异。

【分析实例】

根据上汽集团财务报表附注资料，编制存货变动情况分析表，见表 3－13。

表 3－13　　存货规模变动情况分析表　　金额单位：元

项　目	2×15 年	2×14 年	增减额	增减率(%)
原材料	4 493 645 955.69	3 487 427 399.75	1 006 218 555.94	28.85
在产品	1 273 715 481.26	1 051 261 167.97	222 454 313.29	6.38
库存商品	31 304 591 471.22	34 227 199 924.03	－2 922 608 452.81	－83.80
在建开发产品	171 489 040.81	—	171 489 040.81	—
合　计	37 243 441 948.98	38 765 888 491.75	－1 522 446 542.77	－43.66

根据表 3－13 可知，上汽集团 2×15 年存货总体规模减少了 1 522 446 542.77 元，减少率为 43.66%，表明当期存货资产实物量的绝对减少。导致当期存货规模减小的主要原因是库存商品的大幅减少，库存商品的减少额为 2 922 608 452.81 元，减少率为 83.80%。结合当期利润表分析，发现当期营业收入增长且经营现金净流量增加，说明企业产品销售受到市场欢迎，市场竞争力较强。同时，企业的原材料当期增长了 28.85%，在产品当期增长了 6.38%，说明企业对未来市场发展前景看好，积极进行了囤货准备。

(2)存货结构与变动分析。存货结构指各类存货在存货总额中的比重。各类存货在企业再生产过程中的作用是不同的。其中，材料存货是维持再生产活动的必要物质基础，属于生产的潜在因素；产成品存货是存在于流通领域的存货，并非保证再生产持续进行的必要条件，如果产成品存货过多，意味着企业销售不畅，存货资金占用量较大，因此，需要将产成品存货压缩到最低限度；在产品存货是尚处于生产环节的存货，一般受到企业生产规模、生产周期、生产效率等的影响。

一般情况下，企业存货结构应保持相对稳定性。分析时，应重点关注比重较大的项目及比重变动较大的项目。存货比重大幅变动，可视为企业生产经营的一个异常信号。此时，应深入分析其原因，推测判断存货结构变动的原因及影响。值得注意的是，存货结构也会受到行业因素影响。不同行业的存货结构，也有着显著差异。

【分析实例】

根据上汽集团财务报表附注资料，编制存货变动情况分析表，见表 3－14。

表 3－14 存货结构变动情况分析表

项　目	金额(千元)		结构(%)		
	2×14 年	2×15 年	2×15 年	2×14 年	差异
原材料	4 493 645 955.69	3 487 427 399.75	12.07	9.00	3.07
在产品	1 273 715 481.26	1 051 261 167.97	3.42	2.71	0.71
库存商品	31 304 591 471.22	34 227 199 924.03	84.05	88.29	－4.24
在建开发产品	171 489 040.81	—	0.46	—	0.46
合　计	37 243 441 948.98	38 765 888 491.75	100	100	0

根据表 3－14 可以看出，上汽集团的存货主要包括原材料、在产品、产成品或库存商品及在建开发产品，存货结构中所占比重较大的是库存商品和原材料，2×15 年库存商品占存货比重为 84.05%，原材料占存货比重为 12.07%，两者合计比重为 96.12%，说明企业存货管理的核心应为原材料管理和库存商品管理。此外，2×15 年库存商品比重较上期降低了 4.24%，而原材料比重较上期增加了 3.07%，说明企业产品适销对路，销售产品不断增加，企业未来发展前景看好。

(3)存货变动原因分析。各类存货的变动原因各有不同，现仅以原材料和产成品变动为例说明。

一般而言，原材料比重变动的原因主要有以下方面：

第一，企业产品销售的前景好，提前大量采购原材料；

第二，企业预测材料价格大幅上扬，提前大量采购进行储备；

第三，企业存货管理存在问题或信息披露方面存在问题。

而产成品变动的主要原因包括：

第一，产品销售情况良好，产成品比重下降；

第二，企业削价销售，导致营业收入减少；

第三，存货计价方法改变，或低估存货；

第四，销售政策或销售条件改变。

值得注意的是，分析存货变动原因的时候，应结合利润表、资产负债表、现金流量表中相关数据如收入变动、应收账款变动及经营现金流入和流出情况等。

2. 存货计价分析

存货价值的确定不仅会影响存货本身，还会影响当期销售成本及利润，甚至会影响企业税负和现金流量。财务分析中应重视存货计价分析，关注存货计价方法、存货数量、存货跌价准备对存货价值的影响。

一般从以下方面进行存货计价分析：

(1)分析存货计价方法的合理性。根据我国《企业会计准则》规定，企业可以根据实际情况，选择使用先进先出法、加权平均法或者个别计价法确定发出存货的实际成本。采用不同存货计价方法，得出的发出存货成本不同，对企业的财务状况和经营成果产生一定影响。在通货膨胀时期，存货计价方法比较如表 3－15 所示。

表 3—15　　存货计价方法比较

存货计价方法	期末存货价值	发出存货价值	对利润的影响
先进先出法	较符合实际	销售成本低估	利润高估
加权平均法	较符合实际	销售成本较符合实际	利润较符合实际
个别计价法	符合实际	销售成本符合实际	利润符合实际

正是由于采取不同存货计价方法，将产生不同财务处理结果，有些企业可能利用存货计价方法进行操纵利润，应引起关注。

(2)分析存货盘存制度的合理性。存货可以采取永续盘存制和定期盘存制。采用不同的存货盘存制度，带来的财务影响也有所差异，现将两种存货盘存制度列表比较，如表 3—16 所示。

表 3—16　　存货盘存制度比较

存货盘存制度	期末存货价值	优　点	缺　点
永续盘存制	反映存货账面数	随时反映存货收、发、存	工作量较大
定期盘存制	反映存货实有数	期末倒算，工作量较小	不利存货管理

因此，采取不同存货盘存制度，企业期末资产负债表上的存货项目可能有所差异。这种差异不是存货数量本身变动引起的，而是存货数量的会计确认方法不同而造成的。

(3)分析存货跌价准备计提的正确性和合理性。存货跌价准备的计提不仅会影响存货账面价值，还会影响当期利润。因此，应关注企业会计期末是否按照成本与可变现净值孰低法提取存货跌价准备，分析其正确性和合理性。如企业少提或不提存货跌价准备，则会导致存货账面价值高估，虚增当期利润。

【分析实例】

根据上汽集团财务报表附注可知，上汽集团的存货按成本进行初始计量，存货成本包括采购成本、加工成本和其他使存货达到目前场所和状态所发生的支出。存货发出时，采用加权平均法确定发出存货的实际成本。该公司当期和上期存货数量的确定方法是永续盘存制，计价原则是于资产负债表日按照“成本与可变现净值孰低”确定期末存货价值。该公司当期未发生存货会计政策和会计估计变更事项。2×15 年计提存货跌价准备为 861 934 598.20 元，所占比例较小，说明该公司的存货质量较高。

(四)固定资产

固定资产占用企业资金量较大，投资时间较长，是企业资产管理的重点，对企业发展能力及盈利能力有重大影响。固定资产分析主要包括：固定资产规模与变动分析、固定资产结构与变动分析、固定资产会计政策选择合理性分析。

1. 固定资产规模与变动分析

分析固定资产规模与变动，可以从固定资产原值变动、固定资产净值变动、固定资产账面价值变动等方面分析入手。

(1)固定资产原值变动分析。固定资产原值是固定资产取得时的实际成本支出，反映企业在固定资产上的投资和企业的生产规模。固定资产原值的增减变化反映企业当期固定资产规模变化。一般而言，固定资产增加的主要原因有：投资转入；自行购入；自建或自制；融资租赁租入；接受捐赠；固定资产盘盈；其他。固定资产减少的主要原因有：出售转让；对外投资；报废清理；固定资产盘亏；非常损失；其他。企业可根据财务报表附注及相关资料分析固定资产增减变动原因及其合理性。

（2）固定资产净值变动分析。固定资产净值也称折余价值，是指固定资产原值减去已提折旧后的净额，反映企业实际占用固定资产的金额和固定资产的新旧程度。因此，固定资产净值变动主要取决于两个因素：固定资产原值变动与累计折旧变动。

累计折旧的计提取决于企业折旧政策的选择，主要有四种计提方法：直线法；工作量法；双倍余额递减法；年数总和法。选择不同的折旧政策时，当期计提的折旧也将有所差异，从而影响企业的成本费用和当期利润。一般而言，企业的折旧政策应保持相对稳定，不能随意变更。例如，企业以前年度均采用直线法计提折旧，当期突然改为双倍余额递减法或年数总和法计提折旧，则企业存在通过累计折旧操纵成本费用，进行盈余管理的嫌疑。

（3）固定资产账面价值变动分析。固定资产账面价值指固定资产净值减去相关备抵项目后的净额，其变动主要取决于两个因素：固定资产净值变动与固定资产减值准备变动。

固定资产减值准备的计提在会计期末按固定资产账面价值与其可收回金额孰低的原则来计量。如果会计期末固定资产的可收回金额低于其账面价值，应当按可收回金额低于其账面价值的差额计提减值准备，并计入当期损益。合理计提固定资产减值准备有利于企业避免虚增资产，避免企业虚增利润，保证企业财务资料的真实性。如果固定资产实际上已发生减值，但企业不提或少提固定资产减值准备，会造成企业资产虚增，虚夸了企业生产能力，同时会虚增企业利润。

【分析实例】

下面以上汽集团 2×15 年相关报表数据为例，对其固定资产规模与变动进行分析，见表 3－17。

表 3－17　　固定资产规模变动分析表　　金额单位：元

项　目	房屋及建筑物	机器设备	电子设备、器具及家具	运输设备	模　具	合　计
一、账面原值：						
1. 年初余额	17 209 365 839.22	34 832 132 240.31	3 381 416 259.09	2 039 365 570.76	4 182 012 217.46	61 644 292 126.84
2. 本期增加金额	3 742 517 594.72	8 216 142 754.41	885 367 201.37	701 901 068.95	1 666 352 746.79	15 212 281 366.24
(1)购置	240 324 698.07	139 758 909.26	142 388 375.75	110 193 055.26	3 061 371.47	635 726 409.81
(2)在建工程转入	2 533 891 483.36	6 178 499 834.92	555 185 089.32	233 288 325.36	1 663 291 375.32	11 164 156 108.28
(3)企业合并增加	812 941 928.62	1 897 011 147.43	186 062 477.86	357 938 956.42	—	3 253 954 510.33
本年投资性房地产转入	152 254 819.81	—	—	—	—	152 254 819.81
本年因汇率变动而增加	3 104 664.86	872 862.80	1 731 258.44	480 731.91	—	6 189 518.01
3. 本期减少金额	540 928 127.13	1 034 631 048.18	157 394 996.07	401 723 667.07	31 647 359.23	2 166 325 197.68
(1)处置或报废	424 724 876.12	1 005 331 996.31	154 062 935.82	401 723 667.07	31 647 359.23	2 017 490 834.55
本年转出至在建工程	—	29 299 051.87	3 332 060.25	—	—	32 631 112.12
本年转出至投资性房地产	48 302 530.61	—	—	—	—	48 302 530.61
本年转出至持有待售资产	67 900 720.40	—	—	—	—	67 900 720.40
4. 年末余额	20 410 955 306.81	42 013 643 946.54	4 109 388 464.39	2 339 542 972.64	5 816 717 605.02	74 690 248 295.40

续表

项　目	房屋及建筑物	机器设备	电子设备、器具及家具	运输设备	模　具	合　计
二、累计折旧						
1. 年初余额	4 370 594 982.39	15 462 537 127.70	2 108 448 708.86	1 266 550 670.66	1 748 725 124.44	24 956 856 614.05
2. 本期增加金额	1 225 610 101.40	3 448 066 532.32	520 497 556.04	358 757 515.22	472 303 029.23	6 025 234 734.21
3. 本期减少金额	245 348 639.63	759 558 095.20	124 389 371.00	290 264 626.81	13 597 044.90	1 433 157 777.54
4. 年末余额	5 350 856 444.16	18 151 045 564.82	2 504 556 893.90	1 335 043 559.07	2 207 431 108.77	29 548 933 570.72
三、减值准备						
1. 年初余额	349 656 570.38	2 776 138 877.33	27 674 778.69	19 641 552.20	1 805 316 913.27	4 978 428 691.87
2. 本期增加金额	27 788.00	837 562 896.52	35 288 178.78	34 777.33	670 568 678.47	1 543 482 319.10
3. 本期减少金额	—	59 708 107.63	252 213.36	294 521.62	10 927 366.36	71 182 208.97
4. 年末余额	349 684 358.38	3 553 993 666.22	62 710 744.11	19 381 807.91	2 464 958 225.38	6 450 728 802.00
四、账面价值						
1. 年末账面价值	14 710 414 504.27	20 308 604 715.50	1 542 120 826.38	985 117 605.66	1 144 328 270.87	38 690 585 922.68
2. 年初账面价值	12 489 114 286.45	16 593 456 235.28	1 245 292 771.54	753 173 347.90	627 970 179.75	31 709 006 820.92
增减额	2 221 300 217.82	3 715 148 480.22	296 828 054.84	231 944 257.76	516 358 091.12	6 981 579 101.76
增减率(%)	17.79	29.75	2.38	1.86	4.13	55.90

从表 3－17 可以看出，该公司当期固定资产账面价值增加了 6 981 579 101.76 元，增长率为 55.90%。对于这一数据变化，可以从以下角度分析：(1)增长原因。当期固定资产原值增加的主要原因是在建工程项目完工转入，在建工程转让增加了 11 164 156 108.28 元。(2)增长类别。当期固定资产账面价值增加的主要是房屋及建筑物和机器设备两类资产，房屋及建筑物增加了 2 221 300 217.82 元，增长了 17.79%，机器设备增加了 3 715 148 480.22，增长了 29.75%。房屋建筑物和机器设备都属于生产用固定资产的增长，有利于公司生产能力的提高及竞争实力的增强。

2. 固定资产结构与变动分析

固定资产结构与变动分析主要是分析各类固定资产在固定资产总额中的比重及其变动分析。此项分析应重点关注在固定资产总额中比重较大的固定资产及比重变动较大的固定资产。

固定资产按使用情况和经济用途可以分为：生产用固定资产、非生产用固定资产、租出固定资产、未使用和不需用固定资产、融资租入固定资产。固定资产结构可以反映固定资产的配置情况，合理配置固定资产，可以在不增加企业资金占用量的同时提高企业生产能力，使企业资源得到充分利用。

一般而言，生产用固定资产在固定资产结构比重中所占比例较大。如其他类固定资产比重较大，或其增长率超过生产用固定资产增长率，则说明企业可能存在资源利用不合理的情况。特别是未使用或不需要固定资产在固定资产结构比重中所占比例较大时，往往被视为企业资产利用效率低下的信号，说明存在固定资产资金占用但资源闲置的情况，企业应及时查明原因，采取措施，予以分类处理。

现行会计制度并不需要企业对外披露固定资产的使用情况，外部财务分析人员难以获取相关信息。但固定资产结构与变动分析对企业非常重要，内部财务分析人员应予以重点关注，主要从以下三方面进行深入分析：

(1)生产用固定资产在固定资产总额中的比重及其变化；

(2)未使用或不需要固定资产在固定资产总额中的比重及其变化;

(3)生产用固定资产内部结构的合理性。

3. 固定资产会计政策选择的合理性分析

固定资产会计政策选择的合理性分析主要是分析累计折旧计提的合理性和固定资产减值准备计提的合理性。

累计折旧计提的合理性分析主要包括:(1)分析折旧方法是否前后期一致,如不一致时,是否做出说明,说明是否合理;(2)分析固定资产预计使用年限及预计净残值估计是否符合国家有关规定,是否符合企业实际。

固定资产减值准备计提的合理性主要包括:(1)分析固定资产可收回金额确定是否合理;(2)分析当期固定资产减值准备计提数是否准确;(3)分析固定资产减值准备对固定资产及企业生产经营的影响。如果固定资产不提或少提固定资产减值准备,不仅会虚增固定资产价值,也会虚增利润,夸大企业生产能力。

【分析实例】

根据2×15年上汽集团提供的财务报表及财务报表附注,上汽集团不同类别固定资产的折旧方法、折旧年限、净残值率和年折旧率如表3—18所示。

表3—18　　固定资产折旧分析表

类　别	折旧方法	折旧年限(年)	残值率(%)	年折旧率(%)
房屋及建筑物	年限平均法	8～50	0～10	1.8～12.5
机器设备	年限平均法	5～35	0～10	2.57～20
电子设备、器具及家具	年限平均法	2～20	0～10	4.5～50
运输设备	年限平均法	3～12	0～10	7.5～33.33
模具	按年限平均法或工作量法	不适用	0～5	不适用

根据表3—18可以看出,上汽集团采用年限平均法或者工作量法在固定资产使用寿命内计提折旧,折旧年限、净残值率都符合会计制度规定。对照上年财务报表附注,当期公司的固定资产折旧方法、预计净残值、折旧年限均未发生变化,前后期保持一致,由此可以判断该公司固定资产折旧较可靠。

二、主要负债项目分析

(一)主动筹资性负债

1. 短期借款

短期借款是企业向银行等金融机构借入、还款期限在一年以下(含一年)的各种借款,主要包括经营周转借款、临时借款、结算借款、票据贴现借款、卖方信贷、预购定金借款和专项储备借款等。

短期借款一般为满足经营性资金需求,利率较低,偿还周期较短,对资金流动性要求较高。如短期借款数额过大,超过企业实际需要,不仅会影响企业资金使用效果,还可能给企业带来较大财务风险。

短期借款分析,应结合企业流动资产、当期收益、流动负债、现金流量等因素进行,重点关注以下方面:

（1）与流动资产规模适应。短期借款筹资灵活，弹性较大，但应与当期流动资产，特别是货币资金项目相适应。一般而言，短期借款应不超过当期货币资金。如企业当期短期借款超过货币资金规模，则企业资金链运作较紧张，财务风险加大。

（2）与投资收益率适应。当企业投资收益率大于短期借款利率，则举债对企业有利，可以产生财务杠杆作用，并降低企业资本成本；但如果企业经营效益不理想，投资收益率低于短期借款利率，则会加重企业财务负担。

（3）与现金流量适应。短期借款偿还周期较短，应关注企业当期现金流量的存量及变化，保证企业有较充裕的现金流量清偿当期债务。

2. 长期借款

长期借款是企业向银行或其他金融机构等借入的、还款期限在一年以上的各种借款。长期借款是较典型的企业长期筹资形式，偿还周期较长，配置适当的长期借款，可以合理化调整企业资本结构，降低企业资本成本，发挥财务杠杆作用。

长期借款分析，应重点关注：当期长期借款规模及变化情况；企业现金流量状况；企业投资收益率状况。一般而言，企业长期借款主要是满足企业资本性资金需求，短期借款则是满足经营性资金需求，因此，长期借款规模往往大于短期借款规模。如企业当期长期借款规模大幅减少，短期借款规模大幅增加，出现“短债长用”情况，则会加剧企业财务风险，影响企业偿债能力。

【分析实例】

2×15 年，上汽集团期末短期借款为 4 908 346 545.97 元，较上期降低了 596 906 493.49 元，降低率为 10.84%；长期借款 1 398 811 144.23 元，较上期降低了 650 333 222.22 元，降低率为 31.74%。长期借款的规模小于短期借款的规模，且两者均呈下降趋势，长期借款的下降幅度大于短期借款。但企业当期负债总额增长了 30.82%，负债的增长主要是由于应付账款、应付债券等项目大幅增长所导致，说明企业当期改变了筹资策略，但应注意控制财务风险。

（二）经营性负债

1. 应付账款

应付账款是企业因购买材料、商品和接受劳务供应等经营活动应支付的款项，是买卖双方在购销活动中由于购买材料、商品或接受劳务而与支付款项在时间上不一致而产生的负债。应付账款分析应重点关注以下方面：

（1）企业销售变动。一般而言，企业销售增加时，原材料采购增加，应付账款随之增加；反之，则降低。

（2）资金成本。应付账款是较典型的商业信用筹资，没有资金成本或资金成本较低。企业可以合理配置适当应付账款，以节约利息支出。

（3）企业现金流量状况。企业现金流量较充裕时，应付账款相对较小；企业资金较紧张时，应付账款规模相对较大。

应付账款筹资属于商业信用筹资，无资金成本或成本较低，但长期应付账款拖欠，可能影响企业商业信用。此外，应付账款也反映了企业生产经营中主动性较强，大量占用供应商资金进行经营，说明企业产品在市场中的强势地位。

2. 预收账款

预收账款是企业按照合同规定或双方约定，向购买单位或接受劳务单位在未发出商品或提供劳务时预收的款项。由于企业在收到这笔钱时，商品或劳务的销售合同尚未履行，因而不能作为收入入账，只能确认为一项负债。

预收账款虽为流动负债，但不会给企业带来财务风险，反而在未来会转化为企业的收入。因此，预收账款分析时，应重点关注预收账款的规模及其变动情况。预收账款规模增加，往往预示企业未来收入增加，说明企业盈利前景看好。一般而言，预收账款增长率不应超过销售增长率。如预收账款当期大幅增加，而销售收入增长率大幅降低，则存在企业未及时确认收入，隐瞒利润的可能性。

3. 其他应付款

其他应付款是指企业在商品交易业务以外发生的应付和暂收款项。资产负债表中的“其他应付款”项目应根据“应付利息”“应付股利”和“其他应付款”科目期末余额合计数填列。其中“应付利息”仅反映相关金融工具已到期应支付但于资产负债表日尚未支付的利息。基于实际利率法计提的金融工具的利息应包括在相应金融工具的账面余额中。其他应付款分析时，应重点关注：(1)其他应付款的规模及其变动情况；(2)是否存在企业长期占用关联方资金的现象。

【分析实例】

根据 2×15 年上汽集团财务报表及财务报表附注，上汽集团期末应付账款为 99 034 578 618.58 元，较上期增加了 33 007 334 048.17 元，增长率为 49.99%，应付账款主要为应付整车款、材料款及配件款等，说明上汽集团积极利用商业信用进行自然性筹资，商业信用筹资可被认为是一种无成本或低成本的筹资方式，有利于企业降低资金成本；期末预收账款为 18 317 063 798.28 元，较上期降低了 9 113 798 602.48 元，降低率为 33.22%，预收账款主要为预收整车款、材料款、配件款等，结合企业当期营业收入增长的情况，推测预收账款可能已转为企业收入。其他应付款为 39 325 588 760.62 元，增加了 6 205 296 242.38 元，增长率为 18.74%。其他应付款为销售佣金、折扣、经销商保证金及各种押金等，当期变动幅度不大，也可认为是一种商业信用筹资，有利于降低企业资金成本。

（三）应交税费

应交税费是指企业根据在一定时期内取得的营业收入、实现利润等，按照现行税法规定，采用一定的计税方法计提的应缴纳的各种税费，包括流转税、所得税和各种附加费。

应交税费分析时，应重点关注应交税费与企业营业收入、利润的变动是否一致。一般而言，企业营业收入或利润增加时，应交税费也会随之增加。如企业营业收入或利润增加，但应交税费不变或减少，则企业存在逃税的嫌疑，或者企业虚增营业收入或利润。

【分析实例】

根据 2×15 年上汽集团财务报表及财务报表附注，上汽集团期末应交税费为 7 391 537 440.61 元，较上期增加了 3 981 136 975.61 元，增长率为 116.74%，结合当期企业营业收入及利润的增长，应交税费的变动趋势与收入、利润的变动趋势保持一致，从侧面反映了 2×15 年上汽集团销售前景看好，市场竞争实力较强，企业盈利能力得以提高。

本章小结

资产负债表分析的目的在于了解企业对财务状况的反映程度，以及所提供会计信息的质量。通过资产负债表分析，可以反映企业的经济资源及其分布、资金来源和构成情况，还可以反映企业的财务实力、变现能力、支付能力以及未来发展趋势。资产负债表分析一般应包括资产负债表水平分析、结构分析、趋势分析和项目分析。

资产负债表水平分析是将资产负债表的实际数与选定的标准进行比较，编制出资产负债表水平分析表，以此进行分析评价，分析时应遵循“总—分—总”模式，多角度分析各资产、负债、所有者权益项目的变化，分析资产变动合理性和效率性，分析会计政策或会计估计变更的影响。

资产负债表结构分析是通过计算资产负债表各项目占总资产或权益总额的比重，分析评价企业资产结构和资本结构的变动及合理程度，主要包括两方面内容：企业资产结构的变动及合理性分析，企业资本结构的变动及合理性分析。分析时应遵循“总—分—总”模式，并考虑企业实际和行业特点进行，并注意动静结合。

资产负债表项目分析介绍了主要资产项目如货币资金、应收账款、存货、固定资产等的分析要点，同时也介绍了主要负债项目如短期借款、长期借款、应付账款、应交税费等的分析要点，不仅应关注它们的变动数额、变动比率、变动原因及变动方向，而且也应注意会计政策和会计估计变更对其的影响。

思考题

1. 资产负债表分析的目的有哪些？
2. 如何进行资产负债表水平分析？
3. 如何进行资产负债表结构分析？
4. 你认为资产负债表中，应重点分析哪些项目？如何分析这些项目？

本章练习与实务分析

一、单项选择题

1. 在通货膨胀条件下，存货采用先进先出法对利润表的影响是（　　）。

A. 利润被低估　　B. 利润被高估

C. 基本反映当前利润水平　　D. 利润既可能被低估也可能被高估

2. 企业资产利用效率提高，形成资金绝对节约是指（　　）。

A. 增产增收时不增资　　B. 减产减收时增资

C. 增产增收时增资　　D. 产值、收入持平，资产减少

3. 资产负债表中，企业没有流动负债的结构被称为（　　）。

A. 保守型结构　　B. 稳健型结构

C. 平衡型结构　　D. 风险型结构

二、多项选择题

1. 资产负债表分析的目的有（　　）。

A. 了解企业财务状况的变动情况

B. 评价企业会计对企业经营状况的反映程度

C. 修正资产负债表的数据

D. 评价企业的会计政策

2. 采取保守的固流结构政策可能出现的财务结果有(　　)。

A. 资产流动性提高　　B. 资产风险降低

C. 资产风险提高　　D. 盈利水平下降

三、判断题

1. 资产负债表结构变动通常采用水平分析法。　(　　)

2. 企业的应收账款增长率超过销售收入增长率是正常现象。　(　　)

3. 企业不提或少提固定资产减值准备,会造成资产虚增和利润虚增,从而夸大企业生产能力。　(　　)

四、实务分析

万科公司2×15年及2×14年的资产负债表如表3—19所示。

表3—19　万科2×15年及2×14年资产负债表　单位:元

资　产	2×15年12月31日	2×14年12月31日	负债及股东权益	2×15年12月31日	2×14年12月31日
流动资产:			流动负债:		
货币资金	53 180 381 016.34	62 715 253 375.94	短期借款	1 900 087 965.52	2 383 069 704.65
衍生金融资产	122 195 279.19	36 404 522.58	应付票据	16 744 732 907.08	21 291 893 866.16
应收账款	2 510 653 269.96	1 894 071 801.08	应付账款	91 446 458 420.61	67 047 199 764.55
预付款项	39 646 972 826.29	29 433 125 588.58	预收款项	212 625 705 637.30	181 749 337 004.86
其他应收款	75 485 642 961.23	48 924 463 696.78	应付职工薪酬	2 642 657 169.63	1 830 829 986.80
存货	368 121 930 513.33	317 726 378 468.22	应交税费	7 373 980 494.99	5 124 172 860.19
其他流动资产	7 956 600 000.00	4 076 000 000.00	其他应付款	62 581 800 228.48	45 778 239 511.58
流动资产合计	547 024 375 866.34	464 805 697 453.18	一年内到期的非流动负债	24 746 404 056.97	20 449 288 272.85
非流动资产:			流动负债合计	420 061 826 880.58	345 654 030 971.64
其他债权投资	1 138 812 728.09	133 180 000.00	非流动负债:		
长期股权投资	33 503 423 488.02	19 233 657 357.71	长期借款	33 828 584 225.36	34 536 712 135.87
投资性房地产	10 765 051 108.38	7 980 879 614.55	应付债券	19 015 812 338.88	11 612 231 836.68
固定资产	4 917 479 160.88	2 308 351 663.13	预计负债	143 220 557.94	53 422 794.65
在建工程	598 358 905.88	1 833 480 603.35	其他非流动负债	1 378 075 550.63	68 441 434.99
无形资产	1 044 991 088.26	877 547 482.32	递延所得税负债	558 430 814.88	590 299 321.85
商誉	201 689 835.80	201 689 835.80	非流动负债合计	54 924 123 487.69	46 861 107 524.04
长期待摊费用	447 883 429.64	338 999 043.34	负债合计	474 985 950 368.27	392 515 138 495.68
递延所得税资产	5 166 540 813.69	4 016 200 314.84	股东权益:		
其他非流动资产	6 486 961 264.31	6 679 072 047.43	股本	11 051 612 300.00	11 037 507 242.00
非流动资产合计	64 271 191 822.95	43 603 057 962.47	资本公积	8 174 812 609.65	8 493 632 222.15
			减:库存股	160 163 103.04	—
			其他综合收益	450 635 194.22	561 814 972.97
			盈余公积	28 068 766 725.61	26 078 775 789.93
			未分配利润	52 597 854 095.89	41 992 839 682.30

续表

资　产	2×15 年 12 月 31 日	2×14 年 12 月 31 日	负债及股东权益	2×15 年 12 月 31 日	2×14 年 12 月 31 日
			归属于母公司股东权益合计	100 183 517 822.33	88 164 569 909.35
			少数股东权益	36 126 099 498.69	27 729 047 010.62
			股东权益合计	136 309 617 321.02	115 893 616 919.97
资产总计	611 295 567 689.29	508 408 755 415.65	负债和股东权益总计	611 295 567 689.29	508 408 755 415.65

要求根据上述资料，完成以下分析：

1. 对万科公司资产负债表进行水平分析。

2. 对万科公司资产负债表进行结构分析。

3. 你认为导致万科公司资产结构和资本结构变化的主要原因是什么？这些变化会带来怎样的财务影响？如果你是万科会计机构负责人，打算采取什么措施改进企业财务状况？

第四章　利润表分析

学习目标

1. 掌握利润表分析的目的及作用、利润表分析的内容，掌握利润表水平分析、结构分析以及项目分析的基本内容、基本方法和基本步骤。

2. 了解利润表分析中的非财务信息运用。

3. 重点掌握利润表水平分析、结构分析的编制及分析要点，利润表各项目分析的编制及分析要点。

职业技能目标

掌握利润表分析方法，具备收集甄别信息，进行利润表水平分析、结构分析及项目分析的职业素养及职业能力。

案例导入

利润，是企业经营业绩的集中体现，也是企业吸引投资的“金字招牌”，受到投资者、债权人、企业相关利益者的普遍重视。对于一些上市公司，如果利润数据“不好看”，不仅难以向股东交代，而且可能面临停牌或退市的风险。因此，有些企业或上市公司通过各种手段，如虚增收入、提前确认收入、推迟确认费用等进行利润操纵，造成会计信息失真。如近几年有名的“万福生科”案。

万福生科是湖南的一家粮食企业，主要从事稻米精深加工系列产品的研发、生产和销售，并于2011年9月27日在创业板上市，股票代码为300268. SZ。2012年10月25日，万福生科公告称，2012年半年报中虚增营业收入1.88亿元、虚增营业成本1.46亿元、虚增利润4 023.16万元，未披露公司上半年停产事项。但其造假显然不仅存在于2012年上半年。2013年3月2日，万福生科又公告称，公司自查发现，2008年至2011年累计虚增收入7.4亿元左右，虚增营业利润1.8亿元左右，虚增净利润1.6亿元左右。此前，公司披露其2012年半年报中虚增营收1.88亿元。这意味着，万福生科累计虚增收入已高达9.28亿元。

万福生科利用其农业行业特点，进行虚假采购：公司将已实际入库的粮食运出，以农户的名义再次卖给粮食经纪人，后者再卖给公司，即一批粮食多次入库，每次都有实际的入库记录。

其造假模式是用公司的自有资金打到体外循环，同时虚构粮食收购和产品销售业务，虚增销售收入和利润，具有较强的隐蔽性。

通过上述万福生科案例，您认为在进行利润表分析时，应如何判断利润的真实性、合理性及利润质量？本章主要介绍利润表分析的内容，通过利润表水平分析、结构分析和项目分析，合理辨识利润表相关信息，揭示企业的真实经营业绩、经营管理中可能存在的问题，为财务相关决策提供信息支持。

第一节　利润表分析概述

一、利润表分析的目的及作用

利润表是反映企业在一定期间经营成果的会计报表，是企业对外提供的主要会计报表之一。利润表分析是以利润表和其他财务资料为依据和起点，采用专门方法，进行系统分析和评价的体系。通过利润表分析，可以了解企业总体收入、成本、费用以及利润总额、净利润等情况，掌握企业经营水平和盈利能力，发现企业经营管理中存在的问题，据以判断企业的发展潜力及发展趋势。因此，无论是企业股东、经营者还是债权人，都非常重视利润表分析。利润表分析的作用主要表现在以下方面：

（一）可以分析判断企业的经营成果和盈利能力，评价企业经营业绩

如通过产品销售利润分析，可以了解产品销售利润的变动因素及影响程度；通过营业利润分析，可以了解企业经营业务的盈利能力及合理性。通过比较和分析同一企业不同时期、不同企业同一时期的收益状况，可以判断企业经营成果的优劣和盈利能力的高低。

（二）可以发现企业经营管理中存在的问题

如企业虽然收入较多，但利润较低，可能是成本费用管理及控制出现了问题等。通过利润分析，可以对问题进行深入剖析，为改进经营管理工作指明方向，有利于提高企业经营管理水平，促进利润持续健康增长。

（三）为投资者、债权人的投资和信贷决策提供正确信息

通过利润表分析，投资者可以了解企业的经营效果及发展潜力，判断企业的盈利能力，从而进行投资决策。对于债权人而言，关注企业盈利能力与关注企业偿债能力并不冲突，企业盈利能力会影响到偿债能力。如果企业盈利能力不强，则其资产的流动性和权益结构必然逐步恶化，最终将影响企业偿债能力，使企业陷入财务危机。因此，利润表分析的信息可以辅助投资者和债权人进行相关决策。

二、利润表分析的内容

（一）利润表水平分析

利润表水平分析，主要是对利润表主表利润额的增减变动及其合理性进行分析，从利润形成角度，反映利润额的变动情况及企业的经营效果，并推测企业在经营管理中可能存在的问题。

（二）利润表结构分析

利润表结构分析，主要是对利润表主表中的利润构成及其变动合理性进行分析，反映利润

的不同层次及各项利润、成本费用与收入之间关系，从而判断并评价企业经营管理效果及不足。

(三)利润表项目分析

利润表项目分析主要根据利润表附注所提供的详细信息，进一步分析利润表中主要项目的变动情况，反映利润形成的主观原因和客观原因。具体包括营业收入分析、成本费用分析、产品销售利润分析、营业利润分析及营业外收支分析等。

1. 营业收入分析

收入是影响利润的重要因素之一。营业收入分析包括收入确认与计量分析、收入构成分析等。

2. 成本费用分析

成本费用也是影响利润的重要因素之一。成本费用分析包括产品销售成本分析、期间费用分析及资产减值损失分析等。

3. 产品销售利润分析

产品销售利润是企业利润的初级形态，也是企业主营业务经营效果的集中反映。产品销售利润分析主要是分析影响主营业务利润的因素及其变动，判断影响因素变动的合理性。

4. 营业利润分析

营业利润代表企业经营管理水平和经营效果，受到销售收入、销售成本、投资收益等多重因素影响。营业利润分析包括营业利润的规模变动分析、营业利润的构成及其变动分析、营业利润的质量分析等。

5. 营业外收支分析

营业外收支属于非经常性项目，对企业利润也会产生直接影响。营业外收支分析包括营业外收入、营业外支出的规模及其变动分析。

三、利润表分析中的非财务信息运用

利润表分析中还可以运用一些非财务信息，作为财务分析的辅助信息，从侧面判断企业的生产、销售及经营管理情况。一般从以下方面进行：

(一)观察分析企业水表、电表以及运单的数据及其变化

通过上述数据观察，可以判断企业的生产、销售能力。如当期企业用水量和用电量大幅增长，可能意味着企业扩大了生产规模；企业当期运单大幅增长，则可能意味着企业销售旺盛。

(二)观察分析企业职工工资水平

如企业职工工资水平逐年增长，说明企业发展态势良好，具有较强竞争实力。

(三)观察分析企业银行借款规模

如企业银行借款时间较长、规模较大，一定程度说明企业信用较好，受到银行的认可。

(四)观察分析供应商账期

如企业供应商账期较长，应付账款规模较大，一定程度说明企业在市场竞争中较强势，行业竞争能力较强。

此外，还可以通过其他的一些细节分析及推断企业的经营效果，具体还应结合企业实际及行业特点进行。

第二节　利润表水平分析

一、利润表水平分析的目的

利润表水平分析，主要是运用水平分析法，对利润表利润额的增减变动及其合理性进行分析。

利润表水平分析的目的是通过分析利润额的形成及其变动，推测利润增减变动的原因，揭示企业经营效果及经营管理中可能存在的问题。

利润表水平分析的主要形式是编制利润水平分析表。

二、利润表水平分析的步骤及要点

利润表水平分析时，可按照利润的形成过程，由下而上、向前追溯，抓住主要利润项目进行分析，分析基本步骤如下：

（一）净利润分析

重点分析净利润的变动额及变动率、主要影响因素及合理性。

（二）利润总额分析

重点分析利润总额变动额及变动率、主要影响因素及合理性。

（三）营业利润分析

重点分析营业利润变动额及变动率、主要影响因素及合理性。

（四）总结

根据前面分析，总结净利润、利润总额、营业利润及营业收入的变化趋势及其合理性。

三、利润表水平分析实例

这里仍以上汽集团 2×14 年和 2×15 年利润表为分析依据，编制利润水平分析表，如表 4—1 所示。

表 4—1　　**利润水平分析表**　　金额单位：元

项　目	2×15 年	2×14 年	增减额	增减率
一、营业收入	670 448 223 139.34	630 001 164 437.70	40 447 058 701.64	6.42%
减：营业成本	588 225 388 309.74	550 146 491 552.39	38 078 896 757.35	6.92%
税金及附加	5 598 402 254.42	3 757 210 874.15	1 841 191 380.27	49.00%
销售费用	35 537 515 509.27	40 073 775 337.67	—4 536 259 828.40	—11.32%
管理费用	24 275 281 948.48	19 308 705 072.27	4 966 576 876.21	25.72%
研发费用	—	—	—	—
财务费用	—231 192 097.17	—164 598 681.79	—66 593 415.38	40.46%
加：其他收益				

续表

项　目	2×15 年	2×14 年	增减额	增减率
投资收益(损失以"—"号填列)	29 663 134 420.97	27 834 668 696.05	1 828 465 724.92	6.57%
其中:对联营企业和合营企业的投资收益	26 631 281 828.54	25 300 635 852.35	1 330 645 976.19	5.26%
公允价值变动收益(损失以"—"号填列)	−285 516 870.56	17 727 642.36	−303 244 512.92	−1710.57%
信用减值损失(损失以"—"号填列)	—	—	—	—
资产减值损失(损失以"—"号填列)	−2 848 172 468.53	−4 400 239 891.44	−1 552 067 422.91	−35.27%
汇兑收益(损失以"—"号填列)	15 758 109.29	2 031 776.32	13 726 332.97	675.58%
二、营业利润(亏损以"—"号填列)	43 588 030 405.77	40 333 768 506.30	3 254 261 899.47	8.07%
加:营业外收入	3 666 663 216.93	3 329 082 332.66	337 580 884.27	10.14%
其中:非流动资产处置利得	130 869 909.39	428 958 213.82	−298 088 304.43	−69.49%
减:营业外支出	1 445 017 136.44	974 055 646.12	470 961 490.32	48.35%
其中:非流动资产处置损失	385 789 730.40	105 676 803.02	280 112 927.38	265.07%
三、利润总额(亏损总额以"—"号填列)	45 809 676 486.26	42 688 795 192.84	3 120 881 293.42	7.31%
减:所得税费用	5 735 707 263.02	4 438 022 170.80	1 297 685 092.22	29.24%
四、净利润(净亏损以"—"号填列)	40 073 969 223.24	38 250 773 022.04	1 823 196 201.20	4.77%
归属于母公司所有者的净利润	29 793 790 723.65	27 973 441 274.41	1 820 349 449.24	6.51%
少数股东损益	10 280 178 499.59	10 277 331 747.63	2 846 751.96	0.03%
五、其他综合收益的税后净额	1 041 372 544.12	6 065 205 482.27	−5 023 832 938.15	−82.83%
归属母公司所有者的其他综合收益的税后净额	1 213 297 812.07	5 280 869 505.84	−4 067 571 693.77	−77.02%
归属于少数股东的其他综合收益的税后净额	−171 925 267.95	784 335 976.43	−956 261 244.38	−121.92%
六、综合收益总额	41 115 341 767.36	44 315 978 504.31	−3 200 636 736.95	−7.22%
归属于母公司所有者的综合收益总额	31 007 088 535.72	33 254 310 780.25	−2 247 222 244.53	−6.76%
归属于少数股东的综合收益总额	10 108 253 231.64	11 061 667 724.06	−953 414 492.42	−8.62%
七、每股收益				

续表

项 目	2×15 年	2×14 年	增减额	增减率
(一)基本每股收益(元/股)	2.702	2.537	0.17	6.50%
(二)稀释每股收益(元/股)	不适用	不适用	—	—

(一)净利润分析

净利润是直接归属于企业所有者的最终财务成果,也是股东财富的具体体现。2×15 年上汽集团净利润增长了 1 823 196 201.20 元,增长率为 4.77%,其中,归属于母公司所有者的净利润比上年增长了 1 820 349 449.24 元,增长率为 6.51%;少数股东权益比上年增长了 2 846 751.96 元,增长率为 0.03%。

从水平分析表上看,公司净利润增长主要是利润总额较上年增长 3 120 881 293.42 元引起的,且其增长率为 7.31%,比净利润增长幅度大,说明企业盈利前景看好,为股东创造了新的财富。

(二)利润总额分析

利润总额是企业全部财务成果的反映,不仅反映企业的经营业绩,还反映企业营业外收支状况。2×15 年,上汽集团利润总额较上年增长了 3 120 881 293.42 元,增长率为 7.31%。利润总额增长主要是由于公司营业利润较上年增长 3 254 261 899.47 元,且其增长率为 8.07%,高于利润总额增长率。说明企业的利润形成过程正常,经营效果良好,具有持续盈利能力。

但值得注意的是,当期营业外支出较上年增长了 470 961 490.32 元,增长率为 48.35%,结合利润表附注分析,这主要是由于上汽集团当期非流动资产处置损失、动拆迁支出等非经营因素导致,一般不会对企业产生长期不良影响。

(三)营业利润分析

营业利润主要反映企业生产经营业务的财务成果,既包括企业的主营业务利润和其他业务利润,也包括企业公允价值变动净收益和对外投资的净收益。2×15 年上汽集团营业利润较上年增长了 3 254 261 899.47 元,增长率为 8.07%。营业利润增长主要是由于营业收入和投资收益增加所导致的。

其中,营业收入较上年增长了 40 447 058 701.64 元,增长率为 6.42%;投资收益较上年增长了 1 828 465 724.92 元,增长率为 6.57%。根据该公司年报披露[①],上汽集团当期整车销量 590.2 万辆,市场占有率达到 23.2%,继续保持国内市场领先地位。由于公司当期营业收入增幅高于销量增幅,营业利润增幅高于营业收入增幅的良好势头,公司经营业务呈现有质量、有效益的增长状态,说明上汽集团实现了良性可持续发展,前景看好。

但值得注意的是,当期营业成本较上年增长了 38 078 896 757.35,增长率为 6.92%,成本增幅略高于收入增幅,公司如能进一步降低并控制成本,将为企业创造更多的盈利空间。

(四)小结

根据利润水平分析表,总体而言,上汽集团的利润形成是循序渐进、良性发展的。企业营

① 根据上汽集团 2×15 年年报披露,公司实现全年整车销量 590.2 万辆,同比增长 5.0%,高出市场增速 0.8 个百分点,其中:乘用车 493.5 万辆,同比增长 7.2%;商用车 96.7 万辆,同比下降 5.1%。公司国内市场占有率达到 23.2%,同比提升 0.2 个百分点,继续保持国内市场领先地位;全年公司实现整车出口和海外销售 8.6 万辆,同比基本持平。

业收入增加导致营业利润增加，营业利润增加导致利润总额增加，且企业营业收入增幅大于销量增幅，营业利润增幅高于营业收入增幅，说明上汽集团盈利能力较强，发展后劲较足。此外，上汽集团当期基本每股收益较上年增长了 0.17 元，增长率为 6.50%，基本每股收益增幅也高于净利润增幅，说明上汽集团较好地实现了财务管理目标，实现了股东财富的增长，有利于企业未来更好吸引投资。

四、利润表趋势分析

利润表趋势分析实际上是利润表水平分析的扩展应用，主要是通过分析利润表主要项目连续多期的变化趋势，以揭示企业利润的成长性及波动性。

这里沿用上汽集团 2×12～2×15 年利润表有关数据分析，如表 4—2 所示。

表 4—2　　上汽集团利润趋势分析表

	2×12 年	2×13 年	2×14 年	2×15 年
营业收入(元)	480 979 671 654.73	565 807 011 579.82	630 001 164 437.70	670 448 223 139.34
营业收入增长率(%)	—	17.64	11.35	6.42
营业利润(元)	39 339 589 778.33	40 179 114 855.44	40 333 768 506.30	43 588 030 405.77
营业利润增长率(%)	—	2.13	0.38	8.07
利润总额(元)	40 156 364 971.19	41 492 997 677.48	42 688 795 192.84	45 809 676 486.26
利润总额增长率(%)		3.33	2.88	7.31
净利润(元)	33 528 253 727.76	35 583 941 512.53	38 250 773 022.04	40 073 969 223.24
净利润增长率(%)	—	6.13	7.49	4.77

表 4—2 也可以更为形象的折线图表示，如图 4—1 所示。

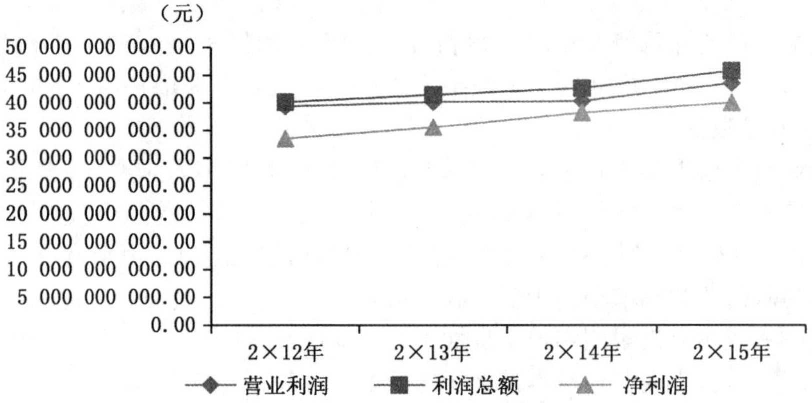

图 4—1　上汽集团利润趋势分析

通过表 4—2、图 4—1 可以看出，上汽集团营业收入、营业利润、利润总额及净利润均呈现逐年增长趋势，利润成长性较好，波动性不大，说明企业整体发展态势良好，市场竞争能力较强，创造了更多的股东财富，增加了公司的投资价值，为企业下一步发展及吸引投资奠定了基础。

五、利润表水平分析应注意的问题

(一)利润水平分析应结合利润趋势分析

利润表水平分析,应关注利润的长期趋势变动,分析连续若干期利润的成长性和波动性,而不应仅仅以一期利润的大小或增减幅度,判断企业的盈利能力和发展潜力。一般而言,利润呈逐年增长趋势,成长性较好,且每期利润波动性小、利润质量高,说明企业发展前景看好。

(二) 利润水平分析应结合现金流量分析

企业盈利与赚钱是两回事。账面盈利的企业不一定赚钱,不一定产生正向现金净流量。因此,进行利润分析时,还应结合企业当期现金流量状况。如企业当期营业利润增长,经营现金净流量同规模增长,则企业营业利润质量较高,现金回笼较快;但如企业营业利润增长远远大于经营现金净流量增长(或经营现金净流量为净流出量),则企业营业利润质量有待提高,现金回笼速度慢,对企业持续发展产生不良影响。营业利润与经营性现金净流量两者关系可用下式表示:

$$营业利润获现率=\frac{经营现金净流量}{营业利润}\times 100\%$$

一般认为,该比率应大于等于1。如果该比率小于1,则说明企业营业利润质量较差,现金管控有待加强,可结合实际作进一步分析。

(三)利润水平分析应结合行业特点分析

不同行业具有不同的销售特点,现金回笼时间往往不一致,平均销售毛利率水平和平均销售净利率水平往往也大相径庭。因此,利润表水平分析时,不仅应分析单一企业不同时期的利润规模及其变动情况,还应结合企业实际和行业特点,分析其他企业同一时期的利润规模及其变动情况(或将企业相关数据与行业平均数据进行对比分析),将纵向分析与横向分析相结合,才能更客观地评价企业的经营业绩以及市场发展潜力,合理判断企业的市场竞争力及盈利能力。

(四)利润水平分析应结合问题导向分析

利润表水平分析,一方面可以分析企业利润的形成过程及增减变动,挖掘企业投资价值;另一方面,在分析过程中,也应以问题为导向,努力发掘企业经营管理中存在的问题及潜在的财务风险,合理判断企业的发展潜力、投资价值和持续经营能力,为企业利益相关者进行决策提供信息依据。

第三节 利润表结构分析

一、利润表结构分析的目的

利润表结构分析,主要是运用垂直分析法,对利润表中的利润构成及其变动合理性进行分析。利润表结构分析的目的是通过分析利润的不同层次及各项利润、成本费用与收入之间关系,判断并评价企业经营管理效果及不足。

利润表结构分析主要包括两方面内容:企业利润结构整体性分析;企业利润结构变动及其合理性分析。进行利润表结构分析时,往往以营业收入为分母,通过计算利润表各项目在营业收入中的比重,分析说明利润的构成及变动合理性。

$$利润表某项目结构比=\frac{利润表某项目金额}{营业收入}\times 100\%$$

二、利润表结构分析的步骤及要点

利润表结构分析时，应关注本期利润结构比，同时也应关注利润结构比的变动值。一般而言，企业利润结构比的变动往往是将本期利润结构比与上期利润结构比进行横向比较。分析基本步骤如下：

(一)利润结构整体性分析

主要分析营业利润、利润总额及净利润的结构比、结构比变动率及其合理性。

(二)利润结构变动分析

主要分析利润结构比的变动幅度，利润表主要变动项目结构比，评价利润结构的稳定性及其合理性。

三、利润表结构分析实例

这里仍以上汽集团 2×14 年和 2×15 年利润表为分析依据，编制利润结构分析表，如表 4—3 所示。

表 4—3　　上汽集团利润结构分析表　　单位：%

项　目	2×15 年结构比	2×14 年结构比	变动
一、营业收入	100.00	100.00	0.00
减：营业成本	87.74	87.32	0.41
税金及附加	0.84	0.60	0.24
销售费用	5.30	6.36	−1.06
管理费用	3.62	3.06	0.56
研发费用	—	—	—
财务费用	−0.03	−0.03	−0.01
加：其他收益			
投资收益(损失以"—"号填列)	4.42	4.42	0.01
其中：对联营企业和合营企业的投资收益	3.97	4.02	−0.04
公允价值变动收益(损失以"—"号填列)	−0.04	0.00	−0.05
信用减值损失(损失以"—"号填列)	—	—	—
资产减值损失(损失以"—"号填列)	0.42	0.70	−0.27
汇兑收益(损失以"—"号填列)	—	—	—
二、营业利润(亏损以"—"号填列)	6.50	6.40	0.10
加：营业外收入	0.55	0.53	0.02
其中：非流动资产处置利得	0.02	0.07	−0.05
减：营业外支出	0.22	0.15	0.06

续表

项　目	2×15 年结构比	2×14 年结构比	变动
其中：非流动资产处置损失	0.06	0.02	0.04
三、利润总额（亏损总额以“－”号填列）	6.83	6.78	0.06
减：所得税费用	0.86	0.70	0.15
四、净利润（净亏损以“－”号填列）	5.98	6.07	－0.09

（一）利润结构整体性分析

从表 4－3 中可以看出，上汽集团 2×15 年各项财务成果的构成情况。其中，营业利润占营业收入的比重为 6.5%，比上年度的 6.4%增加了 0.1 个百分点；利润总额占营业收入的比重为 6.83%，比上年度的 6.78%增加了 0.06 个百分点；净利润占营业收入的比重为 5.98%，比上年度的 6.07%减少了 0.09 个百分点，净利润结构变动主要受所得税费用结构变动的影响（所得税结构比当期增长了 0.15 个百分点）。但总体而言，上汽集团的利润结构是合理且正常的，盈利能力仍保持持续增长的良好发展态势。

（二）利润结构变动分析

整体而言，上汽集团的利润结构较为稳定，各项目结构比变动幅度不大，多在正负 1 个百分点左右，稳定的利润结构有利于企业实现长期的可持续发展。此外，也应关注到当期营业成本、税金及附加等结构比上升较快，说明企业应进一步降低或控制营业成本及税金。由于企业利润总额结构比增长的关键因素仍然是营业利润结构比的增长，因此，上汽集团的利润结构变动较合理，只是在下阶段经营管理中需进行更为有效的成本控制。

四、利润构成类型分析

一般而言，企业利润的形成主要经过四种形态：毛利；营业利润；利润总额；净利润。它们之间的关系可通过以下公式表达：

毛利＝营业收入－营业成本

营业利润＝营业收入－营业成本－税金及附加－销售费用－管理费用－财务费用
－研发费用－信用减值损失－资产减值损失±公允价值变动净收益（损失）
±投资净收益（损失）

利润总额＝营业利润＋营业外收入－营业外支出

净利润（即税后利润）＝利润总额－所得税

上述四种利润形态在利润结构中可表现为以下不同类型，如表 4－4 所示。

表 4－4　　利润构成的不同类型

	A				B			
毛　利	盈　利				亏　损			
营业利润	盈利		亏损		盈利		亏损	
利润总额	盈利	亏损	盈利	亏损	盈利	亏损	盈利	亏损
净利润	盈利	亏损	盈利	亏损	盈利	亏损	盈利	亏损
类别编号	A1	A2	A3	A4	B1	B2	B3	B4

(一)A 类区间

1. A1 区间

此种利润结构中,毛利为正数(盈利),营业利润为正数(盈利),利润总额与净利润均为正数(盈利)。说明企业商品经营盈利能力较强,取得了较好的投资收益,对期间费用等进行了有效控制,营业外收支较正常,企业整体盈利能力较强,为股东创造了较多收益,为企业下一阶段再生产进行了有效积累。这类利润结构评价为好。

2. A2 区间

此种利润结构中,毛利为正数(盈利),营业利润为正数(盈利),利润总额与净利润均为负数(亏损)。说明企业商品经营盈利能力较强,取得了较好的投资收益,对期间费用等进行了有效控制,但由于当期经营业务外事项导致营业外支出较大,出现了暂时的亏损。这种亏损一般不会持续,对下期经营影响较小。这类利润结构评价为一般。

3. A3 区间

此种利润结构中,毛利为正数(盈利),营业利润为负数(亏损),利润总额与净利润均为正数(盈利)。说明企业商品经营盈利能力虽然较强,但由于期间费用(如销售费用、管理费用等)过高,或者当期产生较大投资损失等导致营业亏损。企业当期经营外事项导致营业外收入弥补并超过了上述亏损,因此,企业仍处于盈利状态。但企业对此种利润结构应予以关注,想办法降低并控制期间费用或调整投资。这类利润结构评价为一般。

4. A4 区间

此种利润结构中,毛利为正数(盈利),营业利润为负数(亏损),利润总额与净利润均为负数(盈利)。说明企业商品经营盈利能力虽然较强,但由于期间费用(如销售费用、管理费用等)过高,或者当期产生较大投资损失等导致营业亏损。因此,企业处于亏损状态。企业对此种利润结构应予以关注,想办法降低并控制期间费用或调整投资,争取早日实现盈利。这类利润结构评价为较差。

(二)B 类区间

1. B1 区间

此种利润结构中,毛利为负数(亏损),营业利润为正数(盈利),利润总额与净利润均为正数(盈利)。说明企业商品经营盈利能力较差,但取得了较好的投资收益,依靠投资收益实现了经营业务盈利。但这种盈利往往不能持久,企业整体盈利能力较弱。这类利润结构评价为一般。

2. B2 区间

此种利润结构中,毛利为负数(亏损),营业利润为正数(盈利),利润总额与净利润均为负数(亏损)。说明企业商品经营盈利能力较差,但取得了较好的投资收益,依靠投资收益实现了经营业务盈利。但这种盈利往往不能持久,同时由于当期经营业务外事项导致营业外支出较大,出现了整体亏损。企业整体盈利能力较弱。这类利润结构评价为较差。

3. B3 区间

此种利润结构中,毛利为负数(亏损),营业利润为负数(亏损),利润总额与净利润均为正数(盈利)。说明企业商品经营盈利能力较差,仅仅是由于企业当期经营外事项导致营业外收入弥补并超过了上述亏损,使企业出现账面上的盈利,这种利润不排除人为盈余管理的嫌疑。企业整体盈利能力较弱。这类利润结构评价为较差。

4. B4 区间

此种利润结构中，毛利为负数（亏损），营业利润为负数（亏损），利润总额与净利润均为负数（亏损）。说明企业商品经营盈利能力较差，投资收益较差，企业整体盈利能力弱，可能已陷入财务危机中。这类利润结构评价为差。

第四节　利润表项目分析

一、营业收入分析

（一）收入确认与计量分析

1. 收入确认分析

根据我国《企业会计准则》规定，收入是指企业在日常活动中形成的、会导致所有者权益增加的、与所有者投入资本无关的经济利益总流入。其中，日常活动是指企业为完成其经营目标所从事的经常性活动以及与之相关的活动。因此，这里的收入主要是指狭义的收入，即营业收入。

营业收入按性质可以分为：销售商品收入、提供劳务收入、让渡资产使用权收入；按地位可以分为：主营业务收入、其他业务收入。其中，主营业务收入将直接影响企业核心竞争力，以及企业的可持续发展。

收入确认分析主要是企业内部财务分析，可从以下方面进行：

（1）收入确认时间的合规性分析。即有无提前或推迟本期收入确认的情况，重点应关注月末、季末、年末的收入确认。

（2）收入确认内容的合理性分析。如预售商品的收入确认、商品需安装或检验时的收入确认、劳务合同的收入确认等。

（3）收入确认方法的合理性分析。如采用完工百分比法的条件是否合理等。

2. 收入计量分析

收入计量分析主要是对营业收入数额准确性及合理性进行分析。企业的营业收入是指全部营业收入减去销售退回、折扣与折让后的余额。因此，应对销售退回、折扣与折让的处理及计量准确性进行分析，关注企业商业折扣与现金折扣的处理是否正确及其对营业收入的影响。

（二）收入构成分析

收入构成分析也属于企业内部财务分析，主要是分析收入结构是否合理，可从主营业务收入与其他业务收入、现销收入与赊销收入结构进行分析。

主营业务收入往往是企业持续发展的表现，通过分析主营业务收入与其他业务收入构成，可以判断企业的经营方向及经营效果，推测企业的发展前景。如果在收入构成中，主营业务收入比重较低或不断下降，则其发展前景堪忧。

此外，通过分析现销收入与赊销收入构成，可以判断企业的产品适销程度、竞争策略及会计政策选择等。如企业当期赊销比例过高或较上期大幅增长，可能意味着企业市场销售不畅，企业采取了较宽松信用政策，或企业为了占领市场、扩大市场占有率等，具体还应结合企业实际进一步判断其合理性。

【分析实例】

这里以上汽集团 2×15 年和 2×14 年利润表中收入数据为分析依据，并结合利润表附注，分行业、分产品、分地区对上汽集团营业收入进行分析。

由表 4—5 可知，从营业收入构成上看，上汽集团 2×15 年营业收入主要来源于汽车制造业，占营业收入的 98.65%，而汽车相关金融业的营业收入仅占 1.35%。这说明上汽集团专注于汽车制造业的发展，在行业中具有较强的竞争优势及市场竞争能力，同时也具有在汽车金融服务领域的一定创新能力。

表 4—5　上汽集团分行业营业收入分析

分行业	营业收入（元）	营业收入结构比（%）
汽车制造业	661 373 929 792.65	98.65
金融业	9 074 293 346.69	1.35
合　计	670 448 223 139.34	100.00

由表 4—6 可知，从营业收入构成上看，上汽集团 2×15 年营业收入主要来源于整车业务和汽车零部件业务，分别占营业收入的 75.44%和 18.75%。这说明上汽集团核心竞争力及核心产品来源于整车业务和汽车零部件业务，核心产品的经营业绩非常突出，具有较大的持续发展潜力。

表 4—6　上汽集团分产品营业收入分析

分产品	营业收入（元）	营业收入结构比（%）
整车业务	505 752 823 943.47	75.44
零部件业务	125 733 526 700.70	18.75
贸易业务	9 899 903 807.26	1.48
劳务及其他	19 987 675 341.22	2.98
金融业务	9 074 293 346.69	1.35
合　计	670 448 223 139.34	100.00

由表 4—7 可知，从营业收入构成上看，上汽集团 2×15 年当期营业收入主要来源于中国业务，占营业收入的 97.86%。这说明上汽集团专注于国内市场，在国内汽车制造业中具有领先地位，海外市场业务有待进一步拓展。

表 4—7　上汽集团分地区营业收入分析

分地区	营业收入（元）	营业收入结构比（%）
中　国	656 096 403 326.30	97.86
其　他	14 351 819 813.04	2.14
合　计	670 448 223 139.34	100.00

二、成本费用分析

成本费用分析为企业内部财务分析，主要包括销售成本分析、期间费用分析、资产减值损失分析等。

成本费用对企业经营成果影响重大。进行成本费用分析，有利于企业了解成本增减的原因，为降低成本费用、增加经营成果指明方向。

（一）产品销售成本分析

产品销售成本分析包括全部销售成本分析和单位销售成本分析两部分。

1. 全部销售成本分析

全部销售成本分析，是根据产品生产、销售成本表的资料，对企业全部销售成本的本年实际完成情况与上年度实际情况进行对比分析，从产品类别角度找出各类产品或各主要产品销售成本升降的幅度，以及对全部销售成本的影响程度。一般包括以下三个步骤：

（1）将本年度全部产品销售总成本与按本年实际销售量计算的上年实际销售总成本进行对比，计算全部销售成本的增减额和增减率。

（2）计算主要产品和非主要产品的销售成本降低额和降低率，以及对全部销售成本降低率的影响。

（3）计算各主要产品销售成本降低额和降低率，以及它们对全部产品销售总成本降低率的影响。

【分析实例】

下面举例说明全部销售成本分析的具体运用。某企业 2×19 年度和 2×20 年度的销售成本资料如表 4—8 所示。

表 4—8　　产品销售成本资料　　单位：万元

产品名称	实际销售量	实际单位销售成本		实际销售总成本	
		2×19 年	2×20 年	2×19 年	2×20 年
主要产品				19 100	18 000
其中：A	120	80	75	9 600	9 000
B	100	95	90	9 500	9 000
非主要产品				2 300	2 380
其中：C	20	70	75	1 400	1 500
D	10	90	88	900	880
全部产品				21 400	20 380

根据表 4—8 的数据，按照全部产品销售成本分析的步骤，具体分析如下：

（1）计算全部销售成本增减变动额和变动率：

全部销售成本降低额＝21 400－20 380＝1 020（万元）

全部销售成本降低率＝1 020÷21 400×100％＝4.77％

企业全部销售成本比上年下降，降低额为 1 020 万元，降低率为 4.77％。

（2）确定主要产品和非主要产品成本变动情况及对全部销售成本的影响：

主要产品销售成本降低额＝19 100－18 000＝1 100（万元）

主要产品销售成本降低率＝1 100÷19 100×100％＝5.76％

主要产品对全部成本降低率的影响＝1 100÷21 400×100％＝5.14％

非主要产品成本降低额＝2 300－2 380＝－80(万元)

非主要产品成本降低率＝(－80)÷2 300×100％＝－3.48％

非主要产品对全部成本降低率的影响＝(－80)÷21 400×100％＝－0.37％

由上可以看出，全部销售成本之所以比上年有所下降，主要是由主要产品销售成本下降引起的。主要产品销售成本比上年降低了5.76％，使全部销售成本降低了5.14％；非主要产品的销售成本却比上年提高了，成本超支3.48％，使全部销售成本上升了0.37％。

(3)分析各主要产品销售成本完成情况及对全部成本的影响

A产品销售成本降低额＝9 600－9 000＝600(万元)

成本降低率＝600÷9 600×100％＝6.25％

对全部成本降低率的影响＝600÷21 400×100％＝2.8％

B产品销售成本降低额＝9 500－9 000＝500(万元)

成本降低率＝500÷9 500×100％＝5.26％

对全部成本降低率的影响＝500÷21 400×100％＝2.34％

A、B两种产品成本均下降，是导致全部销售成本下降的主要原因。其中，A产品销售成本比上年降低了6.25％，使全部销售成本降低了2.8％；B产品销售成本比上年降低了5.26％，使全部销售成本降低了2.34％。

2. 单位销售成本分析

单位销售成本会影响企业全部销售成本，而单位生产成本又直接影响单位销售成本。因此，分析单位销售成本，离不开单位生产成本分析。两者关系如下：

某产品销售总成本＝本期生产总成本＋期初存货成本－期末存货成本

某产品单位销售成本＝该产品销售总成本÷该产品当期销售量

某产品单位生产成本＝该产品本期生产总成本÷该产品当期生产量

由此可见，如果当期产销均衡，则单位销售成本等于单位生产成本。如果当期产销不均衡，则单位销售成本与单位生产成本的差异主要受期初、期末存货成本变动的影响。因此，单位销售成本与单位生产成本一样，受直接材料、直接人工及制造费用的影响。

【分析实例】

下面举例说明A产品单位成本分析的具体运用，假设某企业A产品期初无库存，且当期生产的产品当期全部销售，A产品单位成本简表如表4－9所示。

表4－9 **A产品单位成本表** 单位：元

成本项目	2×20年实际成本	2×19年实际成本
直接材料	655	602
直接人工	159	123
制造费用	322	356
产品单位成本	1 136	1 081

根据表4－9资料，运用水平分析法对A产品单位成本分析如下，见表4－10。

表 4—10　**A 产品单位成本分析表**　单位:元

成本项目	2×20 年实际成本	2×19 年实际成本	增减变动情况		项目变动对单位成本的影响(%)
			增减额	增减率(%)	
直接材料	655	602	+53	+8.80	+4.90
直接人工	159	123	+36	+29.27	+3.33
制造费用	322	356	−34	−9.55	−3.15
产品单位成本	1 136	1 081	+55	+5.09	+5.08

由表 4—10 可知,A 产品 2×20 年单位销售成本比上年度增加了 55 元,增长 5.09%,主要是直接人工成本上升了 36 元和直接材料成本上升了 53 元所致,但由于制造费用的下降,使单位成本又下降了 34 元,最终单位成本较 2×19 年增加 55 元,增长 5.09%。至于材料和人工成本上升的原因,以及制造费用下降的原因,还应进一步结合企业的各项消耗和价格的变动进行分析,以找出单位成本升降的最根本原因。

(二)期间费用分析

期间费用分析主要包括销售费用分析、管理费用分析和财务费用分析。分析方法主要为水平分析法和垂直分析法。运用水平分析法,可以将各费用项目的实际数与上期数或预算数进行对比,以揭示各项费用的完成情况及产生差异的原因。运用垂直分析法,可以揭示各项费用的构成变动,判断结构的合理性及稳定性。

1. 销售费用分析

销售费用是指企业在销售产品、提供劳务等过程中发生的各项费用。一般而言,企业销售费用与企业销售量往往成正比,当企业销售量或销售收入增长时,企业销售费用也随之增长,但销售收入增长率应高于销售费用增长率。如企业销售费用增长率远远高于销售收入增长率,则可能说明该企业产品销售遇到阻滞,市场前景不太看好。

【分析实例】

上汽集团 2×15 年和 2×14 年利润表中有关销售费用资料如表 4—11 所示。

表 4—11　**销售费用明细表**　单位:元

项　目	2×15 年	2×14 年
运输物流费	10 241 767 320.73	10 852 429 906.17
广告宣传费	9 726 993 437.49	10 039 144 659.33
售后服务费	4 649 630 471.12	4 206 950 824.26
其　他	10 919 124 279.93	14 975 249 947.91
合　计	35 537 515 509.27	40 073 775 337.67

运用水平分析法,结合利润表附注,对销售费用分析如下,见表 4—12。

表 4—12　　销售费用水平分析表　　单位:元

项　目	2×15 年	2×14 年	增减额	增减率(%)
运输物流费	10 241 767 320.73	10 852 429 906.17	−610 662 585.44	−5.63
广告宣传费	9 726 993 437.49	10 039 144 659.33	−312 151 221.84	−3.11
售后服务费	4 649 630 471.12	4 206 950 824.26	442 679 646.86	10.52
其　他	10 919 124 279.93	14 975 249 947.91	−4 056 125 667.98	−27.09
合　计	35 537 515 509.27	40 073 775 337.67	−4 536 259 828.40	−11.32

由表 4—12 可知,上汽集团 2×15 年销售费用比上年降低了 4 536 259 828.40 元,增长率为−11.32%,而上汽集团当期营业收入增长率为 6.42%,营业收入增长率远远大于销售费用增长率,说明上汽集团销售能力较强,产品受到市场欢迎,具有较强的市场竞争实力。销售费用的降低是多项费用降低的综合结果,其中运输物流费降低了 5.63%、广告宣传费降低了 3.11%、其他销售费用降低了 27.09%,只有售后服务费增长了 10.52%。这也说明上汽集团看重产品的质量,投入资金为消费者打造更好的售后服务体验。

为进一步说明销售费用变动及其合理性,还可从结构方面及百元销售收入销售费用方面进行分析,如表 4—13 所示。

表 4—13　　销售费用结构分析表

项　目	产品销售费用构成(%)			百元销售收入销售费用(元)		
	2×15 年	2×14 年	差异	2×15 年	2×14 年	差异
运输物流费	28.82	27.08	1.74	1.53	1.72	−0.19
广告宣传费	27.37	25.05	2.32	1.45	1.59	−0.14
售后服务费	13.08	10.50	2.59	0.69	0.67	0.03
其　他	30.73	37.37	−6.64	1.63	2.38	−0.75
合　计	100.00	100.00	0.00	5.30	6.36	−1.06

根据表 4—13 数据显示,从产品销售费用构成上看,上汽集团 2×15 年其他销售费用、运输物流费和广告宣传费所占比重较大,均在 30%左右。其中,2×15 年其他销售费用比重较大幅度下降,下降了 6.64 个百分点,而广告宣传费、售后服务费比重则有所上升。从百元销售收入销售费用上看,2×15 年为 5.30 元,比上年度 6.36 元下降了 1.06 元,其中,运输物流费、广告宣传费和其他销售费用均有所下降,仅售后服务费略有增加。至于各项销售费用增减变动的具体原因,应结合企业实际进一步分析。

2. 管理费用分析

管理费用指企业为组织和管理生产经营活动而发生的各项费用。一般而言,管理费用与销售量并无直接关系,而与企业规模、经营管理水平等有一定关系。

企业管理费用中的杂项费用较多,分析时,应重点关注管理费用的增减额、增减率,管理费用结构比及其变动,判断管理费用变动的合理性。如会计期末管理费用突然出现大幅增长,企业可能存在调节利润的嫌疑。

管理费用的分析方法与前例销售费用的相同,不再赘述。

3. 财务费用分析

财务费用指企业在生产经营过程中为筹集资金而发生的筹资费用，包括企业利息支出（减利息收入）、汇兑损益、金融机构手续费、现金折扣等。

分析时，应重点关注财务费用增减额、增减率，财务费用结构比及其变动，判断财务费用变动的合理性。此外，还应关注财务费用确认和计量的准确性，有无多计、错计或漏计等。如企业筹建期间发生的利息支出，应计入开办费，而非财务费用；为购建或生产满足资本化条件的资产发生利息，应予资本化等。

财务费用的分析方法与前例销售费用的相同，不再赘述。

（三）信用减值损失分析

信用减值损失是2019年新增的损益类科目，核算金融资产减值准备所形成的预期信用损失，包括应收账款等预期信用损失，主要是分析信用减值损失项目的构成及增减变动。对信用减值损失分析主要是分析坏账准备计提的合理性和适当性。

【分析实例】

根据上汽集团会计报表附注中有关信用减值损失的资料可知，当期上汽集团坏账损失较上年降低了1 623 106 036.15元，降低率为163.89%，应结合企业实际情况进一步分析坏账损失大幅降低的原因及其合理性。

（四）资产减值损失分析

资产减值损失分析主要是分析资产减值损失项目的构成及增减变动。一般而言，资产减值损失包括存货跌价准备、长期股权投资减值准备、固定资产减值准备、在建工程减值准备、工程物资减值准备、无形资产减值准备、商誉减值准备等。

【分析实例】

根据上汽集团会计报表附注中有关资产减值损失的资料，可编制资产减值损失分析表如下，见表4－14。

表4－14　上汽集团资产减值损失水平分析表　金额单位：元

项　目	2×15年	2×14年	增减额	增减率（%）
一、存货跌价损失	824 528 932.04	459 339 328.11	365 189 603.93	79.50
二、长期股权投资减值损失	—	32 531.42	—	—
三、固定资产减值损失	1 540 198 379.32	2 658 537 298.69	－1 118 338 919.37	－42.07
四、在建工程减值损失	46 327 595.76	41 996 465.59	4 331 130.17	10.31
五、无形资产减值损失	9 650 976.79	—	9 650 976.79	
六、其他	1 060 193 157.80	219 954 804.66	840 238 353.14	382.01
合计	3 480 899 041.71	3 379 860 428.47	101 038 613.24	2.99

由表4－14可知，上汽集团2×15年整体资产减值损失较上年度增加了101 038 613.24元，增长率为2.99%，变动幅度不大，说明企业整体资产保持较好的发展态势，有利于企业经营业绩的提升。值得注意的是，固定资产减值损失大幅降低，当期降低了1 118 338 919.37元，降低率为42.07%。

三、产品销售利润分析

产品销售利润(也称主营业务利润)的高低是影响营业利润的重要因素,主要受到销售量、品种构成、销售价格、成本等因素影响。产品销售利润分析是企业内部财务分析的重要内容,如果企业产品销售利润较大,则往往说明企业主营业务情况良好,具有一定销货规模和市场占有率,主营业务业绩较突出。

分析产品销售利润,可以从影响主营业务利润的因素入手,其公式如下:

$$产品销售利润=\sum[产品销售量\times(产品单价-单位销售成本)]$$

从上式可以看出,影响产品销售利润的基本因素是销售量、单价和单位销售成本。在多产品生产企业,产品销售品种构成也会影响产品销售利润。

(一)产品销售利润因素分析方法及步骤

1. 销售量变动对产品销售利润的影响分析

在单位产品利润一定的情况下,销售量的增减变动直接影响产品销售利润的高低,销售量增加,则产品销售利润增长。两者关系可用以下公式表示:

$$销售量变动对利润的影响=产品销售利润基期数\times(产品销售量完成率-1)$$

$$产品销售量完成率=\frac{\sum[产品本期销售量\times基期单价]}{\sum[产品基期销售量\times基期单价]}\times100\%$$

产品销售量完成率主要是考察销售量的完成情况。如企业仅生产单一产品,则可以直接用销售实物量进行计算;如果是多产品企业,则应以价格为参数,以便于汇总,此时的价格为基期价格。

2. 销售品种构成变动对产品销售利润的影响分析

产品品种构成即某产品产量或销量在全部产品的产量或销量中所占比重。对于多产品企业,产品品种构成也会影响产品销售利润,这是因为每种产品的利润率高低不同。企业多生产并销售利润率高的产品,少生产并销售利润率低的产品,会引起企业综合利润率或平均利润率的提高,使企业利润额增加;反之,则会使利润额减少。两者关系可用以下公式表示:

$$\begin{aligned}品种构成变动对利润的影响=&\sum(产品本期销售量\times产品基期单位利润)\\&-基期产品销售利润\times产品销售量完成率\end{aligned}$$

3. 销售价格变动对产品销售利润的影响分析

在其他条件一定的情况下,销售价格与产品销售利润呈正比,即销售价格越高,产品销售利润越高。两者关系可用以下公式表示:

$$销售价格变动对利润的影响=\sum[产品本期销售量\times(本期销售单价-基期销售单价)]$$

4. 销售成本变动对产品销售利润的影响

在其他条件一定的情况下,销售成本与产品销售利润呈反比,即销售成本降低多少,产品销售利润会增加多少。两者关系可用以下公式表示:

$$\begin{aligned}销售成本变动对利润的影响=&\sum[产品本期销售量\times(单位产品基期成本\\&-单位产品本期成本)]\end{aligned}$$

5. 销售税额变动对产品销售利润的影响

销售税额与产品销售利润之间的关系可用以下公式表示:

$$\begin{aligned}销售税额变动对利润的影响=&\sum[产品本期销售量\times(单位产品基期销售税额\\&-单位产品本期销售税额)]\end{aligned}$$

（二）产品销售利润因素分析实例

下面以某公司2×19年和2×20年主要产品销售利润明细资料为例进行分析，见表4—15。

表4—15　　某公司主要产品销售利润明细表　　单位：千元

产品名称	销售数量		销售单价		单位销售成本		单位销售税额		单位销售利润		销售利润总额	
	2×19年	2×20年	2×19年	2×20年	2×19年	2×20年	2×19年	2×20年	2×19年	2×20年	2×19年	2×20年
A	400	390	600	600	493.27	490	36	36	70.73	74	28 292	28 860
B	295	305	1 500	1 450	1 346.48	1 284	90	87	63.52	79	18 738.4	24 095
C	48	48	500	500	447.6	457.875	30	30	22.4	12.125	1 075.2	582
合计	—	—	—	—	—	—	—	—	—	—	48 105.6	53 537

首先确定分析对象，即2×20年产品销售利润与2×19年产品销售利润的差异：53 537－48 105.6＝5 431.4（千元）

1．销售量变动对利润的影响

销售量变动对利润的影响＝产品销售利润基期数×（产品销售量完成率－1）

$$产品销售量完成率=\frac{390\times600+305\times1500+48\times500}{400\times600+295\times1500+48\times500}\times100\%=101.27\%$$

销售量变动对利润的影响＝48 105.6×（101.27%－1）＝610.94（千元）

2．销售品种构成变动对利润的影响

品种构成变动对利润的影响＝∑（产品本期销售量×产品基期单位利润）
－基期产品销售利润×产品销售量完成率
＝（390×70.73＋305×63.52＋48×22.4）－48 105.6
×101.27%＝－683.04（千元）

3．单位价格变动对利润的影响

销售价格变动对利润的影响＝∑［产品本期销售量×（本期销售单价－基期销售单价）］
＝305×（1 450－1 500）＝－15 250（千元）

4．产品销售成本变动对利润的影响

销售成本变动对利润的影响＝∑［产品本期销售量×（单位产品基期成本－单位产品本期成本）］
＝390×（493.27－490）＋305×（1 346.48－1 284）
＋48×（447.6－457.875）
＝19 838.5（千元）

5．销售税额变动对利润的影响

销售税额变动对利润的影响＝∑［产品本期销售量×（单位产品基期销售税额－单位产品本期销售税额）］
＝305×（90－87）＝915（千元）

可见，当期产品销售利润较上年度增加了5 431.4千元，是各因素共同作用的结果。其中，销售成本降低是利润增加的主要因素，导致利润增加了19 838.5千元；销售量增加和销售税额降低也是利润增加的有利因素,分别导致利润增加了 610.94 千元和 915 千元;销售品种构成变动及单价变动,是利润增加的不利因素,分别使利润降低了 683.04 千元和 15 250 千元。

四、营业利润分析

企业营业利润代表企业经营管理水平和经营效果,受到销售收入、销售成本、期间费用、资产减值准备、投资收益、公允价值变动损益等因素影响。对营业利润的分析,应关注以下方面:

(一)营业利润的规模变动分析

主要是分析营业利润的增减额及增减率。如果企业营业利润增长额较大或增长率较高,是企业经营业绩良好的体现,说明企业经营业务发展后劲较足。

如果企业营业利润增长额较大,但投资收益增长远远大于商品毛利的增长,则说明企业商品经营的盈利能力有待加强,但单凭投资收益增长不足以维持企业长期的可持续发展。

(二)营业利润的构成及其变动分析

主要是分析营业利润结构及变动的合理性。对于实行多元化经营的企业,多种经营业务开展得较好时,其他业务利润的比重可能超过主营业务利润的比重,此时,企业应适当考虑产业结构的调整。

(三)营业利润的质量分析

分析营业利润的质量时,可以将影响营业利润的因素单独列示或剔除以后,再对营业利润进行分析。这些因素包括以下方面:

1. 不良资产

如长期待摊费用等虚拟资产和账龄较长的应收账款、存货跌价或积压损失、投资损失、固定资产损失等可能产生潜亏的资产项目。如果不良资产总额接近或超过净资产,或不良资产的增长额(或增长率)超过净利润的增长额(或增长率),说明企业可能进行了盈余管理,当期利润有“水分”。

2. 关联交易

企业在进行营业利润分析时,可将来自关联企业的营业收入和利润剔除,分析企业盈利能力对关联企业的依赖性。如果企业营业利润主要来源于关联交易,则企业进行盈余管理的空间较大,自身盈利能力有所不足。

营业利润分析前文已有举例,不再赘述。

五、营业外收支分析

营业外收支项目属于企业非经常性项目,对企业利润总额也会产生直接的影响。对营业外收支项目的分析,也可以从营业外收入、营业外支出的规模及其变动进行。如果企业当期营业利润并不理想,而是通过营业外收入实现盈利,则企业盈利是短暂的,不能持续,有可能是关联交易或企业进行盈余管理的结果。而如果企业当期营业利润较多,仅仅只是由于营业外支出的影响导致亏损,则企业盈利的基础仍在,此种亏损有可能是企业进行调节利润。

(一)营业外收入分析

下面以上汽集团 2×14 年和 2×15 年利润表及其附注中有关资料为依据,对上汽集团营业外收入分析如下,见表 4-16。

表 4—16 **营业外收入分析表** 金额单位:元

项 目	2×15 年	2×14 年	增减额	增减率(%)
非流动资产处置利得	130 869 909.39	428 958 213.82	—298 088 304.43	—69.49
债务重组利得	199 000.89	541 413.93	—342 413.04	—63.24
非货币性资产交换利得				
接受捐赠				
政府补助	3 116 012 280.67	2 672 209 600.09	443 802 680.58	16.61
无需支付款项	4 250 016.80	43 054 041.45	—38 804 024.65	—90.13
非同一控制下企业合并折价购买收益	204 657 090.00	802 311.00	203 854 779.00	25408.45
其 他	210 674 919.18	183 516 752.37	27 158 166.81	14.80
合 计	3 666 663 216.93	3 329 082 332.66	337 580 884.27	10.14

根据表 4—16,上汽集团 2×15 年营业外收入较上年度增加了 337 580 884.27 元,增长率为 10.14%。营业外收入增加的主要原因是非同一控制下企业合并折价购买收益和政府补助增加所共同导致的,其中:非同一控制下企业合并折价购买收益比上年度增加了 203 854 779.00 元,增长率为 25 408.45%,这是由于上汽财务收购上海通用金融所导致的非经营性利得;政府补助比上年度增加了 443 802 680.58 元,增长率为 16.61%,说明上汽集团得到政府支持,发展前景看好。

(二)营业外支出分析

以上汽集团 2×14 年和 2×15 年利润表及其附注中有关资料为依据,对上汽集团营业外支出分析如下,见表 4—17。

表 4—17 **营业外支出分析表** 金额单位:元

项 目	2×15 年	2×14 年	增减额	增减率(%)
非流动资产处置损失	385 789 730.40	105 676 803.02	280 112 927.38	265.07
对外捐赠	8 315 916.55	8 934 728.95	—618 812.40	—6.93
动拆迁支出	746 203 843.09	476 538 705.78	269 665 137.31	56.59
供应商赔偿损失	205 908 776.07	281 418 480.34	—75 509 704.27	—26.83
其 他	98 798 870.33	101 486 928.03	—2 688 057.70	—2.65
合 计	1 445 017 136.44	974 055 646.12	470 961 490.32	48.35

根据表 4—17,上汽集团 2×15 年营业外支出较上年度增加了 470 961 490.32 元,增长率为 48.35%。营业外支出增加的主要原因是由非流动资产处置损失和动拆迁支出共同导致的,其中:非流动资产处置损失比上年度增加了 280 112 927.38 元,增长率为 265.07%;动拆迁支出比上年度增加了 269 665 137.31 元,增长率为 56.59%。这两项支出均为非经营性项目导致的支出,一般不会产生持续影响。

本章小结

企业财务管理的目标是企业价值最大化或股东权益最大化，但其直接表现形式都是以企业利润为基础的。对企业利润表进行分析，是非常重要的一项财务分析工作。通过利润分析，可以了解企业的经营业绩与财务能力，发现企业经营管理中存在的问题，为投资者、债权人及利益相关者提供决策信息支持。

利润表分析包括利润表水平分析、利润表结构分析和利润表项目分析。

利润表水平分析，主要是对利润表主表利润额的增减变动及其合理性进行分析，从利润形成角度，反映利润额的变动情况及企业的经营效果，并推测企业在经营管理中可能存在的问题。

利润表结构分析，主要是对利润表主表中的利润构成及其变动合理性进行分析，反映利润的不同层次及各项利润、成本费用与收入之间关系，从而判断并评价企业经营管理效果及不足。

利润表项目分析主要根据利润表附注所提供的详细信息，进一步分析利润表中主要项目的变动情况，反映利润形成的主观和客观原因，具体包括营业收入分析、成本费用分析、产品销售利润分析、营业利润分析及营业外收支分析等。

思考题

1. 简述利润表分析的目的和分析内容。
2. 如何进行利润表水平分析?
3. 如何进行利润表结构分析?
4. 你认为利润表中应重点分析哪些项目？如何分析这些项目？

本章练习与实务分析

一、单项选择题

1. 企业商品经营盈利状况最终取决于(　　)。

A. 主营业务利润　　B. 营业利润

C. 利润总额　　D. 投资收益

2. 销售量变动对利润影响的公式为(　　)。

A. 产品销售利润实际数×(产品销售量完成率－1)

B. 产品销售利润实际数×(1－产品销售量完成率)

C. 产品销售利润基期数×(产品销售量完成率－1)

D. 产品销售利润基期数×(1－产品销售量完成率)

3. 如果企业本年销售收入增长快于销售成本增长，则营业利润(　　)。

A. 一定大于零　　B. 一定大于上年营业利润

C. 一定大于上年利润总额　　D. 不一定大于上年营业利润

二、多项选择题

1. 影响产品销售利润的基本因素有( )。

A. 销售量　　B. 单价

C. 期间费用　　D. 销售品种构成

2. 销售费用结构分析主要分析( )。

A. 销售费用变动率　　B. 销售费用变动额

C. 销售费用构成率　　D. 百元销售收入销售费用

三、判断题

1. 销售成本对利润有直接影响,成本降低多少,利润就增加多少。 ( )

2. 企业成本总额增加不一定意味着利润下降和管理水平下降。 ( )

3. 当期单位产品销售成本与单位生产成本的差异主要受期初和期末存货成本变动的影响。 ( )

四、实务分析

万科公司2×15年及2×14年的利润表如表4—18所示。

表4—18　　万科公司利润表　　单位:元

项　目	2×15年	2×14年
一、营业总收入	195 549 130 020.90	146 388 004 498.44
减:营业总成本	165 988 260 802.07	125 578 920 876.15
其中:营业成本	138 150 628 676.24	102 557 063 731.11
税金及附加	17 980 426 847.11	13 166 745 863.90
销售费用	4 138 273 594.93	4 521 889 478.29
管理费用	4 745 249 792.81	3 902 617 687.02
财务费用	477 735 809.60	640 839 545.38
资产减值损失	495 946 081.38	789 764 570.45
加:公允价值变动收益	—	11 013 281.97
投资收益	3 561 908 083.68	4 159 261 963.52
其中:对联营企业和合营企业的投资收益	2 393 092 504.58	1 840 369 221.27
二、营业利润	33 122 777 302.51	24 979 358 867.78
加:营业外收入	855 431 507.24	351 866 385.65
其中:非流动资产处置利得	1 842 011.29	1 003 021.46
减:营业外支出	175 591 190.65	78 862 019.94
其中:非流动资产处置损失	1 840 489.59	3 171 365.54
三、利润总额	33 802 617 619.10	25 252 363 233.49
减:所得税费用	7 853 179 592.79	5 964 839 205.41

续表

项　目	2×15 年	2×14 年
四、净利润	25 949 438 026.31	19 287 524 028.08
归属于母公司股东的净利润	18 119 406 249.27	15 745 454 144.70
少数股东损益	7 830 031 777.04	3 542 069 883.38
五、每股收益		
(一)基本每股收益	1.64	1.43
(二)稀释每股收益	1.64	1.43

要求根据上述资料,完成以下分析:

1. 对万科公司利润表进行水平分析。

2. 对万科公司利润表进行结构分析。

3. 你认为导致万科公司各项利润变化的主要原因是什么?会带来怎样的财务影响?如果你是万科会计机构负责人,打算采取什么措施改进利润状况?

第五章　现金流量表分析

学习目标

1. 了解现金流量表分析的目的和作用，现金流量分类，现金流量表分析的内容。
2. 掌握现金流量表水平分析的目的、步骤及要点，现金流量表水平分析应注意的问题。
3. 掌握现金流量表结构分析的目的、步骤及要点，现金流量表结构分析应注意的问题。
4. 掌握现金流量各项目分析要点，了解不同现金流量方向对企业财务状况的可能影响。

职业技能目标

掌握现金流量表分析方法，具备收集甄别信息，进行现金流量表水平分析、结构分析及项目分析的职业素养及职业能力。

案例导入

投资者通常将净利润看作分析一家公司财务健康状况和未来前景的关键指标。美国格兰特公司(W. T. Grant)七年来一直保持盈利态势，并且在某些年度利润持续增长。第1～4年间，公司净利润增长了32%，从3 100万美元到4 100万美元。投资者纷纷购买该公司的股票。但是18个月后，这家公司突然申请破产，成为当时最大的一桩破产案。这是为什么呢？主要是由于公司赊销所产生的许多应收账款回收时遇到了麻烦，从而造成了现金流量小于净利润。因此，对于企业而言，资金是企业的血脉，现金流往往比利润流更受到关注，企业资金链断裂，将使企业深陷泥潭。

在本章中，应特别关注企业现金流量的分类、现金流量的分析方法等内容，思考企业有利润与有货币之间的差异。从各国会计的实践看，在企业对外编制的财务报表体系中，经历了仅包括资产负债表与利润表，到包括资产负债表、利润表和财务状况变动表，再到包括资产负债表、利润表和现金流量表的过程。我国《企业会计准则》规定，企业财务报告体系应包括现金流量表，在报表体系上与国际会计惯例相衔接。本章将以我国《企业会计制度》以及《企业会计准则——现金流量表》为基础来讨论现金流量表的有关问题。

第一节 现金流量表分析概述

一、现金流量表分析的目的及作用

现金流量表，是反映企业一定会计期间内现金和现金等价物流入和流出的会计报表。现金流量表分析是以现金流量表和其他财务资料为依据和起点，采用专门方法，揭示企业现金流量信息，从现金流量角度对企业财务状况和经营业绩做出系统分析和评价。现金流量表分析是财务分析的重要组成部分，对于投资人、债权人和企业经营者都具有重要意义。

现金流量表分析的目的在于了解企业会计期间内经营活动、投资活动和筹资活动等对现金及现金等价物所产生的影响，揭示企业一定期间创造现金的数额，帮助财务报表的使用者分析和评价企业获取现金和现金等价物的能力，并据以预测企业未来现金流量。

资产负债表可以反映企业在某一会计期末的财务状况，却无法揭示其形成原因；利润表能够解释企业经营成果，却无法保证企业利润已全部以现金方式实现，无法具体描述现金的实际运用情况。现金流量表正是弥补上述两表分析之不足，具有以下几方面作用：

（一）评价公司未来的现金流量

尽管现金流量表提供的是企业过去的现金流量信息，但在许多情况下，企业过去的现金流量信息是未来现金流量良好与否的指示器。投资者、债权人从事投资与信贷的主要目的是增加未来的现金资源。进行相关决策时，债权人必须考虑利息收取和本金偿还，而投资者必须考虑股利获得及股票市价变动利益等。这些均取决于公司本身现金流量的金额和时间。只有公司能产生有利的现金流量，才能有能力还本付息、支付股利。通过现金流量表分析，他们可以了解目前企业现金流入、流出以及现金流量净额变动的情况和原因，对企业未来获取现金的能力做出预测和评价，以便做出正确的投资和信贷决策。

（二）评价公司偿还债务、支付股利以及对外筹资能力

评估公司是否具有这些能力，最直接有效的方法是分析现金流量。现金流量表披露的经营活动净现金流入的信息能客观地衡量这些指标。经营活动净现金流入量代表了公司自我创造现金的能力。尽管公司可以通过对外筹资的途径取得现金，但企业债务本息的偿还有赖于经营活动的净现金流入量。因此，如果经营活动的净现金流入量在现金流量的来源中占有较高比例，则公司的财务基础就较为稳定，偿债能力和对外筹资能力也就越强。

（三）分析企业净利润与经营活动现金流量之间的关系

通常，企业的净利润与其净现金流量呈同向变动关系，即净利润增加，净现金流入也应增加，反之亦然。但企业在某一会计期间实现的净利润并不正好等于当期经营活动现金流量，以致有些年份有净利而无现金，有些年份刚好相反。现金流量表分析本期净利润与经营活动现金流量之间的差异及原因，便于投资者、债权人合理预测未来的现金流量。

此外，由于权责发生制固有的缺陷，为企业人为调节利润留有余地，如通过虚列债权和收入虚增利润等，可能造成会计信息失真。但在收付实现制下由于虚增的利润并不能产生现金流量增量，因而企业以收付实现制为基础编制的现金流量表难以“粉饰”经营业绩，从而促使企业加强债权、债务管理，提高企业盈利能力，以增强现金支付能力，同时也有利于投资者和债权人结合企业现金流量信息，而不是单凭年度利润数据做出决策。

(四)评价企业当期与现金无关的投资及筹资活动

现金流量表除了披露经营活动、投资活动和筹资活动的现金流量之外,还可以披露与现金收付无关,但对企业有重要影响的投资及筹资活动,这对于报表用户制定合理的投资与信贷决策,评估公司未来现金流量同样具有重要意义。

(五)了解企业的成长能力

通过现金流量表分析,可以了解企业投资和筹资现金流量,了解企业在保持内部经营稳定运行的前提下,是从外部筹措大量资金,扩大经营规模,还是在收回投资,支付到期债务。后者意味着企业在收缩经营规模。

二、现金及现金流量

(一)现金及现金等价物

现金流量表中的“现金”是广义的概念,指企业的现金和现金等价物。现金是指企业的库存现金以及可以随时用于支付的存款。会计上所说的现金通常指企业的库存现金,而现金流量表中的“现金”不仅包括“现金”账户核算的库存现金,还包括企业“银行存款”账户核算的存入金融企业、随时可以用于支付的存款,也包括“其他货币资金”账户核算的外埠存款、银行汇票存款、银行本票存款和在途货币资金等其他货币资金。

应注意的是,银行存款和其他货币资金中有些不能随时用于支付的存款,如不能随时支取的定期存款等,不应作为现金,而应列作投资;提前通知金融企业便可支取的定期存款,则应包括在现金范围内。

现金等价物是指企业持有的期限短、流动性强、易于转换为已知金额现金,价值变动风险很小的投资。现金等价物虽然不是现金,但其支付能力与现金的差别不大,可视为现金。如企业为保证支付能力,必须持有必要现金,为了不使现金闲置,可以购买短期债券,在需要现金时,随时可以变现。

按照我国《企业会计准则——现金流量表》及其指南的要求,一项投资被确认为现金等价物必须同时具备四个条件:期限短、流动性强、易于转换为已知金额现金、价值变动风险很小。其中,期限较短,一般是指从购买日起 3 个月内到期。例如,可在证券市场上流通的 3 个月内到期的短期债券投资等。权益性投资变现的金额通常不确定,因而不属于现金等价物。

(二)现金流量

现金流量是某一段时期内企业现金和现金等价物流入和流出的数量,如企业销售商品、出售设备、发行债券等取得现金,形成企业的现金流入;购买原材料、购建厂房、对外投资等支付现金等,形成企业现金流出。现金流量信息能够表明企业经营状况是否良好,资金是否紧张以及企业偿付能力大小等,从而为投资者、债权人、企业管理者提供非常有用的信息。因此,现金流量是分析企业价值和企业盈利质量的一个重要指标。企业资产的价值取决于其未来产生现金的能力,而企业真实的盈利是建立在持续不断的现金流入的基础上的。只有现金流量不断增长的企业,才能持续发展、不断壮大,才具有投资的价值。

值得注意的是,企业货币资金不同形态之间转换不会产生现金的流入和流出。例如,企业从银行提取现金,是企业现金存放形式的转换,并未流出企业,不构成现金流量;同样,现金与现金等价物之间转换也不属于现金流量,如企业用现金购买 3 个月内到期的国债。

三、现金流量的分类

现金流量表是以现金流量的分类为编制依据。现金流量的产生是由企业的各项经济业务活动所引起的。因此,我国《企业会计准则》按照企业业务活动类型将现金流量分为三类:经营活动产生的现金流量、投资活动产生的现金流量、筹资活动产生的现金流量。

(一)经营活动产生的现金流量

经营活动是指企业投资活动和筹资活动以外的所有交易和事项。经营活动是企业最主要的业务活动,具有范围广、内容多的特点。就工商企业来说,经营活动主要包括购买或销售商品、提供或接受劳务、经营性租赁、生产产品、广告宣传、缴纳税款等。各类企业由于行业特点不同,对经营活动的认定存在一定差异,在编制现金流量表时,应根据企业的实际情况,对现金流量进行合理的归类。

(二)投资活动产生的现金流量

投资活动是指企业长期资产的构建和不包括在现金等价物范围内的投资及其处置活动。长期资产是指固定资产、在建工程、无形资产、其他资产等持有期限在 1 年或 1 个营业周期以上的资产。这里之所以将“包括在现金等价物范围内的投资”排除在外,是因为已经将包括在现金等价物范围内的投资视同现金。

需要注意的是,投资活动既包括实物资产投资,也包括金融资产投资,主要包括取得和收回投资,购建和处置固定资产、无形资产和其他长期资产等。

(三)筹资活动产生的现金流量

筹资活动是指导致企业股权资本及债务规模和构成发生变化的活动。企业股权资本,包括实收资本(股本)、资本溢价(股本溢价)、与资本有关的现金流入和流出项目,包括吸收投资、发行股票、分配利润等。而债务指企业对外举债所借入的款项,如发行债券、向金融企业借入款项以及偿还债务等。通常情况下,应付账款、应付票据等属于经营活动引起的负债,不属于筹资活动引起的负债。

现金流量分类非常重要。有时候,企业在不改变现金流量的情况下,通过改变其分类,同样会出现严重误导投资者和债权人的情况。例如,固定资产损失,一般应列入投资活动产生的现金流量;但如生产活动导致的固定资产损失,则应列入经营活动产生的现金流量。因此,企业应合理划分经营活动、投资活动和筹资活动,应把企业日常活动之外不经常发生的特殊项目,如自然灾害损失、保险赔款等归并到相关类别中并单独反映,以便于投资者、债权人等报表使用者了解各类业务活动对企业现金流量的影响,合理预测未来现金流量。

四、现金流量表分析的内容

(一)现金流量表水平分析

现金流量表水平分析,主要是对现金流量表各项现金流入、现金流出的增减变动及其合理性进行分析,揭示企业各类现金流量的差异,分析与揭示企业经营活动、投资活动、筹资活动对现金流入、现金流出的影响。

(二)现金流量表结构分析

现金流量表结构分析,主要是将现金流量表中各现金流入项目与总现金流入、各现金流出项目与总现金流出进行对比,分析企业的现金流入结构和现金流出结构,揭示企业现金流入和现金流出的结构情况,探索优化企业现金流量管理思路。

(三)现金流量表项目分析

现金流量表项目分析主要是在现金流量表全面分析的基础上,对现金流量表中经营活动产生的现金流量、投资活动产生的现金流量和筹资活动产生的现金流量变动情况及其合理性进行分析。

第二节　现金流量表水平分析

一、现金流量表水平分析的目的

现金流量表水平分析的目的是通过了解企业经营活动、筹资活动、投资活动相关现金流入量、流出量等情况，揭示企业各项现金流入、现金流出及其净流量的增减变动差异，分析差异产生的原因及财务影响，为企业进行现金预测和筹资、投资、经营等相关决策提供依据。

现金流量表水平分析要根据分析目的来选择比较的标准(基期)，当分析目的在于揭示现金流量表的实际变动情况，分析产生实际差异的原因时，其比较的标准应选择现金流量表的上年实际数；当分析目的在于揭示现金流量表预算或计划执行情况，分析影响现金流量表预算或计划执行情况的原因时，其比较标准应选择现金流量表的预算数或计划数。

二、现金流量表水平分析的步骤及要点

现金流量表分析时基本遵循“总—分—总”模式。一般分析步骤及要点如下：

(一)现金流量表整体性分析

描述现金流量表年末现金及现金等价物的增减变动额及增减变动率，分析经营活动、投资活动、筹资活动等各类现金净流量的整体变化，以及导致年末现金及现金等价物增减变化的主要因素。

(二)现金流量表分项分析

结合公司实际及行业特点，分别分析现金流量表中经营活动、投资活动、筹资活动各类现金流量中现金流入、现金流出增减变化最大部分，推断现金流量变化的相关原因。

(三)小结

对现金流量表分析总体趋势、主要因素、原因进行概括，评估相关财务影响。

此外，值得注意的是，现金流量表的分析也应结合前期资产负债表分析和利润表分析的相关内容，同时关注现金流量表附注对数据变化的解释。相关数据之间应相互印证，数据之间应具有一定勾稽关系。

三、现金流量表水平分析实例

以上汽集团为例，编制现金流量水平分析表，见表5－1所示。

表5－1　　上汽集团现金流量水平分析表

2×15年　　单位：元

项　目	2×15年	2×14年	增减额	增减率(%)
一、经营活动产生的现金流量				
销售商品、提供劳务收到的现金	755 958 174 719.75	738 442 989 311.00	17 515 185 408.75	2.37%
吸收存款和同业存放款项净增加额	112 553 683.71	1 986 308 931.07	－1 873 755 247.36	－94.33%
收取利息、手续费及佣金的现金	10 165 188 014.62	3 532 720 138.45	6 632 467 876.17	187.74%

续表

项　目	2×15 年	2×14 年	增减额	增减率(%)
回购业务资金减少额	——	146 040 000.00	−146 040 000.00	——
收到的税费返还	469 468 307.74	480 313 600.63	−10 845 292.89	−2.26%
存放中央银行款项净减少额	6 313 425 501.05	——	6 313 425 501.05	——
收到其他与经营活动有关的现金	3 614 956 863.82	3 786 729 124.20	−171 772 260.38	−4.54%
经营活动现金流入小计	776 633 767 090.69	748 375 101 105.35	28 258 665 985.34	3.78%
购买商品、接受劳务支付的现金	659 768 302 155.44	644 150 534 452.98	15 617 767 702.46	2.42%
发放贷款及垫款净增加额	3 591 474 452.80	5 603 896 029.81	−2 012 421 577.01	−35.91%
存放中央银行款项净增加额	——	991 173 322.38	−991 173 322.38	——
支付利息、手续费及佣金支付的现金	2 688 009 640.71	938 329 354.03	1 749 680 286.68	186.47%
支付给职工以及为职工支付的现金	18 541 620 374.81	15 372 676 121.15	3 168 944 253.66	20.61%
支付的各项税费	22 773 045 906.76	24 266 442 926.38	−1 493 397 019.62	−6.15%
拆入资金净减少额	10 786 444 397.74	——	10 786 444 397.74	——
支付其他与经营活动有关的现金	32 492 295 246.13	33 768 237 924.32	−1 275 942 678.19	−3.78%
经营活动现金流出小计	750 641 192 174.39	725 091 290 131.05	25 549 902 043.34	3.52%
经营活动产生的现金流量净额	25 992 574 916.30	23 283 810 974.30	2 708 763 942.00	11.63%
二、投资活动产生的现金流量				
收回投资收到的现金	22 600 221 585.81	12 707 747 663.64	9 892 473 922.17	77.85%
取得投资收益收到的现金	28 389 009 121.72	23 263 910 855.77	5 125 098 265.95	22.03%
处置固定资产、无形资产等收回的现金净额	571 074 171.25	239 465 087.44	331 609 083.81	138.48%
处置子公司及其他营业单位收到的现金净额				
收到其他与投资活动有关的现金	3 815 669 522.46	1 529 114 250.98	2 286 555 271.48	149.53%
投资活动现金流入小计	55 375 974 401.24	37 740 237 857.83	17 635 736 543.41	46.73%
购建固定资产、无形资产等支付的现金	15 426 903 859.94	14 319 557 135.32	1 107 346 724.62	7.73%
投资支付的现金	51 491 759 050.83	28 694 072 514.43	22 797 686 536.40	79.45%
质押贷款净增加额				
取得子公司流出的现金净额	2 194 171 772.81	19 368 200.00	2 174 803 572.81	11228.73%
支付其他与投资活动有关的现金				
投资活动现金流出小计	69 112 834 683.58	43 032 997 849.75	26 079 836 833.83	60.60%
投资活动产生的现金流量净额	−13 736 860 282.34	−5 292 759 991.92	−8 444 100 290.42	159.54%
三、筹资活动产生的现金流量				
吸收投资收到的现金	1 006 657 925.94	313 478 333.19	693 179 592.75	221.13%
其中:子公司吸收少数股东投资收到的现金	1 006 657 925.94	310 273 756.54	696 384 169.40	224.44%
取得借款收到的现金	7 666 107 288.01	12 384 390 445.08	−4 718 283 157.07	−38.10%
发行债券收到的现金	6 280 000 000.00	——	6 280 000 000.00	——
收到其他与筹资活动有关的现金				
筹资活动现金流入小计	14 952 765 213.95	12 697 868 778.27	2 254 896 435.68	17.76%

续表

项　目	2×15 年	2×14 年	增减额	增减率(%)
偿还债务支付的现金	13 498 299 173.08	11 503 737 624.30	1 994 561 548.78	17.34%
分配股利、利润或偿付利息支付的现金	23 210 888 620.20	21 313 472 330.49	1 897 416 289.71	8.90%
其中:子公司支付给少数股东的股利、利润	8 333 152 753.30	7 520 125 067.24	813 027 686.06	10.81%
支付其他与筹资活动有关的现金	600 447 044.62	65 973 355.84	534 473 688.78	810.14%
筹资活动现金流出小计	37 309 634 837.90	32 883 183 310.63	4 426 451 527.27	13.46%
筹资活动产生的现金流量净额	−22 356 869 623.95	−20 185 314 532.36	−2 171 555 091.59	10.76%
四、汇率变动对现金及现金等价物的影响	137 133 961.98	−11 898 498.63	149 032 460.61	−1 252.53%
五、现金及现金等价物净减少额	−9 964 021 028.01	−2 206 162 048.61	−7 757 858 979.40	351.65%
加:年初现金及现金等价物余额	72 071 515 299.46	74 277 677 348.07	−2 206 162 048.61	−2.97%
六、年末现金及现金等价物余额	62 107 494 271.45	72 071 515 299.46	−9 964 021 028.01	−13.83%

(一)总体性分析

2×15 年年末上汽集团现金及现金等价物较 2×14 年减少了 9 964 021 028.01 元,下降了 13.83%,其中:2×15 年经营活动产生的现金流量净流入额增加了 2 7028 763 942.00 元,增长率为 11.63%;投资活动产生的现金流量净流出额增加了 8 444 100 290.42 元,净流出增长率为 159.54%;筹资活动产生的现金流量净流出额增加了 2 171 555 091.59 元,净流出增长率为 10.76%;汇率变动导致现金及现金等价物增加了 149 032 460.61 元,增长率为 1 252.53%。由此可见,上汽集团现金及现金等价物减少的主要原因是企业投资活动和筹资活动导致现金流量净流出大幅增加,说明企业当期经营状况良好,积极筹资,实现扩张。

(二)经营活动现金流量分析

上汽集团经营活动现金净流入额增加了 2 708 763 942.00 元,增长率为 11.63%;经营活动现金流入增加了 28 258 665 985.34 元,增长率为 3.78%;经营活动现金流出增加了 25 549 902 043.34 元,增长率为 3.52%。由于经营活动现金流入量的增长快于经营活动现金流出量的增长,致使经营活动现金净流入量增加。经营活动现金流入量的增加主要是由于销售商品、提供劳务收到现金增加了 17 515 185 408.75 元,增长率为 2.37%。经营活动现金流出量的增加主要是由于购买商品、接受劳务支付现金增加了 15 617 767 702.46 元,增长率为 2.42%。通过上述数据变化,结合利润表及会计报表附注等信息,2×15 年该公司营业收入增长率为 6.42%,说明上汽集团当期销售情况较理想,销售收现大幅增长。

(三)投资活动现金流量分析

上汽集团投资活动现金净流出额增加了 8 444 100 290.42 元,现金净流出增长率为 159.54%;投资活动现金流入增加了 17 635 736 543.41 元,增长率为 46.73%;投资活动现金流出增加了 26 079 836 833.83 元,增长率为 60.60%。由于投资活动现金流出量的增长快于投资活动现金流入量的增长,致使投资活动现金净流出量大幅增加。投资活动现金流入量的增加主要是由于收回投资取得现金,其增长额为 9 892 473 922.17 元,增长率为 77.85%。投资活动现金流出量的增加主要是由于投资支付现金,其增长额为 22 797 686 536.40 元,增长率为 79.45%。通过上述数据变化,结合资产负债表相关项目及会计报表附注,可以推断上汽集团在 2×15 年进行了较大的投资范围及投资项目调整,目前该集团呈现整体扩张趋势。

（四）筹资活动现金流量分析

上汽集团筹资活动现金净流出额增加了 2 171 555 091.59 元，现金净流出增长率为 10.76%；筹资活动现金流入增加了 2 254 896 435.68 元，增长率为 17.76%；筹资活动现金流出增加了 4 426 451 527.27 元，增长率为 13.46%。由于筹资活动现金流出量的增长快于筹资活动现金流入量的增长，致使筹资活动现金净流出量大幅增加。筹资活动现金流入量的增加主要是发行债券导致现金增加了 6 280 000 000.00 元。筹资活动现金流出量的增加主要是由于偿还债务以及分配股利、支付利息等，其增加额分别为 1 994 561 548.78 元和 1 897 416 289.71 元，增长率分别为 17.34%和 8.90%。通过上述数据变化，结合资产负债表相关项目及会计报表附注，可以推断上汽集团为满足公司扩张发展的需要，资金需求较为旺盛。

（五）小结

总体而言，2×15 年上汽集团现金及现金等价物较上期有所减少，投资活动现金净流出量和筹资活动现金净流出量均有所增长，但当期经营活动现金净流量仍为正数且在快速增长。这种现金流量分布较正常，说明企业处于扩张期，具有较强的市场竞争实力，采取多元化筹资，积极调整投资布局和资源配置。

四、现金流量水平分析应注意的问题

（一）多角度分析各类现金流量的变化

分析评价各类现金流量，不仅应关注相关财务数据的具体金额变化及增减幅度变化，还应关注方向变化以及性质变化。

（二）分析现金流量变动的合理性

现金流量变动是否合理，直接影响企业资金链。因此，对现金流量变动合理性的分析评价，还应结合利润表、资产负债表及相关财务报表附注等，通过企业销售收入、利润等指标变动进行联合评价。

若企业销售收入增加、现金流量增加，则企业销售收入质量较高；

若企业销售收入减少、现金流量增加，则可能是企业前期销售当期收现；

若企业销售收入减少、现金流量减少，则企业销售前景堪忧。

值得注意的是，如果企业销售收入增加，但现金流量减少，有可能企业采取了较宽松的信用政策，大幅赊销；但如果此时应收账款也在减少，则企业销售收入有造假的嫌疑。

第三节　现金流量表结构分析

一、现金流量表结构分析的目的

现金流量表结构反映现金流量表各项目的相互关系及各项目的比重。现金流量表结构分析的目的就是通过计算现金流量表各项目占总现金流入或总现金流出的比重，分析评价企业现金流入结构和现金流出结构的变动情况和合理程度。

通过现金流量表的结构分析，可以了解企业现金的来源、流动方向及净现金是如何形成的，进一步知悉各项目的变化对企业总体现金流量的影响、变化原因及趋势，以便对企业获取现金的能力做出准确的判断和评价。

二、现金流量表结构分析的步骤及要点

现金流量结构分析主要包括现金流入结构分析、现金流出结构分析和净现金流量结构分析。

（一）现金流入结构分析

现金流入结构分为总流入结构和内部流入结构。总流入结构是反映企业经营活动、投资活动、筹资活动产生的现金流入在全部现金流入中所占的比重。内部流入结构是反映经营活动、投资活动和筹资活动等各项业务活动现金流入中具体项目的构成情况。通过现金流入结构的分析，可以了解企业现金来自什么渠道，据以判断和评价现金流入的合理性，明确增加现金流入的措施和途径。

在企业现金流入量总额中，经营活动现金流入所占比重通常较高。因为经营活动产生的现金流入体现企业主营业务创造现金流的能力。经营活动的现金流入越多，企业发展的稳定性越强。但对主营业务并不突出的企业或投资性企业而言，并不必然。所以应根据企业的实际情况，区别对待。

此外，企业的不同风险偏好也会对现金流入产生一定影响。稳健型企业，经营活动现金流入比重较大，投资活动和筹资活动的现金流入可能较小；激进型企业，努力筹资并积极寻找投资机会，可能造成企业在某一特定时期筹资活动和投资活动的现金流入比例较大，甚至超过经营活动的现金流入比例。

（二）现金流出结构分析

现金流出结构分为总流出结构和内部流出结构。总流出结构是反映企业经营活动、投资活动、筹资活动产生的现金流出在全部现金流出中所占的比重。内部流出结构反映的是经营活动、投资活动和筹资活动等各项业务活动现金流出中具体项目的构成情况。通过现金流出结构的分析，可以了解企业现金使用的方向，据以分析和评价现金流出的合理性，提高现金管理的有效性。

在企业现金流出中，经营活动现金流出，如购买商品、接受劳务等活动支出的现金往往占较大比重，投资活动和筹资活动的现金流出则因企业的财务政策不同而存在很大差异。一般而言，经营活动现金流出具有一定稳定性，而投资活动和筹资活动现金流出稳定性较差，甚至有一定偶发性，随着交付投资款、偿还到期债务、支付股利等活动的发生，当期该类活动的现金流出便会剧增。因此，分析企业现金流出结构在不同时期难以采用统一标准，应结合具体情况具体分析。

（三）净现金流量结构分析

净现金流量结构是指企业经营活动、投资活动、筹资活动产生的现金流量在现金及现金等价物净增加额中所占的比重。通过净现金流量结构的分析，可以了解企业现金净流量形成的原因，判断企业的现金收支是否平衡。

一般而言，企业现金流量净额越大，企业越有活力。现金流量净额也可能是负数，即现金流出大于现金流入。在这种情况下，不能简单地下结论说企业获取现金的能力弱，而应视不同的情况进行分析。如这个负值主要是由于企业扩大投资引起的，则可能说明企业在更新设备或增强生产能力等，这并不意味着企业经营能力不佳，反而说明企业存在更多的发展机会。但如果企业投资活动、筹资活动的现金流入无法满足经营活动的现金需求，则会影响企业的偿债能力，甚至企业的生存。所以应针对不同情况，具体展开分析。

三、现金流量表结构分析实例

下面以上汽集团2×15年现金流量表为分析依据，编制现金流量表结构分析表，如表5—2所示。

表5—2 **上汽集团现金流量结构分析表** 单位：元

项　目	2×15年	流入结构(%)	流出结构(%)	内部结构(%)
一、经营活动产生的现金流量				
销售商品、提供劳务收到的现金	755 958 174 719.75	89.26		97.34
吸收存款和同业存放款项净增加额	112 553 683.71	0.01		0.01
收取利息、手续费及佣金收到现金	10 165 188 014.62	1.20		1.31
收到的税费返还	469 468 307.74	0.06		0.06
存放中央银行款项净减少额	6 313 425 501.05	0.75		0.81
收到其他与经营活动有关的现金	3 614 956 863.82	0.43		0.47
经营活动现金流入小计	776 633 767 090.69	91.70		100
购买商品、接受劳务支付的现金	659 768 302 155.44		76.98	87.89
发放贷款及垫款净增加额	3 591 474 452.80		0.42	0.48
支付利息、手续费及佣金的现金	2 688 009 640.71		0.31	0.36
支付给职工及为职工支付的现金	18 541 620 374.81		2.16	2.47
支付的各项税费	22 773 045 906.76		2.66	3.03
拆入资金净减少额	10 786 444 397.74		1.26	1.44
支付其他与经营活动有关的现金	32 492 295 246.13		3.79	4.33
经营活动现金流出小计	750 641 192 174.39		87.58	100
经营活动产生的现金流量净额	25 992 574 916.30			
二、投资活动产生的现金流量				
收回投资收到的现金	22 600 221 585.81	2.67		40.81
取得投资收益收到的现金	28 389 009 121.72	3.35		51.27
处置固定资产、无形资产等收回的现金净额	571 074 171.25	0.07		1.03
收到其他与投资活动有关的现金	3 815 669 522.46	0.45		6.89
投资活动现金流入小计	55 375 974 401.24	6.54		100
购建固定资产、无形资产等支付的现金	15 426 903 859.94		1.80	22.32
投资支付的现金	51 491 759 050.83		6.01	74.50
质押贷款净增加额			0.00	0.00
取得子公司流出的现金净额	2 194 171 772.81		0.26	3.17

续表

项　目	2×15 年	流入结构(%)	流出结构(%)	内部结构(%)
支付其他与投资活动有关的现金				
投资活动现金流出小计	69 112 834 683.58		8.06	100.00
投资活动产生的现金流量净额	-13 736 860 282.34			
三、筹资活动产生的现金流量				
吸收投资收到的现金	1 006 657 925.94	0.12		6.73
其中:子公司吸收少数股东投资收到的现金	1 006 657 925.94	0.12		6.73
取得借款收到的现金	7 666 107 288.01	0.90		51.27
发行债券收到的现金	6 280 000 000.00	0.74		42.00
收到其他与筹资活动有关的现金		0.00		0.00
筹资活动现金流入小计	14 952 765 213.95	1.76		100.00
偿还债务支付的现金	13 498 299 173.08		1.57	36.18
分配股利、利润或偿付利息支付的现金	23 210 888 620.20		2.71	62.21
其中:子公司支付给少数股东的股利、利润	8 333 152 753.30		0.97	22.34
支付其他与筹资活动有关的现金	600 447 044.62		0.08	1.61
筹资活动现金流出小计	37 309 634 837.90		4.36	100.00
筹资活动产生的现金流量净额	-22 356 869 623.95			
现金流入总额	846 962 506 705.88	100.00		
现金流出总额	857 063 661 695.87		100.00	
四、汇率变动对现金及现金等价物的影响	137 133 961.98			
五、现金及现金等价物净减少额	-9 964 021 028.01			
加:年初现金及现金等价物余额	72 071 515 299.46			
六、年末现金及现金等价物余额	62 107 494 271.45			

(一)现金流入结构分析

2×15 年上汽集团现金流入总量为 846 962 506 705.88 元,其中经营活动现金流入量、投资活动现金流入量和筹资活动现金流入量所占比重分别为 91.7%、6.54%和 1.76%。由此可见,企业的现金流入量主要是由经营活动的现金流入量产生,说明企业销售良好,具有较强的市场竞争力。

经营活动的现金流入量中,销售商品、提供劳务收到的现金占 97.34%,所占比重最大;投资活动的现金流入量中,取得投资收益收到的现金占 51.27%,所占比重最大;筹资活动的现金流入量中,取得借款收到的现金占 51.27%,所占比重最大。说明上汽集团主营业务经营状况良好,取得了较好的投资收益,采取财务杠杆进行筹资。

(二)现金流出结构分析

2×15 年上汽集团现金流出总量为 857 063 661 695.87 元,其中经营活动现金流出量、投资活动现金流出量和筹资活动现金流出量所占比重分别为 87.58%、8.06%和 4.36%。由此可见,企业的现金流出量主要是由经营活动的现金流出量产生,此现金流出结构分布属于正常合理的现金流出结构。

经营活动的现金流出量中,购买商品、接受劳务支付的现金占 87.89%,所占比重最大;投资活动的现金流出量中,投资支付的现金占 74.50%,所占比重最大;筹资活动的现金流出量中,分配股利、利润或偿付利息支付的现金占 62.21%,所占比重最大。说明上汽集团主营业务经营状况良好,不断扩张企业投资,及时分配股利和支付利息。

(三)净现金流量结构分析

以上汽集团 2×15 年和 2×14 年现金流量表资料为分析依据,分析净现金流量结构的情况,见表 5—3 所示。

表 5—3 上汽集团净现金流量结构分析

项目	金额(元)		结构(%)		
	2×15 年	2×14 年	2×15 年	2×14 年	差异
经营活动现金流量净额	25 992 574 916.30	23 283 810 974.30	−260.86	−1 055.40	794.53
投资活动现金流量净额	−13 736 860 282.34	−5 292 759 991.92	137.86	239.91	−102.04
筹资活动现金流量净额	−22 356 869 623.95	−20 185 314 532.36	224.38	914.95	−690.58
汇率变动影响	137 133 961.98	−11 898 498.63	−1.38	0.54	−1.92
现金净流量合计	−9 964 021 028.01	−2 206 162 048.61	100.00	100.00	0.00

根据表 5—3 可知,上汽集团 2×15 年和 2×14 年经营活动现金流量净额均为正值。本期经营活动现金流量净额占总体现金净流量的比重最大,是企业现金净流量的主要部分,说明企业主营业务活动发展态势良好,具有较强的创造现金流量的能力。但值得注意的是,企业投资活动和筹资活动现金流量净额两期均为负数,企业仍在进行资产扩张,且资金流较充裕,及时分配股利和支付股息。虽然目前企业现金流量较充裕,可企业现金流出大大超过现金流入,企业经营活动产生的现金净流量是否能满足未来发展资金需求,有待进一步分析和关注,企业应加强投资和筹资管理。

四、现金流量结构分析应注意的问题

(一)对潜在的、可及时变现的现金流入应予以关注

潜在的、可及时变现的现金流入,主要是指那些变现能力较强的有价证券,如股票、债券等。这些资产的变现能力很强,其中债券的变现损失风险较小。而一些安全度较高的应收账款、应收票据也具有良好的流动性。上述资产可以增强企业的现金能力,提高企业的短期偿债能力。

(二)重视潜在的现金流出

或有事项中许多情况可能导致巨额现金流出,会严重破坏正常的现金流量,如为别的企业借款提供担保、未结的某些重大经济诉讼等。因此,需要对企业会计报表附注事项予以关注,警惕那些可能导致企业现金流出的事项,做好准备。

第四节　现金流量表项目分析

现金流量表全部项目按照经营活动、投资活动和筹资活动被划分为三类活动产生的现金流量项目，每一个具体项目除了对所在类别的现金流量产生影响外，还可能对其他相关类别的项目产生影响。对现金流量表具体项目进行分析，可以揭示影响现金流转的各个因素，分析不同影响。

一、经营活动现金流量分析

经营活动是企业维持生存发展的基本活动，通过经营活动现金流量项目分析，可以发现企业现金流量变化的原因，判断和评价企业销售、盈利质量。

（一）销售商品、提供劳务收到的现金

该项目反映企业因销售商品、提供劳务实际收到的现金（含销售收入和应向购买者收取的增值税额），包括本期销售商品、提供劳务收到的现金，以及前期销售和前期提供劳务本期收到的现金和本期预收的账款，减去本期退回本期销售的商品和前期销售本期退回的商品支付的现金。此外，企业销售材料和代购代销业务收到的现金，也包括在本项目中。

销售商品、提供劳务收到的现金会增加企业本期的现金，构成经营活动现金流入的主要内容。上述项目可能因市场供求关系、企业销售策略、信用政策等的改变而发生增减变动。分析时，应结合企业具体情况以及利润表、相关会计报表附注等进行。此外，还可以将上述现金流入量与利润表的营业收入、资产负债表的应收账款项目比较，判断企业销售货物的收现质量的情况。如果上述现金流入量与本期营业收入不匹配，则可能是企业不仅收到了本期销售商品、提供劳务的现金，而且收回了前期货款，或者出现了较多的赊销。上述情况对企业未来的现金流将产生一定影响。

【分析实例】

2×15 年，上汽集团销售商品、提供劳务收到的现金为 755 958 174 719.75 元，较上期增加了 17 515 185 408.75 元，增长率为 2.37%，占现金流入量比重为 89.26%。当期企业营业收入 670 448 223 139.34 元，销售收现率为 112.75%，说明上汽集团不仅将当期销售全部收现，而且回笼了以往年度欠款，销售收现良好，营业收入质量较高。

（二）收到的税费返还

该项目反映企业收到返还的各种税费，如增值税、消费税、所得税、教育费附加返还等。这一项目只包括企业上交后由税务等政府部门返还的款项。企业收到的与税费无关的现金，应在“收到的其他与经营活动有关的现金”项目中反映。值得注意的是，这部分现金流量变化与国家税收政策有关，往往不具有持续性，该项目现金流量的增加不能代表企业具有获取现金的正常能力。

收到的税费返还＝收到的增值税返还＋收到的消费税、教育费附加返还＋收到的所得税返还

此外，利润表中“补贴收入”项目，仅反映企业取得收入以及退还增值税等。退回所得税，冲减“所得税”项目；退回的消费税、增值税等，冲减“税金及附加”项目。因此，必须将利润表中的“补贴收入”项目与现金流量表中的“收到的税费返还”项目联系起来分析，判断一个企业实

际接受政府补贴的情况。

【分析实例】

2×15 年，上汽集团收到的税费返还为 469 468 307.74 元，较上期减少了 10 845 292.89 元，减少率为 2.26%，占现金流入量比重为 0.06%。

（三）购买商品、接受劳务支付的现金

该项目反映企业购买材料、商品，接受劳务实际支付的现金，包括本期购入材料、商品，接受劳务支付的现金（包括增值税进项税额），以及本期支付前期购入材料、商品，接受劳务的未付款项和本期预付款项。本期因购货退回而收到的现金则从本项目中减去。

购买商品、接受劳务支付的现金会减少企业本期的现金，构成了经营活动现金流出的主要内容。上述项目可能因供货市场变化、资金供求变化而导致采购成本、应付账款发生增减变动。分析时，应结合企业具体情况以及资产负债表、利润表、相关会计报表附注等进行。此外，还可以将上述现金流出量与利润表的营业成本比较，判断企业成本支付的情况。如果上述现金流出量与本期营业成本不匹配，则有可能是由于企业不仅支付了本期购买材料、商品，接受劳务的现金，而且偿还了前期欠款，或者出现了较多的赊购。上述情况对企业未来的现金流将产生一定影响。

【分析实例】

2×15 年，上汽集团购买商品、接受劳务支付的现金为 659 768 302 155.44 元，较上期增加了 15 617 767 702.46 元，增长率为 2.42%，占现金流出量比重为 76.98%，说明企业现金流出主要是经营现金流出。

（四）支付给职工以及为职工支付的现金

该项目反映企业实际支付给职工以及为职工支付的现金，包括本期实际支付给职工的工资、奖金、各种津贴和补贴等，以及为职工支付的其他费用；不包括支付给离退休人员的各项费用和支付给在建工程人员的工资等。企业支付给离退休人员的各项费用，包括支付的统筹退休金以及未参加统筹的退休人员的费用，在“支付的其他与经营活动有关的现金”项目中反映；企业支付给在建工程人员的工资，在“购建固定资产、无形资产和其他长期资产所支付的现金”项目反映。

按照《企业会计准则》的规定，企业为职工支付的养老、失业等社会保险基金、补充养老保险、住房公积金，支付给职工的住房困难补助，以及企业支付给职工或者为职工支付的其他福利费用等，应该按照职工的工作性质和服务对象，分别在“支付给职工以及为职工支付的现金”和“购建固定资产、无形资产和其他长期资产所支付的现金”项目中反映。

【分析实例】

2×15 年，上汽集团支付给职工以及为职工支付的现金为 18 541 620 374.81 元，较上期增加了 3 168 944 253.66 元，增长率为 20.61%，占现金流出量比重为 2.16%，说明上汽集团职工待遇及福利较好，企业生产经营状况良好。

（五）支付的各项税费

该项目反映企业按规定支付的各种税费，包括本期发生并支付的税费，以及本期支付以前各期发生的税费和预交的税金，如支付的教育费附加、矿产资源补偿费、印花税、房产税、土地增值税、车船使用税等；不包括计入固定资产价值、实际支付的耕地占用税等；也不包括本期退回的增值税、所得税。本期退回的增值税、所得税在“收到的税费返还”项目反映。

【分析实例】

2×15 年，上汽集团支付的各项税费为 22 773 045 906.76 元，较上期减少了 1 493 397 019.62 元，减少率为 6.15%，占现金流出量比重为 2.66%。

在对经营活动产生的现金流量具体项目进行分析时，还可以将销售商品、提供劳务收到的现金和购买商品、接受劳务支付的现金进行比较。在企业正常经营的情况下，两者比率大，说明企业的销售利润大，销售回款良好，收现能力强。而将销售商品、提供劳务收到的现金与经营活动现金流入总额进行比较，可说明企业销售现款占经营活动现金流入的比重。如这一比重大，则说明企业主营业务突出，销售状况良好。还可以进行各项的纵向比较，以把握企业的发展趋势。

二、投资活动现金流量分析

投资活动是指企业长期资产的购建和不包括在现金等价物范围内的投资及其处置活动。长期资产指固定资产、在建工程、无形资产、其他资产等持有期限在 1 年或 1 个营业周期以上的资产。之所以将“包括在现金等价物范围内的投资”排除在外，是因为已经将包括在现金等价物范围内的投资视同现金。投资活动主要包括取得和收回投资，购建和处置固定资产、无形资产和其他长期资产等。

(一)收回投资收到的现金

该项目反映企业出售、转让或到期收回除现金等价物以外的交易性金融资产、债权投资、其他债权投资、长期股权投资而收到的现金；不包括债权性投资收回的利息，以及收回的非现金资产。

上述项目可能因企业收缩投资规模、资金周转需求等发生增减变动。一般而言，企业收回股权投资如果是为了弥补经营活动现金的不足，则说明企业资金周转不畅，资金短缺，应对此现象引起重视；而如果收回股权投资仅仅是投资策略调整或投资环境改变，则有利于企业的未来发展，应具体情况具体分析。

【分析实例】

2×15 年，上汽集团收回投资收到的现金为 22 600 221 585.81 元，较上期增加了 9 892 473 922.17 元，增长率为 77.85%，占现金流入量比重为 2.67%，说明企业当期调整了投资布局。

(二)取得投资收益收到的现金

该项目反映企业因股权性投资取得的现金股利，因债权性投资取得的现金利息，以及从子公司、联营企业和合营企业分回利润收到的现金；不包括股票股利。

上述项目现金流入是企业前期投资在本期所获得的收益。对取得投资收益所获得的现金，应与利润表中的投资收益结合起来分析。

【分析实例】

2×15 年，上汽集团取得投资收益收到的现金为 28 389 009 121.72 元，较上期增加了 5 125 098 265.95 元，增长率为 22.03%，占现金流入量比重为 3.35%，说明企业当期取得了较好的投资收益。

(三)处置固定资产、无形资产等收到的现金

该项目反映企业处置固定资产、无形资产等所取得的现金，减去为处置这些资产而支付的有关费用后的净额。由于自然灾害所造成的固定资产等长期资产损失而收到的保险赔偿收

入，也在本项目反映。

上述项目可能因企业处置闲置资产、资金短缺而变现设备等发生增减变动。如果是积极处置闲置资产，则对企业经营和未来发展有利；否则，应对变卖资产设备的行为予以重视，可能是企业陷于经营困难的迹象。

【分析实例】

2×15 年，上汽集团处置固定资产、无形资产等收到的现金为 571 074 171.25 元，较上期增加了 331 609 083.81 元，增长率为 138.48%，占现金流入量比重为 0.07%，说明企业当期调整资源配置，处置资产取得了较好的收益。

（四）购建固定资产、无形资产等支付的现金

该项目反映企业购买、建造固定资产，取得无形资产等支付的现金；不包括为购建固定资产而发生的借款利息资本化的部分，以及融资租入固定资产支付的租赁费。借款利息和融资租入固定资产支付的租赁费，在筹资活动产生的现金流量中反映。

分析上述项目现金流出量时，应对连续几个会计期间的数据加以比较。如果发现连续若干期现金流出持续增加，可能是由于企业在不断扩大生产规模，说明企业处在成长期，存在较多投资机会；但如果发现连续若干期现金流出持续减少，则说明企业处于成熟期，或企业正在压缩生产规模，调整经营战略。

【分析实例】

2×15 年，上汽集团购建固定资产、无形资产等支付的现金为 15 426 903 859.94 元，较上期增加了 1 107 346 724.62 元，增长率为 7.73%，占现金流出量比重为 1.80%，说明企业积极扩张，投入资金更新设备和生产技术。

（五）投资支付的现金

该项目反映企业进行权益性投资和债权性投资所支付的现金，包括企业取得的除现金等价物以外的交易性金融资产、债权投资、其他债权投资、长期股权投资支付的现金，以及支付的佣金、手续费等附加费用。

企业购买股票和债券时，实际支付的价款中包含的已宣告但尚未领取的现金股利或已到付息期但尚未领取的债券利息，应在投资活动的“支付的其他与投资活动有关的现金”项目反映；收回购买股票和债券时支付的已宣告但尚未领取的现金股利或已到付息期但尚未领取的债券利息，应在投资活动的“收到的其他与投资活动有关的现金”项目反映。投资支付的现金是企业所进行的对外投资，其规模的大小应与企业的经营特点以及资金来源的情况相适应，还应考虑国家宏观经济环境和企业投资环境的变化，同时要结合投资收益进行分析。

【分析实例】

2×15 年，上汽集团投资支付的现金为 51 491 759 050.83 元，较上期增加 22 797 686 536.40 元，增长率为 79.45%，占现金流出量比重为 6.01%，说明企业积极调整产业布局，不断扩张投资规模。

三、筹资活动现金流量分析

筹资活动指导致企业股东权益资本及债务规模、构成发生变化的活动。股东权益资本，包括实收资本（股本）、资本溢价（股本溢价）。与资本有关的现金流入和流出项目，包括吸收股东投资、发行股票、分配利润等。债务指企业对外举债所借入的款项，如发行债券、向金融企业借入款项以及偿还债务等。

（一）吸收投资收到的现金

根据财政部《企业会计准则第31号——现金流量表》应用指南规定，该项目反映以吸收股东投资、发行股票等方式筹集资金所实际收到的款项净额（发行收入减去支付的佣金等发行费用后的净额）。以发行股票等方式筹集资金而由企业直接支付的审计、咨询等费用，在“支付的其他与筹资活动有关的现金”项目反映，不在本项目内减去。

【分析实例】

2×15年，上汽集团吸收投资收到的现金为1 006 657 925.94元，较上期增加了693 179 592.75元，增长率为221.13%，占现金流入量比重为0.12%。

（二）借款收到的现金

该项目反映企业举借各种短期、长期借款所收到的现金。非金融企业发行债券收到的现金也在此项目中合并列示。

（三）发行债券收到的现金

金融企业可单列发行债券收到的现金，该项目反映发行各类公司债券所收到的现金。

上述（一）、（二）、（三）项目现金流入均属于企业对外筹资，其规模大小与企业经营活动、投资活动资金需求有关，也与企业财务政策、对外筹资能力相关。

一般而言，成长期的企业资金需求量较大，吸收投资所收到的现金和借款所收到的现金呈现快速增长态势；成熟期的企业资金需求较稳定，吸收投资所收到的现金和借款所收到的现金流入趋缓，甚至为零。因此分析时，还应结合投资活动、经营活动的现金净流量进行评价。

【分析实例】

2×15年，上汽集团取得借款收到的现金为7 666 107 288.01元，较上期减少了4 718 283 157.07元，减少率为38.10%，占现金流入量比重为6.01%；发行债券收到的现金为6 280 000 000.00元，较上期增加了6 280 000 000.00元。说明上汽集团当期改变了筹资策略，主要利用发行债券方式进行筹资，扩大了负债筹资的金额及比重，以降低企业资金成本，发挥财务杠杆作用。

（四）偿还债务支付的现金

该项目反映企业以现金偿还债务的本金，包括偿还金融企业的借款本金、债券本金等。企业偿还的借款利息、债券利息，在“分配股利、利润或偿付利息所支付的现金”项目反映，不包括在本项目内。

【分析实例】

2×15年，上汽集团偿还债务支付的现金为13 498 299 173.08元，较上期增加了1 994 561 548.78元，增长率为17.34%，占现金流出量比重为1.57%。

（五）分配股利、利润或偿付利息支付的现金

该项目反映企业实际支付的现金股利，支付给其他投资单位的利润以及支付的借款利息、债券利息等。

【分析实例】

2×15年，上汽集团分配股利、利润或偿付利息支付的现金为23 210 888 620.20元，较上期增加了1 897 416 289.71元，增长率为8.90%，占现金流出量比重为2.71%。

分析筹资活动现金净流量，还应结合投资活动、经营活动的现金净流量。如果投资活动现金流出量较大，说明企业加快投资和经营扩张的步伐，未来获利机会增加；而如果经营活动现金流出量较大，说明企业经营活动现金短缺，经营活动创造现金流量的能力不足。此外，如果

企业举债能力较强，国家货币政策变化，对企业影响不大。但如果国家货币政策紧缩，可能造成企业筹资困难、资金链断裂，因此具体筹资选择应结合经济环境及企业筹资策略、资本结构加以分析。

四、现金流量方向对企业财务状况的影响

企业的现金流量源于经营活动、投资活动、筹资活动。一般而言，正常公司的现金流量方向是：经营活动现金净流量为正值，投资活动现金净流量为负值，筹资活动现金净流量为正值或负值。

经营活动现金净流量是企业发展的根本，通常为正值；如果经营活动现金净流量为负值，则可能是公司陷入财务困境的信号。

正常情况下，企业为了长期发展、避免资金闲置，倾向于扩大投资，所以投资活动现金净流量通常为负值；如果为正值的时候，应注意甄别，应进一步分析是长期资产出售还是投资收益收现引起的现金净流入。

一个健康的公司，其筹资活动现金净流量为正值或负值。如果该公司是处在成长期的公司，资金需求量较大，筹资活动现金净流量为正值；而如果是负值，则可能说明公司资金需求稳定，处于成熟期。

现金流量的不同方向，对企业财务状况具体不同的影响，应予以关注。现以表 5－4 说明不同现金流量方向对企业财务状况的可能影响。

表 5－4　不同现金流量对企业财务状况的可能影响

经营活动现金净流量	投资活动现金净流量	筹资活动现金净流量	影　响
＋	＋	＋	企业经营、投资收益良好，资金充裕；应注意避免资金闲置，寻找合适投资机会
＋	－	＋	投资、经营活动良性循环，财务状况稳定，企业正在进行投资或经营扩张
＋	－	－	经营状况良好，企业进行经营扩张、偿付前期债务或股利，应关注经营状况变化
＋	＋	－	企业经营、投资收益良好，投资规模稳定或缩减，企业资金需求稳定或缩减
－	＋	＋	企业经营现金短缺，通过变现长期资产或筹资周转资金，关注资金短缺性质
－	－	＋	企业经营活动和投资活动造成资金短缺，处于加快扩张期，筹资解决资金需求
－	＋	－	企业可能陷入经营、投资等财务困境，依靠出售长期资产解决资金缺口
－	－	－	企业可能陷入财务困境，高速扩张，经营活动资金短缺，财务状况危险

注：“＋”表示现金净流量为正值；“－” 表示现金净流量为负值。

本章小结

现金流量表分析是财务分析的重要组成部分，对于投资人、债权人和企业经营者都具有重

要意义。现金流量表分析的目的在于了解企业会计期间内经营活动、投资活动和筹资活动等对现金及现金等价物所产生的影响，揭示企业在一定期间创造现金的数额，帮助财务报表的使用者分析和评价企业获取现金和现金等价物的能力，并据以预测企业未来现金流量。

现金流量表分析包括现金流量表水平分析、现金流量表结构分析和现金流量表项目分析。

现金流量表水平分析，主要是对现金流量表各项现金流入、现金流出的增减变动及其合理性进行分析，揭示企业各类现金流量的差异，分析与揭示企业经营活动、投资活动、筹资活动对现金流入、现金流出的影响。

现金流量表结构分析，主要是将现金流量表中各现金流入项目与总现金流入、各现金流出项目与总现金流出进行对比，分析企业现金流入结构和现金流出结构，揭示企业现金流入和现金流出的结构情况，探索优化企业现金流量管理的思路。

现金流量表项目分析主要是在现金流量表全面分析的基础上，对现金流量表中经营活动产生的现金流量、投资活动产生的现金流量和筹资活动产生的现金流量变动情况及其合理性进行分析。

思考题

1. 现金流量表的作用有哪些?
2. 企业为什么会经常出现有利润、无货币的情况?
3. 现金流量表中一般将现金流量分为几类?
4. 如何进行现金流量的水平分析和结构分析?

本章练习与实务分析

一、单项选择题

1. 能使经营现金流量减少的项目是(　　)。

A. 无形资产摊销　　B. 出售长期资产利得

C. 存货增加　　D. 应收账款减少

2. 在企业处于高速成长阶段，投资活动现金流量往往是(　　)。

A. 流入量大于流出量　　B. 流出量大于流入量

C. 流入量等于流出量　　D. 不一定

3. 根据《企业会计准则——现金流量表》规定，支付现金股利属于(　　)。

A. 经营活动　　B. 筹资活动

C. 投资活动　　D. 销售活动

二、多项选择题

1. 属于筹资活动现金流量的项目有(　　)。

A. 短期借款增加　　B. 发行普通股

C. 增加长期投资　　D. 偿还长期债券

E. 取得债券利息收入收到的现金

2. 下列活动中 属于经营活动产生的现金流量的有(　　)。

A. 销售商品收到的现金　　B. 分配股利支出的现金
C. 提供劳务收到的现金　　D. 出售设备收到的现金
E. 缴纳税款支出的银行存款

三、判断题

1. 固定资产折旧的变动不影响当期现金流量。（　　）
2. 经营活动产生的现金流量大于零说明企业盈利。（　　）
3. 企业支付所得税将引起筹资活动现金流量的增加。（　　）

四、实务分析

万科公司2×15年及2×14年的现金流量表如表5—5所示。

表5—5　　万科公司2×14年～2×15年现金流量表　　单位:元

项　目	2×15年	2×14年
一、经营活动产生的现金流量		
销售商品、提供劳务收到的现金	191 908 271 754.68	168 309 067 596.89
收到其他与经营活动有关的现金	19 156 763 021.13	17 018 549 538.01
经营活动现金流入小计	211 065 034 775.81	185 327 617 134.90
购买商品、接受劳务支付的现金	129 979 424 809.05	95 231 832 291.80
支付给职工以及为职工支付的现金	5 046 299 996.24	5 132 632 693.69
支付的各项税费	25 040 071 122.62	23 040 186 762.98
支付其他与经营活动有关的现金	34 953 218 156.40	20 198 146 273.07
经营活动现金流出小计	195 019 014 084.31	143 602 798 021.54
经营活动产生的现金流量净额	16 046 020 691.50	41 724 819 113.36
二、投资活动产生的现金流量		
收回投资收到的现金	718 619 794.03	87 499 269.16
取得投资收益收到的现金	1 094 678 560.12	288 166 025.49
处置固定资产、无形资产等收回现金	4 275 179.71	659 266.55
处置子公司或其他营业单位收到的现金净额	244 528 535.31	5 658 279 147.83
收到其他与投资活动有关的现金	1 583 563 970.96	774 940 057.53
投资活动现金流入小计	3 645 666 040.13	6 809 543 766.56
购建固定资产、无形资产等支付现金	2 063 001 337.52	1 830 745 575.20
投资支付的现金	11 713 434 030.00	2 612 465 182.89
取得子公司及其他营业单位支付的现金净额	5 162 583 291.46	683 207 810.33
支付的其他与投资活动有关的现金	5 654 128 556.32	5 170 496 136.97
投资活动现金流出小计	24 593 147 215.30	10 296 914 705.39

续表

项　目	2×15 年	2×14 年
投资活动产生的现金流量净额	−20 947 481 175.17	−3 487 370 938.83
三、筹资活动产生的现金流量		
吸收投资收到的现金	4 296 046 216.01	2 422 384 828.04
其中:子公司吸收少数股东投资收到的现金	4 053 510 941.09	2 422 384 828.04
取得借款收到的现金	22 910 099 542.16	30 884 805 587.98
发行债券所收到的现金	7 924 190 000.00	4 208 367 691.92
筹资活动现金流入小计	35 130 335 758.17	37 515 558 107.94
归还投资支付的现金	2 024 662 683.95	3 199 381 143.69
偿还债务支付的现金	25 028 576 387.68	42 936 209 815.24
分配股利、利润或付息支付的现金	13 181 007 441.45	10 997 218 654.24
其中:子公司支付给少数股东的股利、利润	2 424 403 589.44	346 395 545.00
筹资活动现金流出小计	40 234 246 513.08	57 132 809 613.17
筹资活动产生的现金流量净额	−5 103 910 754.91	−19 617 251 505.23
四、汇率变动对现金及现金等价物的影响	99 672 738.22	28 973 824.47
五、现金及现金等价物净(减少)/增加额	−9 905 698 500.36	18 649 170 493.77
加:年初现金及现金等价物余额	61 653 319 666.30	43 004 149 172.53
六、年末现金及现金等价物余额	51 747 621 165.94	61 653 319 666.30

要求根据上述资料,完成以下分析:

1. 对万科公司现金流量情况进行水平分析;

2. 对万科公司现金流量情况进行结构分析;

3. 你认为导致万科公司现金流量变化的主要原因是什么？这会带来怎样的财务影响？如果你是万科会计机构负责人,打算采取什么措施改进现金流量状况？

第六章　所有者权益变动表分析

学习目标

1. 了解所有者权益变动表分析的目的和作用，所有者权益变动表分析的内容。

2. 掌握所有者权益变动表水平分析的目的、步骤及要点，所有者权益变动表水平分析应注意的问题。

3. 掌握所有者权益变动表结构分析的目的、步骤及要点，了解影响所有者权益结构的因素。

4. 掌握所有者权益各项目分析要点。

职业技能目标

掌握所有者权益变动表分析方法，具备收集甄别信息，进行所有者权益变动表水平分析、结构分析及项目分析的职业素养及职业能力。

案例导入

2020 年 6 月 16 日，比亚迪股份有限公司发布公告称，公司控股子公司比亚迪半导体有限公司以增资扩股的方式引入了战略投资者，合计增资约 8 亿元。其中爱思开(中国)企业管理有限公司、湖北小米长江产业基金合伙企业(有限合伙)、湖北联想长江科技产业基金合伙企业(有限合伙)、深圳市碧桂园创新投资有限公司等投资者按照比亚迪半导体投前估值人民币 75 亿元，拟向比亚迪半导体合计增资人民币约 8 亿元，其中 3 202.1 万元计入比亚迪半导体新增注册资本，7.7 亿元计入比亚迪半导体资本公积，本轮投资者合计取得比亚迪半导体增资扩股后 7.8%股权。

比亚迪表示，从本次投资中获得的增资款全部用于主营业务，包括补充运营资本、购买资产、雇用人员和研发，以及投资方认可的其他用途。引入战略投资者可实现业务协同、资源共享、互利共赢，将积极开展与本轮投资者的技术及业务交流，充分利用战略投资者掌握的产业资源，加强比亚迪半导体第三方客户拓展及合作项目储备。

如何科学看待公司所有者权益规模的变动及所有者权益结构的变动？本章将介绍所有者权益变动表的分析方法和分析要点。

第一节　所有者权益变动表分析概述

一、所有者权益变动表分析的目的及作用

所有者权益变动表是反映构成所有者权益的各组成部分当期的增减变动情况的报表。所有者权益变动表应当全面反映一定时期所有者权益变动的情况，不仅包括所有者权益总量的增减变动，还包括所有者权益增减变动的重要结构性信息，特别是要反映直接计入所有者权益的利得和损失，以便报表使用者准确理解所有者权益增减变动的根源。

从所有者权益变动表可以了解以下几方面信息：当期实现的净利润的情况；直接计入所有者权益的利得和损失，如可供出售的金融资产公允价值变动净额、权益法下被投资单位其他所有者权益变动的影响、与计入所有者权益项目相关的所得税影响等；所有者投入资本与减少资本情况；企业利润分配的情况；所有者权益内部结转情况；所有者权益的期初与期末情况。

所有者权益变动表分析的目的在于了解企业会计期间内所有者权益的变动情况，为利润表和资产负债表提供辅助信息，全面评价企业财务状况。所有者权益变动表分析的作用表现在以下方面：

（一）可以披露综合收益，为公允价值的广泛应用创造条件

综合收益是企业在某一期间与所有者之外的其他方面进行交易或发生其他事项所引起的净资产变动。综合收益的构成包括两个方面，用公式表示如下：

综合收益＝净利润＋直接计入所有者权益的利得和损失

其中：

净利润＝收入－费用＋直接计入当期损益的利得和损失

在所有者权益变动表中，净利润和直接计入所有者权益的利得和损失均单列项目反映，体现了企业综合收益的构成。

传统的财务会计由于强调信息的可靠性，对资产计价一般运用历史成本并且只进行初始计量。因此，传统的利润表只反映已经实现的收入和费用，以及在此基础上计算出来的损益。采用公允价值计价比按历史成本计价能够向信息使用者提供与决策更加相关、有用的信息，但是由于公允价值会随着客观环境的变化而变化，这就不可避免地产生未实现的利得或损失。由于传统的利润表不能确认这部分未实现的利得或损失，则势必会限制公允价值的广泛运用。“综合收益”概念的提出解决了这一问题，从而为公允价值的广泛运用创造了条件。

（二）揭示了所有者权益变动的原因，正确评价企业经营管理

所有者权益的增减变动有很多原因，所有者权益变动表全面地记录了影响所有者权益变动的各个因素的年初余额和年末余额。通过每个项目年初余额和年末余额的对比，以及各项目构成比例的变化，揭示了所有者权益变动的原因及过程，从而为报表使用者判断企业自有资本的质量、正确评价企业的经营管理工作提供信息。

（三）反映了企业股利分配政策及现金支付能力，辅助投资决策

所有者权益变动表既有资产负债表的内容（所有者权益），又有利润表的内容（净利润），还包括利润分配的内容。该表通过反映利润分配情况，不仅向投资者或潜在投资者提供了有关股利分配政策和现金支付能力方面的信息，而且为报表使用者全面评价企业的财务状况、经营成果和企业发展能力提供了全面信息。

二、所有者权益变动表分析的内容

(一)所有者权益变动表水平分析

所有者权益变动表水平分析,主要是对所有者权益变动表各项目的增减变动及其合理性进行分析,揭示公司当期所有者权益规模与各组成要素之间的关系。

(二)所有者权益变动表结构分析

所有者权益变动表结构分析,主要是将所有者权益变动表中各项目与所有者权益总额进行对比,分析企业的所有者权益结构,探索优化所有者权益结构思路。

(三)所有者权益变动表项目分析

所有者权益变动表项目分析,主要是在所有者权益变动表全面分析的基础上,对所有者权益变动表各项目变动情况及其合理性进行分析。

第二节　所有者权益变动表水平分析

一、所有者权益变动表水平分析的目的

所有者权益变动表水平分析,主要是运用水平分析法,对所有者权益变动表的整体数据变动与各项目的增减变动及其合理性进行分析。

所有者权益变动表水平分析的目的是通过分析所有者权益的来源及其变动,推测所有者权益增减变动的原因,揭示企业所有者权益变动的合法性和合理性,为报表使用者提供较为真实的所有者权益总额及其变动信息。

二、所有者权益变动表水平分析的步骤

所有者权益变动表水平分析时,应遵循“总—分—总”模式。分析基本步骤和要点如下:

(一)总体性分析

分析所有者权益总额的变动额及变动率、主要影响因素及合理性。

(二)实收资本(或股本)分析

分析实收资本(或股本)变动额及变动率、主要影响因素及合理性。

(三)资本公积分析

分析资本公积变动额及变动率、主要影响因素及合理性。

(四)盈余公积分析

分析盈余公积变动额及变动率、主要影响因素及合理性。

(五)未分配利润分析

分析未分配利润变动额及变动率、主要影响因素及合理性。

(六)小结

根据前面分析,总结所有者权益的总体变化趋势及其合理性。

三、所有者权益变动表水平分析实例

以上汽集团 2×15 年所有者权益变动表为分析依据,编制所有者权益变动水平分析表如表 6—1 所示。

表 6－1 **2×15 年上汽集团所有者权益变动水平分析表** 金额单位：元

项 目	归属于母公司所有者权益								少数股东权益	所有者权益合计
	股本	资本公积	其他综合收益	专项储备	盈余公积	一般风险准备	未分配利润	小计		
一、上年期末余额	11 025 566 629.00	37 986 599 121.54	9 703 495 421.66	181 962 263.44	21 836 161 907.74	844 919 712.17	76 085 680 916.97	157 664 385 972.52	27 334 691 042.39	184 999 077 014.91
加：会计政策变更										
前期差错更正										
其他										
二、本年年初余额	11 025 566 629.00	37 986 599 121.54	9 703 495 421.66	181 962 263.44	21 836 161 907.74	844 919 712.17	76 085 680 916.97	157 664 385 972.52	27 334 691 042.39	184 999 077 014.91
三、本期增减变动额		953 170 694.19	1 213 297 812.07	93 827 152.94	4 892 099 856.96	—	10 311 957 169.25	17 464 352 685.41	8 453 856 019.89	25 918 208 705.30
(一)综合收益	—	—	1 213 297 812.07	—	—	—	29 793 790 723.65	31 007 088 535.72	10 108 253 231.64	41 115 341 767.36
(二)股东投入资本	—	—	—	—	—	—	—	—	731 025 925.94	731 025 925.94
1. 股东投入的普通股										
2. 其他权益工具持有者投入资本										
3. 股份支付计入所有者权益金额										
4. 其他										
(三)利润分配	—	1 641 152.55	—	—	4 892 099 856.96	—	−19 481 833 554.40	−14 588 092 544.89	−8 899 227 681.13	−23 487 320 226.02
1. 提取盈余公积	—	—	—	—	4 892 099 856.96	—	−4 892 099 856.96	—		
2. 提取一般风险准备										
3. 对所有者（或股东）的分配							−14 333 236 617.70	−14 333 236 617.70	−8 644 162 539.85	−22 977 399 157.55
4. 其他	—	1 641 152.55	—	—	—	—	−256 497 079.74	−254 855 927.19	−255 065 141.28	−509 921 068.47
(四)所有者权益内部结转										
(五)专项储备	—	—	—	93 827 152.94	—	—	—	93 827 152.94	−190 588.71	93 636 564.23
1. 计提专项储备	—	—	—	96 313 710.21	—	—	—	96 313 710.21	3 364 228.93	99 677 939.14
2. 使用专项储备	—	—	—	−2 486 557.27	—	—	—	−2 486 557.27	−3 554 817.64	−6 041 374.91
(六)其他	—	951 529 541.64	—	—	—	—	—	951 529 541.64	6 513 995 132.15	7 465 524 673.79
1. 本年因合并范围变更而变动									4 718 647 016.24	4 718 647 016.24
2. 本年因对子公司持股比例变更而变动		938 708 711.25						938 708 711.25	1 789 807 776.81	2 728 516 488.06
3. 其他	—	12 820 830.39	—	—	—	—	—	12 820 830.39	5 540 339.10	18 361 169.49
四、本年年末余额	11 025 566 629.00	38 939 769 815.73	10 916 793 233.73	275 789 416.38	26 728 261 764.70	844 919 712.17	86 397 638 086.22	175 128 738 657.93	35 788 547 062.28	210 917 285 720.21
增减额	0.00	953 170 694.19	1 213 297 812.07	93 827 152.94	4 892 099 856.96	0.00	10 311 957 169.25	17 464 352 685.41	8 453 856 019.89	25 918 208 705.30
增减率(%)	0	2.51	12.50	51.56	22.40	0.00	13.55	11.08	30.93	14.01

（一）总体性分析

根据表6—1可知，2×15年上汽集团所有者权益较上期增长了25 918 208 705.30元，增长率为14.01%。导致所有者权益增长的主要因素是未分配利润和盈余公积，分别占所有者权益增加额的39.78%和18.88%，说明上汽集团采取以盈利为资本保值增值的模式。企业利润是经营资本增加的源泉，也是所有者权益增长的重要途径，是企业持续发展的保障。

（二）实收资本（或股本）分析

2×15年上汽集团期初和期末股本均为11 025 566 629.00元，维持不变，说明企业当期并未采用股权筹资。

（三）资本公积分析

2×15年上汽集团资本公积较上期增长了953 170 694.19元，增长率为2.51%，主要是由于本年对子公司持股比例变更而产生的变动，可被视为合理变动。

（四）盈余公积分析

2×15年上汽集团盈余公积较上期增长了4 892 099 856.96元，增长率为22.40%，主要是由于利润分配中提取盈余公积而产生的变动，这是盈余公积的合理变动，说明企业当期经营业绩较好。

（五）未分配利润分析

2×15年上汽集团未分配利润较上期增长了10 311 957 169.25元，增长率为13.55%，主要是由于综合收益产生的变动，说明企业当期盈利能力较强，具有较强的市场竞争力。

（六）小结

总体而言，2×15年上汽集团所有者权益总额增加，内部结构也有所改变。所有者权益总额的增加主要是盈余公积和未分配利润增加所导致，是企业正常经营的合理变动结果，说明上汽集团具有较强的获利能力和竞争实力，未来发展看好。

四、所有者权益变动表水平分析应注意的问题

资产负债表中所有者权益项目的分析侧重于各个构成项目的静态比例关系，而所有者权益变动表的分析应侧重于所有者权益各构成项目的具体变动情况。在所有者权益变动表水平分析中，应注意以下问题：

（一）区分“输血性”变化和“盈利性”变化

“输血性”变化指企业因为股东入资而增加的所有者权益，“盈利性”变化则指企业依靠自身的盈利而增加的所有者权益。这两种变化均会引起所有者权益总额的变化，但“输血性”变化会导致企业资产增加，却不一定导致企业未来盈利；而“盈利性”变化的盈利质量较高，则企业可持续发展的盈利前景看好。

（二）关注所有者权益内部项目互相结转的财务效应

所有者权益内部项目互相结转，虽然不改变所有者权益的总规模，但这种变化会影响企业财务形象，或增加企业的股本数量（转增股本），或弥补了企业的累计亏损（盈余公积弥补亏损）。这种变化，虽然对资产结构和质量没有直接影响，但可能会对企业未来的股权价值变化以及利润分配前景产生直接影响。

（三）关注股权结构的变化及其方向变化

股权结构变化，既可能是原股东之间股权结构的调整，也有可能增加了新的投资者，这种变化对企业的长期发展具有重要意义。由于企业股权结构变化，可能导致企业的发展战略、人

力资源结构与政策等方面发生变化。这样，按照原来报表信息来预测企业的发展前景就有可能失去意义。

（四）关注其他综合收益的构成及其贡献

其他综合收益也是引发所有者权益变动不容忽视的因素之一。其他综合收益主要包括：其他债权投资产生的利得（或损失）金额；按照权益法核算的在被投资单位其他综合收益中所享有的份额；现金流量工具产生的利得（或损失）金额；外币财务报表折算差额等。这些项目可帮助投资者了解企业全面收益状况。

（五）关注会计政策变更和前期差错更正的影响

会计政策变更和差错更正对企业所有者权益的影响，除了数字上的变化以外，对企业的财务状况质量没有实质改变。需要警惕的是年度间频繁出现前期差错更正事项的情况，这很有可能是企业蓄意调整利润所导致的后果。

第三节　所有者权益变动表结构分析

一、所有者权益变动表结构分析的目的

所有者权益变动表结构分析，主要是运用垂直分析法，对所有者权益变动表中各项目变动占所有者权益变动的比重及其变动合理性进行分析。所有者权益变动表结构分析的目的是通过分析所有者权益各项目比重及其变动情况，明确各项目的影响程度，揭示所有者权益的变动原因，辅助报表使用者进行决策。

$$\text{所有者权益变动表某项目结构比}=\frac{\text{某项目当期变动额}}{\text{所有者权益当期变动总额}}\times 100\%$$

二、影响所有者权益结构的因素

所有者权益结构是指所有者权益各项目金额占所有者权益总额的比重，反映企业所有者权益各项目的分布情况，揭示企业的经济实力和风险承担能力。

（一）所有者权益规模

投资者追加投资、企业减少注册资本、盈余公积转增资本、送配股等，会引起所有者权益总量或其中某个项目总量的变动，从而引起所有者权益结构的变动。

（二）利润分配政策

企业利润分配政策会影响企业投入资本及留存收益的结构。若企业采取高比例分红，必然减少留存收益，可能影响企业以后资金需求；而企业分红比例过低，可能影响投资者的既得利益。

（三）企业控制权

如果企业控制权相对集中，往往会采取负债筹资，对所有者权益结构影响不大；但对于上市公司股权相对分散，采取增资扩股或分红派股等方式，会稀释公司股权，从而影响公司所有者权益结构。

（四）其他

企业风险偏好、经济环境的变化、资本市场状况等均会影响企业筹资方式的选择，从而影响所有者权益结构。

三、所有者权益变动表结构分析的步骤及要点

所有者权益变动表结构分析时，基本步骤及要点如下：

第一，计算所有者权益中各项目增减变动额结构比，分析结构比的合理性；

第二，比较所有者权益各结构比的变动，分析变动的合理性。

四、所有者权益变动表结构分析实例

以上汽集团2×15年所有者权益变动表为分析依据，编制所有者权益变动水平分析表，如表6—2所示。

表6—2　所有者权益变动构成分析表　金额单位：元

项　目		一、本年年初余额	二、本年年末余额	三、本期增减变动额	四、本年增减变动构成比重(%)
归属于母公司所有者权益	股本	11 025 566 629.00	11 025 566 629.00	—	—
	资本公积	37 986 599 121.54	38 939 769 815.73	953 170 694.19	3.68
	其他综合收益	9 703 495 421.66	10 916 793 233.73	1 213 297 812.07	4.68
	专项储备	181 962 263.44	275 789 416.38	93 827 152.94	0.36
	盈余公积	21 836 161 907.74	26 728 261 764.70	4 892 099 856.96	18.88
	一般风险准备	844 919 712.17	844 919 712.17	—	—
	未分配利润	76 085 680 916.97	86 397 638 086.22	10 311 957 169.25	39.79
	小计	157 664 385 972.52	175 128 738 657.93	17 464 352 685.41	67.38
少数股东权益		27 334 691 042.39	35 788 547 062.28		32.62
所有者权益合计		184 999 077 014.91	210 917 285 720.21	25 918 208 705.30	

根据表6—2可知，上汽集团2×15年所有者权益变动项目总构成为100%，其中：股本当期没有发生变动，资本公积增加的构成为3.68%，其他综合收益增加的构成为4.68%，专项储备增加的构成为0.36%，盈余公积增加的构成为18.88%，未分配利润增加的构成为39.79%，归属于母公司所有者权益变动的构成为67.38%，少数股东权益变动的构成为32.62%。

从所有者权益变动总构成可见，上汽集团2×15年“盈利性”变化使所有者权益增加的比重为63.35%，其中包括留存收益增加的比重为58.67%(39.79%+18.88%)，其他综合收益增加的比重为4.68%；“输血性”变化使所有者权益增加的比重为3.68%。总体而言，上汽集团所有者权益的增加，通过经营形成的盈利性增加占据了较大比重，说明上汽集团经营业绩良好，留存收益的增加有利于降低企业财务风险，增强企业经营实力。

第四节　所有者权益变动表项目分析

所有者权益变动表项目分析，是将组成所有者权益的项目进行剖析对比，分析其变动原因、合理合法性、有否人为操控的迹象等事项的过程。

所有者权益变动表的主要项目，可以从以下公式具体理解：

本期所有者权益变动额＝净利润＋直接计入所有者权益的利得－直接计入所有者权益的

损失＋会计政策变更和前期差错更正的累积影响＋所有者（或股东）投入资本－向所有者（或股东）分配利润

一、会计政策变更分析

（一）会计政策及会计政策变更

会计政策是指企业在会计确认、计量和报告中所采用的原则、基础和会计处理方法。会计政策包括会计的基本假设、会计原则、会计记账基础、会计处理方法等。会计政策变更，是指企业对相同的交易或者事项由原来采用的会计政策改用另一会计政策的行为。企业可在法规允许范围内选择适合企业实际的会计政策。

为保证会计信息的可比性，使财务报表使用者在比较企业多个期间的财务报表时，能够正确判断企业的财务状况、经营成果和现金流量的趋势，我国企业会计准则规定，企业应当按照会计准则规定的原则和方法进行核算，各期采用的会计原则和方法应当保持一致，不得随意变更。但是，在下述两种情形下，企业可以变更会计政策：(1)法律、行政法规或者国家统一的会计制度等要求变更。如《企业会计准则第1号——存货》对发出存货计价排除了后进先出法，企业应按照新规定，将原来以后进先出法核算发出存货成本改为准则规定可以采用的会计政策。(2)会计政策变更能够提供更可靠、更相关的会计信息。如企业一直采用成本模式对投资性房地产进行后续计量，如果企业能够从房地产交易市场上持续地取得同类或类似房地产的市场价格及其他相关信息，从而能够对投资性房地产的公允价值做出合理的估计，此时，企业可以将投资性房地产的后续计量方法由成本模式变更为公允价值模式。

所有者权益变动表中的“会计政策变更”项目反映企业采用追溯调整法处理的会计政策变更的累积影响金额。会计政策变更累积影响数是指变更后的会计政策对以前各期追溯计算的列报前期最早期初留存收益应有金额与现有金额之间的差额。会计政策变更的累积影响数在所有者权益变动表中单独列示。

（二）会计政策变更分析要点

会计政策变更分析应结合其他资料进行，会计政策的变更分析主要包括会计政策变更的合法、合规、合理性分析和会计政策变更影响数分析。

1. 会计政策变更的合法、合规、合理性分析

会计政策变更须符合相关法律法规规定，下列两种情况不属于会计政策变更：

(1)本期发生的交易或者事项与前期相比具有本质差别而采用新的会计政策。会计政策针对特定类型的交易或事项，如果发生的交易或事项与其他交易或事项有本质区别，那么，企业实际上是为新的交易或事项选择适当的会计政策，并没有改变原有的会计政策。例如，企业以往租入设备均为临时需要而租入的，企业按经营租赁会计处理方法核算，但自本年度起租入设备均采用融资租赁方式，则该企业自本年度起对新租赁的设备采用融资租赁会计处理方法核算。由于该企业原租入的设备均为经营性租赁，本年度起租赁的设备均改为融资租赁，经营租赁和融资租赁有着本质的区别，因而改变会计政策不属于会计政策变更。

(2)对初次发生的或不重要的交易或者事项采用新的会计政策。对初次发生的某类交易或事项采用适当的会计政策，并未改变原有的会计政策。例如，企业以前没有建造合同业务，当年签订一项建造合同为另一企业建造三栋厂房，对该项建造合同采用百分比法确认收入，不是会计政策变更。

对不重要的交易或事项的会计政策，不按会计政策变更做出会计处理，并不影响会计信息

的可比性，也不作为会计政策变更。例如，企业原在生产经营过程中使用少量的低值易耗品，并且价值较低，故领用低值易耗品时一次计入费用，企业对领用的低值易耗品处理方法改为五五摊销法。该企业低值易耗品在企业生产经营中所占的费用比例并不大，改变低值易耗品处理方法后，对损益的影响也不大，属于不重要的事项，会计政策在这种情况下的改变不属于会计政策变更。

此外，企业会计政策在不同时期应保持一致，如果企业频繁变更会计政策，则可能存在人为操纵会计数据的情况。

2. 会计政策变更影响数分析

会计政策变更累积影响数调整列报前期最早期初留存收益，而不是调整变更年度的期初留存收益，其他相关项目的期初余额和列报前期披露的其他比较数据也应当一并调整，除非该项会计政策变更累积影响数不切实可行。

分析会计政策变更累积影响数时，应注重分析影响数的变动金额以及变动方向，并结合其他资料进行分析。

二、前期会计差错更正分析

(一)会计差错

会计差错是指在会计核算时，由于计量、确认、记录等方面出现的错误。会计差错在当期发现时，应在财务报表发布之前予以更正。

在日常会计核算中，常见产生会计差错有以下几种情形：采用法律、行政法规或会计准则等不允许的会计政策；账户分类以及计算错误；会计估计错误；期末应计项目与递延项目未予调整；漏记已完成的交易；对事实的疏忽或误解；提前确认尚未实现的收入或不确定已实现的收入；等等。

按影响程度的不同，会计差错可分为重大会计差错和非重大会计差错。重大会计差错是指企业发现的使公布的会计报表不再具有可靠性的会计差错，其特点是差错的金额比较大，足以影响会计报表的使用者对企业的财务状况和经营成果做出正确判断。按照重要性原则，如果某项差错占有关交易或事项金额10%以上，则认为是重大会计差错。非重大会计差错是指不足以影响会计报表使用者对企业财务状况和经营成果做出正确判断的会计差错。在会计实务中，两种会计差错的处理方法是一样的。

所有者权益变动表中的“前期差错更正”项目反映采用追溯重述法处理的会计差错更正的累积影响金额。

(二)会计差错更正分析

会计差错分析主要包括以下方面内容：

1. 会计差错的性质

由于经济活动的复杂性，会计差错在所难免。但是如果企业是为了实现特定目标，如操纵利润等，故意造成会计差错，则此类会计差错性质非常恶劣，企业会计信息的可信度将大打折扣，应引起报表使用者的注意。

2. 会计差错的金额

会计差错金额越大，相关影响越大，报表使用者应进一步深入分析。

3. 会计差错的变动方向

虽然会计差错的发生金额较小，但却使企业利润由正转负，或由负转正时，对此类会计差错应特别关注。

因此，财务分析人员在进行会计差错分析时，应视会计差错的性质、金额及变动方向做出具体的分析判断，并评估其财务影响。

三、直接计入所有者权益的利得和损失分析

利得是指由企业非日常活动所形成的、会导致所有者权益增加的、与所有者投入资本无关的经济利益的流入；损失是指由企业非日常活动所发生的、会导致所有者权益减少的、与向所有者分配利润无关的经济利益的流出。

直接计入所有者权益的利得和损失，是指不应计入当期损益、会导致所有者权益发生增减变动的、与所有者投入资本或者向所有者分配利润无关的利得或者损失。具体内容包括：其他债权投资的公允价值变动净额；权益法下被投资单位其他所有者权益变动的影响；与计入所有者权益项目相关的所得税影响；固定资产转为投资性房地产时公允价值的变动；以权益结算的股份支付换取职工或其他方提供服务而形成的费用额等。

（一）其他债权投资的公允价值变动净额分析

按照会计准则的规定，如果其他债权投资的公允价值上升，增加“资本公积——其他资本公积”；反之，则减少资本公积。但是，如果其他债权投资的公允价值发生较大幅度下降，或在综合考虑各种相关因素后，预期这种下降趋势属于非暂时性的，则要认定金融资产已发生减值，并相应结转已计入资本公积的公允价值下降形成的累计损失。另外，如果对外出售金融资产，则要将记录的资本公积转为本期损益，即计入投资收益。而交易性金融资产的公允价值变动直接计入本期损益的“公允价值变动损益”，待对外销售之后，再结转投资收益。两者之间的根本区别在于未对外售出时的价格变动是计入本期损益，还是计入所有者权益。因此分析时，应注意关注资本公积确认的合规性，以及账务处理的规范性。

（二）权益法下被投资单位其他所有者权益变动分析

对于被投资单位除净利润以外其他所有者权益的变动，在持股比例不变的情况下，企业按照持股比例计算应享有或承担的部分，调整长期股权投资的账面价值，同时增加或减少“资本公积——其他资本公积”。如果该项投资被处置，还应结转已计入资本公积的部分。由于纳入合并财务报表范围的子公司要采用成本法进行期末长期股权投资的计量，因此此类事项只发生于非纳入合并财务报表的投资企业，记录的所有者权益数额主要是反映被投资单位净资产的变化情况，可视为长期股权投资变化的价值对应项目。

（三）与计入所有者权益项目相关的所得税的账务处理分析

在会计实务中，此类事项主要分两个方面：资产负债表日，与直接计入所有者权益项目相关的递延所得税资产，贷记“资本公积——其他资本公积”；与之相关的递延所得税负债，则借记“资本公积——其他资本公积”，而不构成所得税费用。同样，如果企业已记录递延所得税的利得和损失再次发生变化，也要相应结转已记录的资本公积。

进一步分析可看出：其他债权投资、长期股权投资的公允价值变动形成的利得或损失，同样是递延所得税负债、资产的形成因素。因此，在会计期末计算递延所得税资产、负债时，又反过来冲减了已经记录的所有者权益，即资本公积。这样的会计处理形成与所得税费用方式相似，但对本期损益无影响。

（四）固定资产等转为投资性房地产时公允价值变动的账务处理分析

自用房地产等转换为采用公允价值模式计量的投资性房地产时，应当按照转换当日的公

允价值计量。转换当日的公允价值大于原账面价值的，其差额为利得，增加“资本公积——其他资本公积”，计入所有者权益。处置该项投资性房地产时，原计入所有者权益的部分应当转入处置当期的投资收益。而转换当日的公允价值小于原账面价值的，其差额作为损失，计入当期损益的营业外支出。

若固定资产等转为投资性房地产时公允价值低于历史成本，而后公允价值上升，记录的营业外支出将被增长的公允价值变动损益所抵消；反之，则要计入公允价值变动损益的借方而再次减少本期利润。若固定资产等转为投资性房地产时公允价值高于历史成本，则无论而后公允价值上升还是下降，记录的资本公积都被保留，而将公允价值变动的部分计为公允价值变动损益。在投资性房地产被处置时，所记录的资本公积、营业外支出乃至公允价值变动损益，都要转为投资收益，从而体现了历史成本在记录计税收益时的重要作用。

由此可见，直接计入所有者权益的数额只是公允价值高于历史成本的部分，且存在于由历史成本转为公允价值之时。

（五）以权益结算的股份支付分析

对于权益结算的涉及职工的股份支付，应当按照授予日权益工具的公允价值计入成本费用，相应增加“资本公积——其他资本公积”，不确认其后续公允价值变动，即在可行权日之后不再对已确认的成本费用和所有者权益总额进行调整。在行权日，企业则应根据行权情况，确认股本和股本溢价，同时结转等待期内确认的“资本公积——其他资本公积”。如果全部或部分权益工具未被行权而失效或作废，应在行权有效期截止日将其从“资本公积——其他资本公积”转入未分配利润，不冲减成本费用。

但是，如果是以现金结算的涉及职工的股份支付，则要按照每个资产负债表日权益工具的价值重新计量，确定成本费用和应付职工薪酬；而在实际支付时，应付职工薪酬公允价值的变动则要计入公允价值变动损益。

通过两者对比可以看出，作为直接计入所有者权益利得和损失的资本公积在此起到类似替代物的转换作用。若行权，转为股本和股本溢价；若未行权，则转为未分配利润。而以现金结算的股份支付发生的现金数额直接与本期损益相连。

四、所有者投入或减少资本分析

所有者投入或减少资本反映企业所有者在当期投入的资本或减少的资本。所有者投入或减少资本分析主要包括所有者投入资本分析和所有者减少资本分析。

（一）所有者投入资本分析

所有者投入资本通常采用以下形式：投资者追加资本；分配股票股利；可转换公司债券转换为股票等。这些形式会引起公司实收资本或股本的增加。

所有者投入资本分析包括投入金额分析、投入者分析和投入资本的形态分析。

投入金额分析是对投入资本的价值总额进行分析。

投入者分析应结合其他资料进行，分析企业不同股东力量对比情况对企业控制权的影响。如果企业控制权变化，则对企业经营政策及财务政策均会产生影响。

投入资本既可以是有形资产，如现金、设备等，也可是无形资产，如专利权等。分析资本的具体形态，可了解其对企业的不同影响。

股份支付计入所有者权益金额项目，反映企业处于等待期中的权益结算的股份支付当年计入资本公积的金额。

（二）所有者减少资本分析

所有者减少资本，一方面会减少企业的自有资金，增加企业的财务风险，还可能使企业的举债能力受到不利影响；另一方面会缩小企业的资产规模。

所有者减少资本分析主要包括减少金额分析和减少方式分析。减少金额分析是对减少资本价值总额进行分析。此外，企业采取不同的减资方式也会产生不同的影响。如企业减资是以实体出售的方式进行，则应关注企业的经营方向和经营策略是否发生转变。特别提醒注意的是，应关注企业减资是否符合相关法律规定。

五、利润分配分析

利润分配是企业对已形成的经营成果和财务成果进行分配，关系到各类投资者的利益，对不同会计报表使用者均有影响。利润分配涉及账面利润的转账、冲减，也涉及实际的资金流动；不仅直接影响与其有关的企业内部理财以至经营活动，而且也会直接影响企业的外在形象和证券市场行情的变动。利润分配取决于企业的盈利状况和分配政策。具体项目分析包括以下内容：

（一）提取盈余公积

提取盈余公积包括提取法定盈余公积和任意盈余公积。按我国《公司法》等规定，公司应按照税后利润的10%提取法定盈余公积金。法定盈余公积累计额已达注册资本的50%时可以不再提取。任意盈余公积是公司按照股东大会的决议提取。法定盈余公积和任意盈余公积的区别在于其各自计提的依据不同。前者以国家的法律或行政法规为依据提取；后者则由公司自行决定提取。

盈余公积可用于弥补亏损、转增资本、分配股利和扩大企业生产经营。

提取任意盈余公积和留存未分配利润数额的大小，反映企业当前面临的经营状态和理财政策。对此，应结合企业的历史情况进行评价，如果波动很明显，则当两者数额较大时，意味着：(1)企业实行比较稳健的会计政策；(2)可能企业现金支付压力大，会使未来可予使用的现金增加；(3)预示着企业未来所面临的资金压力的程度，也会直接影响企业的外在形象和证券市场行情的变动。当两者数额较小时，意味着：(1)企业实行比较冒进的会计政策；(2)当企业经营成果较好，且一直看涨时，大量可转换优先股可能转换成普通股。

（二）对所有者（或股东）的分配项目

对所有者（或股东）的分配项目，反映经股东大会或类似权力机构决议后对所有者（或股东）分配的利润、现金股利或股票股利的金额。

分析时应注意：(1)利润分配政策的稳定性和连续性。将应付股利与实收资本配比，得出投资者在当期实际获得的报酬，并应结合企业的历史情况，对利润分配政策的稳定性和连续性进行评价。(2)若当期应付股利较高，意味着企业为创造良好的财务形象，取得外界各方的信赖，给人以资金稳定感，或主要满足投资者对投资回报的渴求。

股票股利也是企业经常使用的一种理财手段，指企业以增发的股票作为股利的支付方式。值得注意的是，股票股利注重的是股东的长期利益。股票股利并不直接导致股东财富的增加，不引起企业资产的流出或负债的增加，不是企业资金的运用，也并不因此而增加公司的财产。因此，股票股利实际上是留存利润的凝固化、资本化，不是真正意义上的股利。因而，它不受企业是否有足够的现金的限制，只要公司能够盈利，它就可以发放股票股利。

一般来说，当公司的生产经营运作已经达到成熟阶段，可以较多地考虑发放现金股利，以回报投资者；而当公司的进一步发展空间还很大时，或现金不足时，可以较多地考虑股票股利。

六、所有者权益内部结转分析

“所有者权益内部结转”下各项目反映不影响当年所有者权益总额的所有者权益各组成部分之间当年的增减变动，包括资本公积转增资本（或股本）、盈余公积转增资本（或股本）、盈余公积弥补亏损等项金额。

为了全面反映所有者权益各组成部分的增减变动情况，所有者权益内部结转也是所有者权益变动表的重要组成部分，主要指不影响所有者权益总额、所有者权益的各组成部分当期的增减变动。其中：“资本公积转增资本（或股本）”项目，反映企业以资本公积转增资本或股本的金额。“盈余公积转增资本（或股本）”项目，反映企业以盈余公积转增资本或股本的金额。“盈余公积弥补亏损”项目，反映企业以盈余公积弥补亏损的金额。

（一）资本公积内部结转分析

资本公积是企业的一种储备形式资本。根据我国《公司法》等规定，资本公积的主要用途是转增资本。资本公积转增资本，既没有改变企业的投入资本总额，更没有改变企业的所有者权益总额，不会增加企业的价值。但应注意的是，资本公积各准备项目及关联交易差价等不能转增资本（股本），准备项目包括接受非现金资产捐赠准备、股权投资准备。

（二）盈余公积内部结转分析

盈余公积的提取实际上是企业当期实现的净利润向投资者分配利润的一种限制。提取盈余公积本身就属于利润分配的一部分，提取盈余公积相对应的资金，一经提取形成盈余公积后，在一般情况下不得用于向投资者分配利润或股利。企业提取的盈余公积，无论是用于弥补亏损，还是用于转增资本，只不过是在企业所有者权益内部结构的转换。企业以盈余公积弥补亏损时，实际是减少盈余公积留存的数额，以此抵补未弥补亏损的数额，并不引起企业所有者权益总额的变动；企业以盈余公积转增资本时，也只是减少盈余公积结存的数额，但同时增加企业实收资本或股本的数额，也并不引起所有者权益总额的变动。

企业将盈余公积转增资本时，必须经股东大会决议批准。将盈余公积转增资本时，要按股东原有持股比例结转。盈余公积转增资本时，转增后留存的盈余公积的数额不得少于注册资本的25%。

盈余公积弥补亏损，反映企业以盈余公积弥补亏损的金额。企业以提取的盈余公积弥补亏损时，应当由公司董事会提议，并经股东大会批准。

本章小结

所有者权益变动表是反映构成所有者权益的各组成部分当期的增减变动情况的报表。所有者权益变动表应当全面反映一定时期所有者权益变动的情况，不仅包括所有者权益总量的增减变动，还包括所有者权益增减变动的重要结构性信息，特别是要反映直接计入所有者权益的利得和损失，能够使报表使用者准确理解所有者权益增减变动的根源。所有者权益变动表是企业对外报送的主要报表之一，是连接资产负债表和利润表的纽带，体现了企业的综合收益。

通过本章的学习，我们已经掌握了所有者权益变动表的格式和内容，了解了所有者权益变动表的作用，掌握了所有者权益变动表的水平分析和结构分析，以及与所有者权益有关的项目分析。

思考题

1. 所有者权益变动表分析有哪些作用？
2. 如何进行所有者权益变动表的水平分析？

3. 如何进行所有者权益变动表的结构分析？

4. 如何分析所有者权益主要项目的变动？

本章练习与实务分析

一、单项选择题

1. 下列项目中，不影响当期所有者权益变动额的项目是（　　）。

A. 净利润　　B. 所有者投入和减少资本

C. 所有者权益内部结转　　D. 利润分配

2. 所有者权益结构是指所有者权益各项目金额占（　　）的比重，揭示了企业的经济实力和风险承担能力。

A. 所有者权益总额　　B. 资产总额

C. 负债及所有者权益总额　　D. 负债总额

5. 综合收益是企业在某一期间与所有者之外的其他方面进行交易或发生其他事项所引起的（　　）变动。

A. 净利润　　B. 营业收入

C. 净资产　　D. 资产

二、多项选择题

1. 下列项目应在所有者权益变动表中列示的有（　　）。

A. 利润总额　　B. 净利润

C. 直接计入所有者权益的利得和损失　　D. 会计政策变更影响数

2. 下列项目属于所有者权益内部结转的有（　　）。

A. 分派现金股利　　B. 盈余公积转增资本

C. 资本公积转增资本　　D. 企业获得净利润

三、判断题

1. 所有者权益变动表中，所有者权益净变动额等于资产负债表中的期末所有者权益。（　　）

2. 无论是否为重大会计差错，都应在发现前期差错的当期进行前期差错更正，在所有者权益变动表中适时披露。（　　）

3. 股票分割会影响所有者权益内部的结构，而股票股利则不会改变公司的所有者权益结构。（　　）

四、实务分析

万科公司 2×15 年所有者权益变动表如表 6—3 所示。

要求根据表 6—3 资料，完成以下分析：

1. 对万科公司所有者权益变动情况进行水平分析；

2. 对万科公司所有者权益变动情况进行结构分析；

3. 你认为导致万科公司所有者权益变动的主要原因是什么？这会带来怎样的财务影响？

表 6—3

万科所有者权益变动表

单位:元

项　目	附注五	归属于母公司股东权益							少数股东权益	股东权益合计
		股本	资本公积	库存股	其他综合收益	盈余公积	未分配利润	小计		
一、本年年初余额		11 037 507 242.00	8 493 632 222.15	—	561 814 972.97	26 078 775 789.93	41 992 839 682.30	88 164 569 909.35	27 729 047 010.62	115 893 616 919.97
二、本年增减变动金额(减少以"—"号填列)		14 105 058.00	(318 819 612.50)	(160 163 103.04)	(111 179 778.75)	1 989 990 935.68	10 605 014 413.59	12 018 947 912.98	8 397 052 488.07	20 416 000 401.05
(一)综合收益总额		—	—	—	(111 179 778.75)	—	18 119 406 249.27	18 008 226 470.52	7 836 489 806.71	25 844 716 277.23
(二)股东投入和减少资本		14 105 058.00	(318 819 612.50)	(160 163 103.04)	—	—	—	(464 877 657.54)	3 823 669 956.82	3 358 792 299.28
1. 股东投入的普通股	31,32	14 105 058.00	142 330 479.50	—	—	—	—	156 435 537.50	5 409 123 330.95	5 565 558 868.45
2. 股份支付计入股东权益的金额	32	—	(62 100 715.12)	—	—	—	—	(62 100 715.12)	—	(62 100 715.12)
3. 股东减少资本	33	—	—	(160 163 103.04)	—	—	—	(160 163 103.04)	(1 585 453 374.13)	(1 745 616 477.17)
4. 其他	32	—	(399 049 376.88)	—	—	—	—	(399 049 376.88)	—	(399 049 376.88)
(三)利润分配		—	—	—	—	1 989 990 935.68	(7 514 391 835.68)	(5 524 400 900.00)	(3 263 107 275.46)	(8 787 508 175.46)
1. 提取盈余公积	35,36	—	—	—	—	1 989 990 935.68	(1 989 990 935.68)	—	—	—
2. 对股东的分配	36	—	—	—	—	—	(5 524 400 900.00)	(5 524 400 900.00)	(3 263 107 275.46)	(8 787 508 175.46)
三、本年年末余额		11 051 612 300.00	8 174 812 609.65	(160 163 103.04)	450 635 194.22	28 068 766 725.61	52 597 854 095.89	100 183 517 822.33	36 126 099 498.69	136 309 617 321.02

第七章　盈利能力分析

学习目标

1. 掌握盈利能力分析的目的与内容。
2. 了解影响企业盈利能力的主要因素。
3. 掌握商品经营盈利能力、资本经营盈利能力、资产经营盈利能力的分析。
4. 掌握上市公司盈利能力指标的计算。

职业技能目标

掌握盈利能力分析方法，具备收集甄别信息，计算各类盈利能力指标、进行企业盈利能力分析的职业素养及职业能力。

案例导入

芯瑞达是一家夫妻档控股的公司。实际控制人彭友、王玲丽夫妇直接和间接控制该公司合计 94.85%的股权。2020 年发行上市后其直接和间接控制公司合计 71.14%的股权，仍为公司实际控制人。彭友于 2008 年创立香港芯瑞达，2011 年创立深圳讯瑞达。2013 年 6 月，借合肥市招商引资东风，彭友正式将大本营从深圳转移回家乡，建立了安徽芯瑞达。其初始股东为深圳讯瑞达、彭友和芯瑞达现任副总经理王鹏生，初始注册资本为 1 000 万元。

2016 年 6 月芯瑞达第一次增资，王玲丽通过和彭友一同设立的鑫辉投资入局，鑫辉投资给芯瑞达增资了 1 000 万元，彭友单独增资 3 000 万元。2017 年 1 月，芯瑞达有限公司整体变更设立股份公司之后，开始了频繁增资。仅 4 月到 6 月之间，就有 4 次增资行为。第一次是王玲丽带着众公司高管(如董秘、财务总监、副总经理、监事、董事)通过鑫智咨询，入了 89 万股；第二次引入了南山基金和彭友好友伍春银；第三次是以资本公积向全体股东每 10 股转增 10 股，将公司注册资本增至 10 478.00 万元；第四次股本增加至 10 626.00 万元，引入了彭友和王玲丽的亲戚好友们。引入众股东后，该公司于同年 6 月开启了上市辅导进程。值得关注的是，2017 年这四次增资价格完全不同，分别为 20 元/股、35 元/股、每 10 股转增 10 股、17.5 元/股。招股书称定价依据为 PE、前一年度净利润和各方协商等。

芯瑞达在招股书中，从产品技术、产品类别、主要客户、客户开发、产品应用领域、业务多元化六个方面分析，自证经营状况良好。然而无论是市场反应，还是证监会2019年6月披露的反馈意见，均提出了不少质疑。首先是主要客户。招股书称，该公司与主要客户之间建立了长期稳定的商业合作关系，报告期内，海信、长虹、小米、鸿合科技等主要客户的销售收入一直保持持续增长趋势。但芯瑞达各期前五大客户存在变化，且部分客户销售额变化较大。报告期内，该公司对前五大客户的销售收入占公司营业收入的比重分别为72.33%、70.38%、61.63%和60.41%。对此招股书解释称，由于下游各类消费电子行业具有明显的规模效应和品牌效应，行业的市场集中度较高，行业内主要厂商经营规模普遍较大，因此，公司的客户结构具有客户数量较少且对主要客户的销售额较大的特点。不过，芯瑞达前五大客户每年都有变动，个别客户销售额变化较大。2019年1～6月芯瑞达主要客户名单亦有变动，新增光明半导体、鸿合科技，中新科技因资金链紧张被中止交易，TCL则被挤下前五。回溯至2017年，长虹为其前五大客户之一，2015年及2016年的大客户之一毅昌股份则退出前五大客户名单，芯瑞达对其当年的销售金额也大幅下降。2017年，对毅昌股份和外销客户Videocon销售额的减少，直接导致芯瑞达当年营业收入和净利润下滑。这一现象亦使得市场以及证监会对该公司经营业务和业绩水准以及持续盈利能力产生怀疑。此外，芯瑞达主营毛利率自2016年以来呈逐年下降趋势，2019年1～6月仅有微幅上升。

报告期内，该公司主营业务综合毛利率分别为31.80%、28.66%、27.42%和27.59%。并且芯瑞达毛利率高于同行业公司水平，波动趋势也与同行业存在差异。招股书选取同行业上市公司经营的相对类似产品毛利率，与芯瑞达背光模组光电系统毛利率进行对比，报告期内芯瑞达相关产品毛利率分别为31.47%、28.81%、28.45%、28.48%，而行业平均值分别为25.39%、22.91%、22.66%及25.52%。值得关注的是，查阅该公司分别于2018年末及2019年末发布的两版招股书注意到，其背光模组光电系统毛利率有些许出入。在2018年末发布的招股书中，该产品2016及2017年毛利率分别为31.76%及28.88%，而在2019年招股书中，同年度相关指标变成31.47%及28.81%，较上一年度分别向下调整了0.29个百分点及0.7个百分点。而且，芯瑞达应收账款账面价值分别为16 172.10万元、21 070.42万元、17 425.47万元和19 025.17万元，占总资产的比重分别为35.59%、35.58%、25.26%和27.50%。相应的应收账款周转率分别为2.74、2.28、2.50、2.42次，行业平均值为3.55、3.76、3.60、3.02次。应收账款账面价值及占比总体较高，并且应收账款周转率低于同行业公司平均水平，导致芯瑞达的经营活动产生的现金流量净额长期小于净利润。

如何评价芯瑞达公司的盈利能力？盈利能力包括哪些财务指标？

（资料来源：《投资时报》，经过整理）

第一节 盈利能力分析概述

一、盈利能力分析的含义

盈利能力是指企业在一定时期内获取利润的能力，也称为企业的资金或资本增值能力。盈利能力的大小是一个相对的概念，即利润与一定的资源投入或一定的收入相比较而言的一个相对的概念。利润率越高，盈利能力越强；利润率越低，盈利能力越差。企业经营业绩的好坏最终可通过企业的盈利能力来反映，因此企业盈利能力分析十分重要。

盈利能力分析，是指通过一定的分析方法，剖析、鉴别、判断企业能获取多大利润数额的能力，它包括企业在一定会计期间内从事生产经营活动的盈利能力和企业在较长时期内稳定地获取较高利润能力的分析。

二、盈利能力分析的目的

（一）有利于投资者进行投资决策

企业的投资者进行投资的目的是获取更多的盈余，投资者总是将资金投向获利能力最强的企业。因此，投资者对获利能力进行分析是为了判断企业获利能力的大小、获利能力的稳定性和持久性及未来获利能力的变化趋势。在市场经济条件下，投资者往往认为企业的获利能力比财务状况、营运能力更为重要。所以，投资者关心企业赚取利润的多少并重视对利润率的分析。企业获利能力增强，投资者的直接利益就会提高，此外还会使股票价格上升，从而使股票投资者获得资本收益。

（二）有利于债权人衡量投入资金的安全性

债权人可以通过分析企业的获利能力来衡量收回本息的安全程度，从而使借贷资金流向具有较高安全性和利润率的社会生产部门。企业短期债权人关注的是在短期内企业能否按时还本付息，因此主要分析企业当期的盈利水平。在短期借款时期内企业的盈利水平高，短期债权人的利益就有较好保证，他们较少关心企业未来盈利水平的稳定性和持久性。另外，短期债权人是否能收回其借款本息，还常常取决于企业的现金净流量，因此短期债权人还特别关心企业盈利情况下的现金支付能力。

企业长期债权人关注的是企业在长期债务到期时能否及时足额还本付息。长期债务的偿还要以企业高水平、持久稳定的获利能力为基础，因此长期债权人侧重于分析判断企业长期获利水平的高低、获利的稳定性和持久性，并以此预期在长期借款到期后他们能否及时足额收回本金和利息。

（三）有利于政府部门行使社会职能

政府行使其管理职能，要有足够的财政收入作为保证。税收是国家财政收入的主要来源，而税收的大部分来自企业。企业获利能力强，就意味着实现的利润多，对政府税收贡献大。各级政府如能聚集较多的财政收入，就能有更多的资金投入基础设施建设、科技教育、环境保护及其他各项公益事业，更好地行使社会管理职能，为国民经济的良性运转提供必要保障，推动社会向前发展。

（四）有利于企业经理人员对企业进行经营管理

从企业的角度看，企业从事生产经营活动，其根本目的是最大限度地赚取利润并维持企业稳定的经营和发展。持续稳定的经营和发展是获取利润的基础，而最大限度地获取利润又是企业持续稳定发展的目标和保证。因此，对企业经理人员来说，分析企业的获利能力具有十分重要的意义。首先，用已达到的获利能力指标与标准、基期、同行业平均水平、其他企业相比较，可以衡量经理人员工作业绩的优劣；其次，通过对获利能力的深入分析或因素分析，可以发现经营管理中存在的重大问题，进而采取措施予以解决，提高企业的收益水平。

（五）有利于保障企业职工的劳动者权益

企业获利能力的高低，直接关系到企业员工的切身利益。企业的竞争也关系到人才的竞争，企业具有较强的盈利能力，就能为员工提供较为稳定的就业岗位、较多的深造和发展机会、较丰富的薪金及物质待遇，为员工工作、生活、健康等各方面创造良好的条件，同时也能吸引人才，使他们更努力地为企业工作，创造更大的企业效益。

三、盈利能力分析的内容

盈利能力分析是企业财务分析的重点，财务结构分析、偿债能力分析、营运能力分析等的根本目的是通过分析及时发现问题，改善企业财务结构，提高企业的偿债能力和营运能力，最终提高企业的盈利能力，促进企业持续稳定发展。对企业盈利能力的分析主要是指对利润率的分析，因为尽管利润额的分析可以说明企业财务成果的增减变动状况及其原因，也能为改善企业经营管理指明方向，但是由于利润额受企业规模或投入总量的影响较大，一方面使不同规模的企业之间不便于对比，另一方面也不能准确反映企业的盈利能力和盈利水平，因此仅进行利润额分析一般不能满足各方面对财务信息的要求，还必须对利润率进行分析。

不同层次、不同性质的企业经营方式不同，进而反映企业盈利能力的指标形式也会有所不同。经营方式是盈利能力分析的基础，按照经营方式划分，可以分为资本经营、资产经营和商品经营三种类型。资本经营是指企业以资本为基础，通过优化配置来提高资本经营效益的经营活动，其活动领域包括资本流动、收购、重组、参股和控股等能实现资本增值的领域，从而使企业以一定的资本投入，取得尽可能多的资本收益；资产经营是指合理配置与使用资产，以一定的资产投入，取得尽可能多的收益；商品经营是指企业以市场为导向，组织供产销活动，以一定的人力、物力消耗，生产与销售尽可能多的社会需要的商品。

在本书中，对企业盈利能力的分析按照经营方式的不同，划分为资本经营、资产经营与商品经营盈利能力；同时，上市公司因为股权流通、股票价格公开等因素而具有一些特殊的指标，因而还应单独对上市公司的盈利能力指标进行分析。

（一）资本经营盈利能力分析

资本经营盈利能力分析主要对净资产收益率指标进行分析与评价，并进一步探讨对净资产收益率产生影响的指标，主要有总资产报酬率、负债利息率、企业资本结构和所得税税率等。

（二）资产经营盈利能力分析

资产经营盈利能力分析主要对总资产报酬率指标进行分析和评价，并进一步探讨对总资产报酬率产生影响的指标，主要有总资产周转率和销售息税前利润率。

（三）商品经营盈利能力分析

商品经营盈利能力分析，即利用利润表资料进行利润率分析，包括收入利润率分析和成本利润率分析。

（四）上市公司盈利能力分析

上市公司盈利能力分析主要是对每股收益指标、普通股权益报酬率指标、股利发放率指标以及价格与收益比率指标、托宾 Q 指标、现金分配率指标以及每股经营现金流量等进行分析。

在进行盈利能力分析时，应注意以销售为主，重视利润结构，关注资本结构，注意资产运转效率，关注企业的盈利模式，重视利润质量，通过报表内各项目之间的关系，构建财务指标体系进行分析和评价。

四、影响盈利能力的主要因素

盈利能力受销售能力、成本费用管理水平、资产管理水平、财务状况及风险等各方面因素的影响，分析和研究这些因素的影响对于准确评价企业的盈利能力非常重要。

(一)销售能力

营业收入尤其是主营业务收入是企业利润最主要的源泉,是企业发展的基础,企业的营销能力是扩大经营规模、增加营业收入的保证。科学有效的营销策略有助于形成良好的营业状况,为企业盈利提供最基本的条件。

(二)成本费用管理水平

利润是收入扣减成本费用后的差额。如果说销售能力是企业增收的保障,那么成本费用管理水平就是企业节支的基础。在企业营销能力一定的情况下,其成本费用越高,盈利能力越差,企业抵御市场风险的能力和市场竞争能力越弱;反之,其成本费用越低,则获利空间越大,企业抵御市场风险的能力和市场竞争能力越强。因此,加强对成本费用的管理,不断挖掘成本潜力,是企业增加利润的主要手段。当然,降低成本费用应以不减少企业现在和未来的收入为前提。

(三)资产管理水平

资产是可以带来经济利益的经济资源,因此资产规模适度与否、资产结构合理与否以及资产运用效率的高低直接影响企业的盈利能力。有效的资产管理有助于确定适度的资产规模,安排合理的资产结构,不断提高资产效率。

(四)财务状况及风险

财务状况的稳定与否取决于资本结构,而资本结构对盈利能力有着重要影响。资本结构是风险与收益相权衡的结构,它对企业经营具有重要影响。由于负债的利息在税前列支,而且具有相对稳定性,因此它不仅影响着税前、税后利润,还发挥着财务杠杆的作用,即当资本报酬率高于负债利息率时,净资本报酬率随着负债率的增加而增加,反之则减少,甚至由正值变为负值。可见,资本结构变化时,企业股东权益报酬率发生变化,它也反映了与高财务风险相关的盈利能力的易变性。因此,增强权益的盈利能力,需要在尽可能减少资本占用的同时妥善安排资本结构。

第二节　商品经营盈利能力分析

一、商品经营盈利能力分析的内容

商品经营是相对于资产经营和资本经营而言的,商品经营盈利能力只研究利润与收入或成本之间的比率关系,而不考虑企业筹资或投资问题。因此,反映商品经营盈利能力的指标可分为两类:一是各种利润额与收入之间的比率,统称收入利润率;二是各种利润额与成本之间的比率,统称成本利润率。

二、商品经营盈利能力分析的指标

(一)收入利润率分析

反映收入利润率的指标主要有:

(1)营业收入利润率,是指营业利润与营业收入之间的比率。

$$营业收入利润率=\frac{营业利润}{营业收入}$$

(2)营业收入毛利率，是指营业收入和营业成本的差额与营业收入之间的比率。

$$营业收入毛利率=\frac{营业收入-营业成本}{营业收入}$$

(3)总收入利润率，是指利润总额与企业总收入之间的比率，企业总收入包括企业营业收入、投资收益、营业外收入。

$$总收入利润率=\frac{利润总额}{营业收入+投资收益+营业外收入}$$

(4)销售净利率，是指净利润与营业收入之间的比率。

$$销售净利率=\frac{净利润}{营业收入}$$

(5)销售息税前利润率，是指息税前利润与营业收入之间的比率，息税前利润是利润总额与利息支出之和。

$$销售息税前利润率=\frac{息税前利润}{营业收入}$$

不同收入利润率的内涵不同，所揭示的收入与利润关系不同，在分析评价中的作用也不同。收入利润率指标是正指标，指标值越高越好。分析时应根据分析目的与要求，确定适当的标准值，如行业平均值、全国平均值、企业目标值等。

结合上汽集团 2×13～2×15 年的财务报表资料，综合上述企业收入利润率计算公式，计算上汽集团 2×15 年的利润率及 2×14 年对比的变动情况，如表 7—1 所示。

表 7—1 **上汽集团收入利润率分析表** 单位：%

项 目	2×15 年	2×14 年	差异
营业收入利润率	6.501	6.402	0.099
营业收入毛利率	12.264	12.675	−0.411
总收入利润率	6.509	6.457	0.053
销售净利率	5.977	6.072	−0.094
销售息税前利润率	6.867	6.802	0.065

从表 7—1 可以看出，2×15 年与 2×14 年相比，上汽集团营业收入毛利率下降 0.411 个百分点，销售净利率下降 0.094 个百分点，总收入利润率提高 0.053 个百分点，营业收入利润率提高 0.099 个百分点，销售息税前利润率提高 0.065 个百分点，除营业收入毛利率以外，所有的收入利润率的变动幅度均在 0.1 个百分点以内，结合上汽集团 2×14 年和 2×15 年利润表，说明上汽集团 2×15 年与营业收入有关的盈利水平较 2×14 年相比波动幅度不大。另外，分析收入利润率，还可以在以上分析的基础上，进一步研究各种收入与利润的比率关系，从而寻找某种收入利润率提高受其他利润率影响的情况。

(二)成本利润率分析

反映成本利润率的指标有多种形式，其主要形式有营业成本利润率、营业费用利润率、全部成本费用利润率等。

(1)营业成本利润率，是指营业利润与营业成本之间的比率。其计算式如下：

$$营业成本利润率=\frac{营业利润}{营业成本}\times100\%$$

(2)营业费用利润率，是指营业利润与营业费用之间的比率。营业费用包括营业成本、税金及附加、期间费用和资产减值损失。期间费用包括销售费用、管理费用、财务费用。

$$营业费用利润率=\frac{营业利润}{营业费用}\times 100\%$$

(3)全部成本费用利润率。该指标可以分为全部成本费用总利润率和全部成本费用净利润率两种形式。

$$全部成本费用总利润率=\frac{利润总额}{营业费用+营业外支出}\times 100\%$$

$$全部成本费用净利润率=\frac{净利润}{营业费用+营业外支出}\times 100\%$$

以上各种成本利润率指标反映了企业投入产出水平，即所得与所费的比率，体现了增加利润是以降低成本及费用为基础的。这些指标的数值越高，表明用于生产和销售产品的每 1 元成本及费用取得的利润越多，劳动耗费的效益越高；反之，则表示每耗费 1 元成本和费用所实现的利润越少，劳动耗费的效益越低。因此，成本利润率是综合反映企业成本效益的重要指标。

成本利润率是正指标，指标值越高越好。分析评价时，可将各指标实际值与标准值进行对比，标准值可根据分析的目的与管理要求确定。

根据利润表的资料并结合上述企业成本利润率计算公式，计算与分析上汽集团成本利润率，如表 7—2 所示。

表 7—2　　**上汽集团成本利润率分析表**　　单位：%

项　目	2×15 年	2×14 年	差异
营业成本利润率	7.410	7.331	0.079
营业费用利润率	6.642	6.532	0.110
全部成本费用总利润率	6.965	6.902	0.063
全部成本费用净利润率	6.093	6.184	—0.091

从表 7—2 可以看出，除营业费用利润率 2×15 年较 2×14 年上升 0.110 个百分点以外，上汽集团 2×15 年成本利润率的各项指标与 2×14 年相比变动幅度均在 0.1 个百分点以内，说明企业利润增长速度与成本费用的增长速度维持在一个比较均衡的水平上。

（三）现金流量指标对商品经营盈利能力分析的补充

销售获现比率是销售商品、提供劳务收到的现金与营业收入之比，反映企业通过销售获取现金的能力，对分析商品经营盈利能力有一定的补充作用。

销售获现比率的计算公式为：

$$销售获现比率=\frac{销售商品、提供劳务收到的现金}{营业收入}$$

表 7—3 列示了上汽集团 2×13～20×15 年的销售获现比率。

表 7—3　上汽集团销售获现比率分析表

项　目	2×15 年	2×14 年	2×13 年
销售商品、提供劳务收到的现金(元)	755 958 174 719.75	738 442 989 311	672 810 793 621.65
营业收入(元)	670 448 223 139.34	630 001 164 437.7	565 807 011 579.82
销售获现比率	1.128	1.172	1.189

从表 7—3 可见,尽管近三年来销售获现比率逐年下降,从 2×13 年的 1.189 下降到 2×15 年的 1.128,但均大于 1。这不仅可以说明上汽集团通过销售获取现金的能力比较强,也可以判定企业产品销售形势好,信用政策合理,能够及时收回货款,收款工作得力。

三、商品经营盈利能力的行业分析

表 7—4 对 2×15 年汽车行业主要公司商品经营盈利能力进行了比较分析。

表 7—4　同行业公司营业收入利润率比较分析

公司名称	利润总额(元)	营业收入(元)	营业收入利润率(%)
上汽集团	43 588 030 405.77	670 448 223 139.34	6.501
东风汽车	191 796 873.81	16 875 186 765.77	1.137
江淮汽车	—1 533 749 971.19	46 385 912 307.27	—3.306
一汽轿车	75 732 607.41	26 663 841 486.56	0.284
长安汽车	9 587 456 168.29	66 771 580 527.66	14.359

从表 7—4 可见,长安汽车的营业收入利润率最大,达到了 14.359%,其次是上汽集团的营业收入利润率,达到了 6.501%,在同行业处于较领先水平。值得注意的是,江淮汽车的营业收入利润率为负值。

第三节　资产经营盈利能力分析

一、资产经营盈利能力分析的内容

资产经营盈利能力,是指企业运营资产而产生利润的能力。由于企业不仅可以采用高销售净利率、低资产周转率的政策,也可以采用低销售净利率、高资产周转率的政策,所以销售净利率会受企业政策的影响。但是,这种政策选择不会改变企业的资产利润率,因此资产利润率能更加全面地反映企业获利的能力。

二、资产经营盈利能力分析的指标

(一)总资产报酬率分析

1. 总资产报酬率指标的计算

总资产报酬率是企业的息税前利润同平均资产总额的比率,是反映企业资产综合利用效果的指标，也是衡量企业总资产获利能力的重要指标。其计算公式为：

$$总资产报酬率=\frac{息税前利润}{平均资产总额}\times100\%$$

$$平均资产总额=\frac{期初资产总额+期末资产总额}{2}$$

总资产报酬率反映的是企业投入的全部资金获取报酬的能力。在实际应用中，由于利益相关者对净利润的特别关注，更常见的是总资产净利率，其计算公式为：

$$总资产净利率=\frac{净利润}{平均资产总额}\times100\%$$

根据 2×15 年上汽集团资产负债表、利润表等相关资料，上汽集团 2×15 年度总资产净利率计算如下：

$$平均资产总额=\frac{511\ 630\ 690\ 839.21+414\ 870\ 673\ 481.85}{2}$$

$$=463\ 250\ 682\ 160.53(元)$$

$$总资产净利率=\frac{40\ 073\ 969\ 223.24}{463\ 250\ 682\ 160.53}\times100\%$$

$$=8.651\%$$

表 7—5 列示了上汽集团从 2×13 年到 2×15 年的总资产净利率。

表 7—5　　上汽集团总资产净利率分析　　单位：%

项　目	2×13 年	2×14 年	2×15 年
总资产净利率	10.302	9.702	8.651

从表 7—5 中可以看出，上汽集团总资产净利率 2×14 年较 2×13 年下降 0.6 个百分点，2×15 年较 2×14 年下降 1.051 个百分点，2×13～2×15 年，总资产净利率从 10.302%下降到 8.651%，总资产获利能力总体呈下降趋势。

2. 总资产报酬率指标的分析要点

(1)总资产报酬率高，说明企业资产运用效率高，资产盈利能力强，所以这个比率越高越好。评价总资产报酬率不仅应结合企业资产结构、经济周期、企业特点、企业战略等进行，还应与企业前期的比率以及同行业其他企业的比率进行比较。

(2)对公式中的分子“利润”有几种观点：

一种观点是采用“税后净利润”。在杜邦分析中就是采用此种利润额概念，因为它展示了一个重要关系式：总资产报酬率＝销售净利率×总资产周转率，从而可进一步分析并显示经营获利能力和资产周转速度对总资产报酬率的影响；但由于税后净利已扣除负债利息，它必然会受到资本结构的影响，因而导致不同时期，不同企业的总资产报酬率会因资本结构等因素的不同而缺乏可比性。

另一种观点是采用“息税前利润”。首先，利息支出的本质是企业纯收入的分配，是企业创造利润的一部分。为了促使企业加强成本及费用管理，保证利息的按期支付，将利息费用化的部分列作财务费用，从营业收入中得到补偿，而利息资本化的部分则被计入资产原价，以折旧、摊销等形式逐期收回，所以应将利息支出加回到利润总额之中。其次，权益性融资成本是股利，股利是以税后利润支付的，其数额包含在利润总额之中，债务性融资成本是利息支出，在计算利润总额时已将其扣除，为了使分子、分母的计算口径一致，分子中应包括利息支出。第三，息税前利润可以避免因资本结构不同而导致不同的利润，能够较好地体现资产的总增值情况，而且便于企业间的横向比较，因此最为常用。但其不足之处是，它未能反映终极所得，所以不太符合所有者的分析要求。

（二）现金流量指标对资产经营盈利能力分析的补充

全部资产现金回收率指标是指经营活动现金净流量与平均总资产之间的比率，反映企业利用资产获取现金的能力，衡量企业资产获现能力的强弱，对分析资产经营盈利能力起补充作用。

$$全部资产现金回收率=\frac{经营活动现金净流量}{平均总资产}$$

上汽集团从2×13年到2×15年的全部资产现金回收率见表7—6。

表7—6　　上汽集团全部资产现金回收率分析

项　目	2×15年	2×14年	2×13年
经营活动现金净流量（元）	25 992 574 916.30	23 283 810 974.30	20 602 511 608.81
平均总资产（元）	463 250 682 160.53	394 255 707 141.895	345 421 869 885.03
全部资产现金回收率（%）	5.611	5.906	5.964

与上汽集团2×13年的全部资产现金回收率指标值相比，2×14年和2×15年在逐年下降，2×14年较2×13年下降了0.058个百分点，2×15年较2×14年下降了0.295个百分点，但下降幅度并不明显，公司在利润保持稳定增长的同时，经营活动产生的现金净流量也在稳定增长，企业利用总资产获取现金的能力虽有小幅下降，但盈利质量总体上维持在一个较稳定的水平上。

三、资产经营盈利能力的影响因素

对总资产报酬率指标的计算公式进行如下分解：

$$总资产报酬率=\frac{营业收入}{平均总资产}\times\frac{息税前利润}{营业收入}\times100\%$$
$$=总资产周转率\times销售息税前利润率$$

可见，总资产报酬率指标的影响因素有两个，即总资产周转率和销售息税前利润率。总资产周转率作为反映企业资产营运能力的指标，可以用来说明企业资产的使用效率，直接体现了企业资产的经营效果；销售息税前利润率反映企业商品经营的盈利能力，产品盈利能力越强，销售息税前利润率越高。由此可见，资产经营盈利能力受产品盈利能力和资产运营效率两方面的影响。

根据上述总资产报酬率因素分解式，可以运用连环替代法或差额计算法分别分析总资产周转率和销售息税前利润率变动对总资产报酬率的影响。

【分析实例】

根据上汽集团2×15年和2×14年财务报表等相关资料，对其总资产报酬率进行因素分析，如表7—7所示。

表 7—7　　总资产报酬率因素分析

项　目	2×15 年	2×14 年	差异
营业收入(元)	670 448 223 139.34	630 001 164 437.70	40 447 058 701.64
利润总额(元)	45 809 676 486.26	42 688 795 192.84	3 120 881 293.42
利息支出(元)	2 347 899 980.15	899 418 199.38	1 448 481 780.77
息税前利润(元)	48 157 576 466.41	43 588 213 392.22	4 569 363 074.19
平均总资产(元)	463 250 682 160.53	394 255 707 141.90	68 994 975 018.64
总资产报酬率(%)	10.40	11.06	—0.66
总资产周转率(次)	1.45	1.60	—0.15
销售息税前利润率(%)	7.18	6.92	0.26

由表 7—7 所示，上汽集团 2×15 年总资产报酬率较 2×14 年降低了 0.66 个百分点，降低幅度不大。总资产周转率的变动是总资产周转率下降和销售息税前利润率上升共同导致的，其中，总资产周转率下降了 0.15 次，销售息税前利润率上升率为 0.26 个百分点，说明上汽集团当期产品盈利能力较好，但总资产运营效率有待提高。

四、资产经营盈利能力的行业分析

表 7—8 对 2×15 年汽车行业主要公司资产经营盈利能力作了比较分析。

表 7—8　　同行业公司总资产净利率比较分析

公司名称	净利润规模(元)	总资产净利率(%)
上汽集团	40 073 969 223.24	8.651
东风汽车	286 432 035.35	1.74
江淮汽车	855 466 464.45	2.30
一汽轿车	60 571 565.66	0.27
长安汽车	9 922 553 536.08	12.51

由表 7—8 可以看出，长安汽车的总资产净利率处于领先水平，达到了 12.51%，上汽集团的总资产报酬率在同行业公司中处于非常靠前的位置，其盈利能力与同行业大规模公司相比，具有一定优势。

第四节　资本经营盈利能力分析

一、资本经营盈利能力分析的内容

资本经营盈利能力，是指企业所有者通过投入资本经营而取得利润的能力。反映资本经营盈利能力的基本指标是净资产收益率，即企业本期净利润与净资产的比率。净资产收益率是反映盈利能力的核心指标，因为企业的根本目标是所有者权益或股东权益价值最大化，而净资产收益率既可直接反映资本的增值能力，又影响着企业股东价值的大小。该指标越高，反映企业盈利能力越好。

投资者投资的目的是获得投资报酬，所以他们十分关心企业的资产运用效率；但资产报酬率高并不等于投资者的收益高，因为当企业的总资本包括债务融资时，如果企业用债务资本带来的利润支付利息以后有剩余，产权融资的收益率就会提高，否则就会降低。

二、资本经营盈利能力分析的指标

(一)净资产收益率

1. 净资产收益率指标的计算

净资产收益率(*ROE*)也称净资产报酬率、股东权益净利率、股东权益报酬率、净值报酬率。该指标是企业一定时期内净利润与平均净资产(所有者权益)之比，反映了企业所有者所获投资报酬的大小。其计算公式为：

$$净资产收益率=\frac{净利润}{平均净资产总额}\times 100\%$$

式中，净利润为企业税后净利；平均净资产总额为企业期初净资产总额与期末净资产总额的平均数。

根据2×15年资产负债表、利润表，上汽集团2×15年度净资产收益率计算如下：

$$平均净资产总额=\frac{210\ 917\ 285\ 720.21+184\ 999\ 077\ 014.91}{2}$$

$$=197\ 958\ 181\ 367.56(元)$$

$$净资产收益率=\frac{40\ 073\ 969\ 223.24}{197\ 958\ 181\ 367.56}\times 100\%$$

$$=20.244\%$$

上汽集团2×13年至2×15年净资产收益率见表7—9。

表7—9 上汽集团净资产收益率分析 单位：%

项　目	2×13年	2×14年	2×15年
净资产收益率	23.201	22.064	20.244

可以看出，上汽集团净资产收益率2×14年较2×13年下降1.137个百分点，2×15年较2×14年下降1.820个百分点，呈逐年下降趋势，说明公司资本经营盈利能力在逐年下降。

对于股份公司来说，净资产收益率通常是指普通股股东权益报酬率。如果公司股份中有优先股，应将这部分内容剔除。财务制度规定，优先股股利在企业提取任意盈余公积和支付普通股股利之前支付，而且无论公司的收益如何，优先股股利一般是固定不变的。因此，可以说普通股股东才是公司资产的真正所有者和风险的主要承担者，这时候的净资产收益率的计算公式为：

$$净资产收益率=\frac{净利润-优先股股利}{平均净资产总额-平均优先股股东权益}\times 100\%$$

2. 净资产收益率指标的分析要点

(1)净资产收益率是从所有者权益的角度来考核企业获利能力和投资回报能力的，因而是最被所有者关注的、对企业具有重大影响的指标。一般来说，净资产收益率越高，企业净资产的使用效率就越高，投资者的利益保障程度也就越大。

(2)报表使用者通过分析净资产报酬率指标，一方面可以判定企业的投资效益，另一方面可以了解企业管理水平的高低，同时对该指标的分析还是所有者考核其投入企业的资本保值增值程度的基本途径。在具体分析时，可以结合指标的时间趋势分析、行业或同业比较分析等方式进行。

(二)资本金报酬率

1. 资本金报酬率指标的计算

资本金报酬率也称实收资本报酬率，是净利润与企业平均实收资本的比率，反映投资者投入资本金的获利能力。其计算公式为：

$$资本金报酬率=\frac{净利润}{平均实收资本总额}\times 100\%$$

根据2×15年上汽集团资产负债表、利润表等相关资料，上汽集团2×15年度资本金报酬率计算如下：

$$平均实收资本总额=\frac{11\ 025\ 566\ 629+11\ 025\ 566\ 629}{2}$$

$$=11\ 025\ 566\ 629(元)$$

$$资本金报酬率=\frac{40\ 073\ 969\ 223.24}{11\ 025\ 566\ 629}\times 100\%$$

$$=363.464\ \%$$

上汽集团历年资本金报酬率见表7－10。

表7－10　　上汽集团资本金报酬率分析　　单位：%

项　目	2×13年	2×14年	2×15年
资本金报酬率	322.74	346.93	363.46

可以看出，上汽集团的资本金报酬率逐年上升，且维持在一个较高的水平上，从2×13年的322.74%上升到2×15年的363.46%，说明公司资本获利能力较强，而且呈逐年上升趋势。

2. 资本金报酬率指标的分析要点

资本金报酬率衡量的是企业所有者投入资本赚取利润的能力，公式中的资本金指的是资产负债表上的实收资本项目。该指标数值越高，表明投资者投入企业资金得到的回报就越高。

通过对资本金报酬率的分析，不仅可以了解企业管理水平和经济效益的高低，而且可以判定企业的投资效益，从而对所有者投资决策产生影响。因此，在衡量资本金报酬率时，应首先确定基准资本金报酬率，即企业在一定条件和一定的资本规模下至少应当实现的净利润的数额。若实际资本金报酬率低于基准报酬率，表明企业的获利能力严重不足，投资者就会转移投资。

此外，分析资本金报酬率，除了将报告期实际报酬率与基准报酬率比较外，还应与上期比较、与计划目标比较，找出差距，分析原因。

三、资本经营盈利能力的影响因素

净资产收益率指标与各影响因素之间的关系可用下式表示：

$$\text{净资产收益率}=\frac{\text{净利润}}{\text{平均净资产总额}}\times 100\%$$
$$=\frac{\text{利润总额}}{\text{平均净资产总额}}\times(1-\text{所得税税率})\times 100\%$$
$$=\frac{\text{利润总额}+\text{利息支出}-\text{利息支出}}{\text{平均净资产总额}}\times(1-\text{所得税税率})\times 100\%$$
$$=\left(\frac{\text{利润总额}+\text{利息支出}}{\text{总资产}}\times\frac{\text{总资产}}{\text{平均净资产}}-\frac{\text{利息支出}}{\text{平均净资产}}\right)\times(1-\text{所得税税率})\times 100\%$$
$$=\left[\frac{\text{利润总额}+\text{利息支出}}{\text{总资产}}\times(1+\frac{\text{负债}}{\text{平均净资产}})-\frac{\text{利息支出}}{\text{平均净资产}}\right]\times(1-\text{所得税税率})\times 100\%$$
$$=\left[\text{总资产报酬率}+(\text{总资产报酬率}-\text{负债利息率})\times\frac{\text{平均负债}}{\text{平均净资产}}\right]\times(1-\text{所得税税率})\times 100\%$$

可见，净资产收益率的影响因素主要有总资产报酬率、负债利息率、资本结构和所得税税率等。

(一)总资产报酬率

净资产是企业全部资产的一部分，因此总资产报酬率必然影响净资产收益率。当负债利息率和资本结构等条件不变时，总资产报酬率越高，净资产收益率越高。

(二)负债利息率

当资本结构一定时，如果总资产报酬率高于负债利息率，负债利息率越低，投资人获得的杠杆利益就越大；反之，杠杆利益越小。在总资产报酬率低于负债利息率时，负债利息率越高，投资人的杠杆损失越大；反之，杠杆损失越小。

(三)资本结构或负债与所有者权益之比

当总资产报酬率高于负债利息率时，提高负债与所有者权益之比，将使净资产收益率提高；反之，降低负债与所有者权益之比，将使净资产收益率降低。

(四)所得税税率

因为净资产收益率的分子是净利润即税后利润，因此，所得税税率的变化必然引起净资产收益率的变动。通常，所得税税率提高，净资产收益率下降；反之，净资产收益率上升。

根据上述净资产收益率指标影响因素之间关系的式子，可以运用连环替代法或差额计算法分别分析总资产报酬率、负债利息率以及杠杆比率变动对净资产收益率的影响。

四、现金流量指标对资本经营盈利能力分析的补充

在盈利能力评价的基础上，以收付实现制为计算基础，以现金流量表所列示的各项财务数据为基本依据，通过一系列现金流量指标的计算，对公司盈利能力做进一步的修复和校验，有利于对公司盈利状况进行多视角、全方位综合分析，进一步反映公司利润的质量。对资本经营盈利能力发挥补充作用的现金流量指标主要有净资产现金回收率和盈利现金比率。

净资产现金回收率是经营活动净现金流量与平均净资产之间的比率，是对净资产收益率的有效补充。对那些提前确认收益而长期未收现的公司，可以用净资产现金回收率与净资产收益率进行对比，从而补充校验净资产收益率的盈利质量。计算公式如下：

$$\text{净资产现金回收率}=\frac{\text{经营活动净现金流量}}{\text{平均净资产}}\times 100\%$$

根据上汽集团的相关资料计算净资产现金回收率，见表7—11。

表 7—11　　上汽集团净资产现金回收率指标分析

项　目	2×15 年	2×14 年	2×13 年
经营活动净现金流量(元)	25 992 574 916.30	23 283 810 974.30	20 602 511 608.81
平均净资产(元)	197 958 181 367.56	173 365 584 062.975	153 369 223 830.815
净资产现金回收率(%)	13.130	13.430	13.433

由表 7—11 可以看到,上汽集团近三年的净资产现金回收率都维持在一个相对稳定的水平上,这意味着公司在盈利能力保持稳定的同时,盈利质量较好。

盈利现金比率即盈余现金保障倍数,是反映公司本期经营活动净现金流量与净利润的比值。

$$盈利现金比率=\frac{经营活动净现金流量}{净利润}$$

一般来说,盈利现金比率越大,公司盈利质量越高。如果该比率小于 1,则说明本期净利润中存在还没有实现的现金收入。此时,即使公司盈利,也可能现金短缺。

在进行盈利质量分析时,仅根据一年的数据不一定能够说明问题,有必要对连续几期的盈利现金比率进行比较。如果企业盈利现金比率一直小于 1 甚至为负数,则企业盈利质量低下,严重时有导致公司破产的可能。

五、资本经营盈利能力的行业分析

表 7—12 为 2×15 年汽车行业各公司净资产收益率比较分析信息。

表 7—12　　同行业公司净资产收益率比较分析　　单位:%

公司名称	净资产收益率
上汽集团	20.24
东风汽车	5.51
江淮汽车	10.58
一汽轿车	0.61
长安汽车	33.14

由表 7—12 可见,除了长安汽车的净资产收益率达到了 33.14%,上汽集团的净资产收益率 20.24%在同行业公司中处于非常靠前的位置,其盈利能力在同行业公司中也具有一定优势。

第五节　上市公司盈利能力分析

一、上市公司盈利能力分析的内容

随着我国多层次资本市场体系的建立完善,上市公司日趋增加,上市公司盈利能力除了可以通过一般企业盈利能力的指标分析外,还应进行一些特殊指标的分析,特别是一些与企业股票价格或市场价值相关的指标分析，如每股收益、普通股权益报酬率、股利支付率、价格与收益比率，以及每股经营现金流量等指标的分析。

二、上市公司盈利能力分析的指标

(一)每股收益分析

每股收益是指每股发行在外的普通股所能分摊到的净收益额。作为股份公司每一股普通股在一定的会计期间所获得的净利，每股收益不仅反映企业盈利能力的大小，而且与股票价格和股利发放率等均有密切的关系，是衡量上市公司获利能力最重要的财务指标，该指标具有引导投资、增加市场评价功能、简化财务指标体系的作用。一般来说，每股收益越高，说明企业的盈利能力越强，企业经营状况和财务状况越好，企业发放股利的可能性越大，其股票价格将会上扬。

1. 每股收益指标的计算

(1)基本每股收益。基本每股收益是指归属于普通股股东的当期净利润扣除优先股股利后与发行在外普通股加权平均数的比率。计算基本每股收益的目标是衡量会计主体报告期的盈利状况。

$$基本每股收益=\frac{净利润-优先股股息}{发行在外普通股加权平均数}\times 100\%$$

$$发行在外普通股加权平均数=期初发行在外普通股数+当期新发行普通股数\times\frac{已发行时间}{报告期时间}-当期回购普通股数\times\frac{已回购时间}{报告期时间}$$

已发行时间、报告期时间和已回购时间一般按照天数计算。

(2)稀释每股收益。稀释每股收益是指当企业存在稀释性潜在普通股时，应分别调整归属于普通股股东的当期净利润和发行在外的普通股加权平均数，并据此计算稀释每股收益。计算稀释每股收益目标是反映所有具有稀释性的潜在普通股对每股收益的影响。

所谓稀释性潜在普通股，是指假设当期转换为普通股会减少每股收益的潜在普通股，例如可转换债券、认股权证和股份期权。这些权益对每股收益都具有潜在的稀释影响，则认为该企业是复杂资本结构。在复杂资本结构下，既需要计算未充分稀释前的“基本每股收益”，又需要计算稀释后的“稀释每股收益”，并在利润表上双重列示。

2. 每股收益的行业分析

表 7—13 对 2×15 年上汽集团的每股收益进行行业比较分析。

表 7—13　　同行业公司 2×15 年每股收益比较分析　　单位:元

项　目	上汽集团	东风汽车	江淮汽车	一汽轿车	长安汽车
每股收益	2.70	0.17	0.59	0.03	2.13

由表 7—13 可见，上汽集团的每股收益为 2.7 元，在同行业公司中处于领先水平，其盈利能力在同行业公司中具有一定优势。

(二)每股净资产分析

每股净资产，也称为每股账面价值或每股权益，是期末净资产与年末普通股股数的比值，反映公司每一普通股所能分摊账面净资产的多少，也是公司真正财务实力的表现。其计算公式为：

$$每股净资产=\frac{年度末股东权益}{年度末普通股股数}$$

该指标反映发行在外的每股普通股所代表的净资产成本即账面权益。该指标越大，说明公司每一普通股实际拥有的净资产越多，公司的发展潜力和股票投资的价值越大，间接地表明企业盈利能力的高低。分析时应关注公司的资本结构。如果公司资本结构中负债的比重较小甚至没有负债，尽管每股净资产高，但并不代表公司财务状况好以及盈利能力高。只有在合理的资本结构下，保持良好的盈利水平，具备真正良好的财务状况，每股净资产越高，才能说明企业未来发展的潜力越强。

因每股净资产用历史成本计量，既不反映净资产的变现价值，也不反映净资产的产出能力，所以只能有限地使用这个指标进行投资分析。例如，某公司的资产只有一栋办公楼，并且没有负债，公司的净资产是办公楼的原始成本。现在办公楼的价格比过去翻了几番，引起资产公允价值上升，而其账面价值不变。这个账面价值既不说明办公楼现在可以卖多少钱，也不说明该公司利用办公楼能获得什么。

每股净资产理论上提供了股票的最低价格。如果公司股票价格低于净资产的成本，成本又接近于变现价值，说明公司已无存在价值，清算是股东最好的选择。

【分析实例】

上汽集团 2×13 年至 2×15 年每股净资产如表 7－14 所示。

表 7－14　　上汽集团每股净资产比较分析　　单位：元

项　目	2×15 年	2×14 年	2×13 年
每股净资产	15.88	14.30	12.49

由表 7－14 可知，上汽集团每股净资产呈逐年上涨趋势，说明每一股份所能分摊到的账面净资产逐年上升，公司的财务实力逐年上升，未来发展潜力较强。

（三）市盈率分析

市盈率是指普通股每股市价为每股收益的倍数，是评价股份有限公司股票市场表现的重要指标之一，其计算公式为：

$$市盈率=\frac{普通股每股市价}{普通股每股收益}$$

式中，普通股每股市价通常采用年度平均价格，即全年各日收盘价的算术平均数。为简单起见并增强其适时性，亦可采用报告日前一日的现实股价。

市盈率是投资者用以衡量某种股票投资价值和投资风险的常用指标，是市场对公司的共同期望指标。市盈率高，说明投资者对该公司的盈余品质较具信心，且预期将来的盈余提高。

一般来说，在同时流通的各公司股票中，某一股票的市盈率越低，则其投资价值越高，投资风险越小，但也有可能说明该公司发展前景欠佳，缺乏对投资者的吸引力；反之，市盈率越高，说明该公司发展前景良好，投资者普遍持乐观态度，愿意承受较大的投资风险。但是，市盈率越高，并不能表示其质量越好。当公司总资产报酬率很低时，每股收益可能接近于零，以每股收益为分母的市盈率很高，但这并不意味着该公司具有良好的盈余品质和发展前景。另外，当资本市场不健全、交易失常或有操纵市场现象时，股票价格可能与公司盈利水平脱节，从而造成假象，市盈率难以真正达到评价企业盈利能力的目的。因此，以市盈率评价企业盈利能力主要应看其变动的原因及其趋势，并结合其他指标综合考虑。

对于市盈率的分析，要注意以下几点：

第一，影响市盈率变动的因素之一是股票市场价格的升降，而影响股价升降的原因除了企业经营成果和发展前景外，还受整个经济环境、政府宏观政策、行业发展前景以及意外因素的制约，因此必须对股票市场的整个形势作全面的了解和分析，才能对市盈率的升降做出正确评价。

第二，市盈率的高低与行业发展有密切的关系。由于各个行业的发展阶段不同，其市盈率也会高低不同，充满扩张机会的新兴行业市盈率普遍较高，而成熟产业的市盈率普遍较低，因此市盈率不能用于不同行业公司之间的比较。另外，市盈率高低受净利润影响，而净利润又受可选择的会计政策的影响，从而使得公司之间的比较受到限制。

第三，市盈率是相对于公司已经实现的利润而言的，而股票的价格是对公司未来业绩的预期。如果公司的业绩不断衰退的话，今天看来是低的市盈率，明天就显得高了；相反，如果公司的业绩可以有较大增长的话，今天看来是高的市盈率，明天就显得低了。因此，研究公司的市盈率，应该结合公司业绩的增长情况。

（四）市净率分析

市净率是普通股每股市价与每股净资产的比值，反映股票的市场价值与账面价值的关系，其计算公式如下：

$$市净率=\frac{普通股每股市价}{每股净资产}$$

式中，每股净资产是指股东权益总额减去优先股权益后的余额与流通在外的普通股股数的比值。市净率把每股净资产和每股市价联系起来，可以说明市场对公司资产质量的评价。市净率可用于股票的投资分析。每股净资产是股票的账面价值，它是用成本计量的；每股市价是这些资产的现实市场价值，它是证券市场上交易的结果。投资者认为，如果市价高于账面价值，则资产质量好，有发展潜力；反之，则资产质量差，没有发展前景。优质股票的市价都超出每股净资产许多，一般来说，市净率达到 3 可以树立较好的公司形象。市价低于每股净资产的股票，就像售价低于成本的商品一样，属于“处理品”。当然，“处理品”也不是没有购买价值，问题在于该公司今后是否有转机，或者购入后经过资产重组能否提高获利能力。

对于市净率的分析要注意以下两点：

第一，严格来说，市净率指标并非衡量获利能力的指标。每股净资产指标反映了流通在外的每股普通股所代表的企业记在账面上的股东权益额，而一般来说证券的市场价格与其账面价值并不接近。因为资产是按成本登记的，反映的是过去付出的、尚未收回的资产的成本，而股票的市价反映的则是为投资者所认可的企业现在的价值，所以市净率指标是将一个账面的历史数据与一个现实的市场数据放在一起比较，本身的计算口径不一致，很难具有说服力。

第二，市净率指标与市盈率指标不同。市盈率指标主要从股票的获利性角度考虑，而市净率指标主要从股票的账面价值角度考虑。但两者又有许多相似之处，都不是简单的越高越好或越低越好的指标，都代表着投资者对某股票或某企业未来发展潜力的判断；同时，与市盈率指标一样，市净率指标也必须在完善、健全的资本市场上，才能据以对公司做出正确、合理的分析和评价。

（五）股利支付率分析

股利支付率是指公司发放的普通股每股股利与每股收益的比值，反映公司当年的获利中有多少用于支付股利。从股利支付率中可以了解公司的股利分配政策和支付股利的能力。其计算公式如下：

$$股利支付率=\frac{普通股每股股利}{普通股每股收益}\times 100\%$$

股利支付率越大，说明企业当期发放的股利越多，股东的实际收益越大，较高的股利支付率会受到投资者的欢迎，但是股利支付率的高低与公司当年盈利并无直接关系。尽管公司盈利逐年递增，股利支付率却不一定增加，这与公司的经营方针、股利政策、业务性质、财务状况、发展前景等都有一定的关系。

（六）股利报酬率分析

股利报酬率是指普通股每股股利与每股市价的比值，说明股东在股票市场投资 1 元所获得的报酬，计算公式如下：

$$股利报酬率=\frac{普通股每股股利}{普通股每股市价}\times 100\%$$

股利报酬率反映了股利与股价的关系，它只是股票投资者的股利收益，并不代表股票投资者的全部投资收益。投资者购买股票获得的收益包括股利和资本利得，在预期股价不能上升的情况下，股利报酬率就成为衡量股票投资价值的主要依据，因此股利报酬率主要用于非上市公司的少数股权。由于这些股权无法上市交易，股东难以出售股票获取资本利得，又无能力影响股利分配政策，他们持有股票的主要动机在于获得稳定的股利收益。分析股利报酬率时应该结合公司的股利分配政策以及公司股价的未来趋势，以正确评价公司股票的投资价值。

（七）托宾 Q 指标分析

托宾 Q(Tobin Q)指标是指公司的市场价值与其重置成本之比。若某公司的托宾 Q 值大于 1，表明市场上对该公司的估价水平高于其自身的重置成本，该公司的市场价值较高；若某公司的托宾 Q 值小于 1，则表明市场上对该公司的估价水平低于其自身的重置成本，该公司的市场价值较低。

通常，人们用总资产的账面价值替代重置成本，用普通股的市场价格和债务的账面价值之和表示市场价值，则：

$$托宾\ Q\ 值=\frac{股票市场价格+长短期债务账面价值合计}{总资产账面价值}$$

债务之所以用账面价值而非市场价值，是因为一般来讲，公司债务的市场价值较难衡量，不过若可以衡量或估计其市场价值，则应当使用市场价值。如公司有发行公司债券，则债务的账面价值应当采用债券的市场价值。

在运用托宾 Q 值判断公司盈利能力和市场价值时，由于股票价格影响因素具有多样性，有可能导致托宾 Q 值不能真实反映公司的价值，如有市场投机性炒作时，市场在乐观情绪以及资金的推动下往往会出现非理性上涨，因而在用托宾 Q 值判断公司盈利能力和市场价值时，要根据资本市场的现实状况做出一定的判断或调整。

（八）现金分配率分析

现金分配率是指现金股利与经营活动净现金流量之间的比率，反映经营活动取得的现金有多大比重用于现金股利。其计算公式为：

$$现金分配率=\frac{现金股利}{经营活动净现金流量}\times 100\%$$

（九）每股经营现金流量分析

每股经营现金流量是指经营活动净现金流量与发行在外的普通股股数的比率，反映每股发行在外的普通股所平均占有的经营净现金流量。这个指标越大，说明企业进行资本支出和支付股利的能力越强。其计算公式为：

$$每股经营现金流量=\frac{经营活动净现金流量}{发行在外的普通股股数}$$

该指标的分母是发行在外的普通股股数，指的是全年发行在外的加权平均普通股股数。

【分析实例】

表 7—15 是对上汽集团 2×13 年至 2×15 年每股经营现金流量的分析。

表 7—15　　上汽集团每股经营现金流量比较分析　　单位：元

项　目	2×15 年	2×14 年	2×13 年
每股经营现金流量	2.36	2.11	1.87

由表 7—15 可知，上汽集团每股经营现金流量呈逐年上涨趋势，说明公司的资本支出及支付股利的能力日益增强，每股现金流较充裕，未来发展前景看好。

本章小结

盈利能力是企业组织生产经营活动、销售活动和财务管理水平高低的综合体现，因而企业盈利能力是企业所有利益相关集团和投资者共同关注的问题。对企业盈利能力的分析主要从商品经营、资产经营和资本经营等方面进行，同时要考虑上市公司的特殊性，因而还应对上市公司的盈利能力指标进行分析。

商品经营盈利能力分析，指利用利润表资料进行利润率分析，包括收入利润率分析和成本利润率分析两方面内容。商品经营盈利能力的基本内涵是企业以市场为导向，以一定的人力、物力消耗，生产与销售尽可能多的社会需要的商品。

资产经营盈利能力分析主要是对总资产报酬率进行分析和评价，探讨对总资产报酬率产生影响的总资产周转率和销售息税前利润率指标。资产经营盈利能力的基本内涵是合理配置与使用资产，以一定的资产投入，取得尽可能多的收益。

资本经营盈利能力分析主要是对净资产收益率指标进行分析与评价，对净资产收益率产生影响的指标主要有总资产报酬率、负债利息率、企业资本结构和所得税税率等。资本经营的内涵是指企业以资本为基础，通过优化配置来提高资本经营效益的经营活动，其活动领域包括资本流动、收购、重组、参股和控股等能实现资本增值的领域，从而使企业以一定的资本投入，取得尽可能多的资本收益。

而上市公司由于股权流通、股票价格公开等因素，而具有一些特殊的指标，因而还应对上市公司的盈利能力指标进行分析。上市公司盈利能力分析主要是对每股收益、每股净资产、市盈率、市净率、股利支付率、托宾 Q、现金分配率、每股经营现金流量等指标进行分析和评价。

思考题

1. 企业盈利能力分析包含哪些内容？
2. 如何进行盈利能力分析？
3. 上市公司盈利能力分析的指标有哪些？

本章练习与实务分析

一、单项选择题

1.(　　)是反映盈利能力的核心指标。

A. 总资产报酬率　　B. 股利发放率

C. 总资产周转率　　D. 净资产收益率

2.(　　)指标越高,说明企业资产运用效率越好,也意味着资产盈利能力越强。

A. 总资产周转率　　B. 存货周转率

C. 总资产报酬率　　D. 应收账款周转率

3. 上市公司盈利能力分析与一般企业盈利能力分析的区别关键在于(　　)。

A. 利润水平　　B. 股东权益

C. 股利支付　　D. 股票价格

二、多项选择题

1. 影响净资产收益率的因素主要有(　　)。

A. 总资产报酬率　　B. 负债利息率

C. 企业资本结构　　D. 总资产周转率

E. 所得税税率

2. 反映上市公司盈利能力的指标有(　　)。

A. 每股收益　　B. 普通股权益报酬率

C. 股利支付率　　D. 总资产报酬率

E. 价格与收益比率

3. 普通股权益报酬率的变化受(　　)因素的影响。

A. 普通股股息　　B. 净利润

C. 优先股股息　　D. 普通股权益平均额

E. 普通股股数

三、判断题

1. 按现行会计制度规定,企业当期实现净利润即为当期可分配的利润。　(　　)

2. 总资产报酬率越高,净资产收益率就越高。　(　　)

3. 资产经营、商品经营和产品经营都服从于资本经营目标。　(　　)

四、实务分析

表 7—16 数据来源于万科 2×15 年财务报表。

表 7—16　万科 2×15 年利润表　单位:元

项　目	2×15 年	2×14 年
一、营业总收入	195 549 130 020.90	146 388 004 498.44
二、营业总成本	165 988 260 802.07	125 578 920 876.15

续表

项 目	2×15 年	2×14 年
其中：营业成本	138 150 628 676.24	102 557 063 731.11
营业税金及附加	17 980 426 847.11	13 166 745 863.90
销售费用	4 138 273 594.93	4 521 889 478.29
管理费用	4 745 249 792.81	3 902 617 687.02
财务费用	477 735 809.60	640 839 545.38
资产减值损失	495 946 081.38	789 764 570.45
加：公允价值变动收益	—	11 013 281.97
投资收益	3 561 908 083.68	4 159 261 963.52
其中：对联营企业和合营企业的投资收益	2 393 092 504.58	1 840 369 221.27
三、营业利润	33 122 777 302.51	24 979 358 867.78
加：营业外收入	855 431 507.24	351 866 385.65
其中：非流动资产处置利得	1 842 011.29	1 003 021.46
减：营业外支出	175 591 190.65	78 862 019.94
其中：非流动资产处置损失	1 840 489.59	3 171 365.54
四、利润总额	33 802 617 619.10	25 252 363 233.49
减：所得税费用	7 853 179 592.79	5 964 839 205.41
五、净利润	25 949 438 026.31	19 287 524 028.08
归属于母公司股东的净利润	18 119 406 249.27	15 745 454 144.70
少数股东损益	7 830 031 777.04	3 542 069 883.38
六、每股收益		
（一）基本每股收益	1.64	1.43
（二）稀释每股收益	1.64	1.43
七、其他综合收益的税后净额	(104 721 749.08)	64 600 808.23
归属于母公司股东的其他综合收益的税后净额	(111 179 778.75)	72 232 777.05
其中：以后将重分类进损益的其他综合收益		
1. 权益法下在被投资单位以后将重分类进损益的其他综合收益中享有的份额	—	48 000 000.00
2. 其他债权投资公允价值变动损益	52 890 862.29	16 910 706.89
3. 现金流量套期损益的有效部分	(33 289 922.99)	47 817 139.15
4. 外币财务报表折算差额	(130 780 718.05)	(40 495 068.99)
归属于少数股东的其他综合收益的税后净额	6 458 029.67	(7 631 968.82)
八、综合收益总额	25 844 716 277.23	19 352 124 836.31

续表

项　　目	2×15 年	2×14 年
归属于母公司股东的综合收益总额	18 008 226 470.52	15 817 686 921.75
归属于少数股东的综合收益总额	7 836 489 806.71	3 534 437 914.56

要求：根据上述利润表计算万科 2×15 年的销售毛利率、销售净利率。在进行销售毛利率、销售净利率分析时应注意哪些问题?

第八章　营运能力分析

学习目标

1. 理解企业营运能力的含义。
2. 掌握影响企业营运能力的主要因素。
3. 掌握流动资产管理效果分析的一般方法。
4. 掌握固定资产利用效果分析的一般方法。
5. 掌握总资产营运能力分析的一般方法。

职业技能目标

掌握营运能力分析方法，具备收集甄别信息，计算各类营运能力指标、进行企业营运能力分析的职业素养及职业能力。

案例导入

三棵树(603737.SH)于日前披露了2019年中期业绩报告。数据显示，公司上半年实现营收22.02亿元，同比增长66.14%；实现归母净利润和扣非后归母净利润1.18亿元、0.82亿元，分别同比增长99.66%和103.79%。

或许正是受良好业绩的刺激，公司2019年以来截至9月5日的股价涨幅超过了150%，市盈率超过40倍。需要指出的是，营收、利润的快速增长部分来自大禹防漏的并表贡献。但如果剔除这部分的影响，增速仍然较快。

然而事物的另一面是，随着营收增长，毛利率、净利率均呈现下降趋势，表明公司的盈利能力有所下滑。同时，自2016年上市以来，公司的负债率持续上升，应收账款、存货的增长幅度也超过了营收增速。

除了财务上的担忧，房地产销售面积下滑也可能是潜在风险之一。根据统计局数据，2019年1～6月，我国商品房销售面积同比下降1.8%，降幅比1～5月扩大0.2个百分点。作为地产产业链上的公司，三棵树产品的未来销量会受到地产销量下滑的影响吗?

三棵树的主营业务为建筑涂料(墙面涂料)、木器涂料等产品的研发、生产和销售，于2016年登陆资本市场。2019年1月，公司公告拟2.065亿元收购大禹防漏70%股权，以完善产业链，满足下游基建、地产等客户对建筑外墙及防水产品的需求。从具体营收构成来看，工程墙面漆、家装墙面漆上半年分别实现销售收入 10.41 亿元、4.29 亿元，是公司最主要的收入来源。

与此同时，应收账款、存货金额的上升也值得投资者重点关注。

信息披露资料显示，公司的应收账款金额由 2016 年底 2.71 亿元上升至最新的 12.19 亿元，存货由 1.27 亿元上升至 4.61 亿元。在 2016～2018 年期间，应收账款周转率、存货周转率也处于下降的趋势(见图 8—1)。其中，工程墙面漆占主营业务收入的比例甚至接近了一半。应收账款、存货增加的原因有很多，除了销售增长以外，回款相对较慢的工程业务增多、合并大禹防漏等可能都是其中重要的原因。

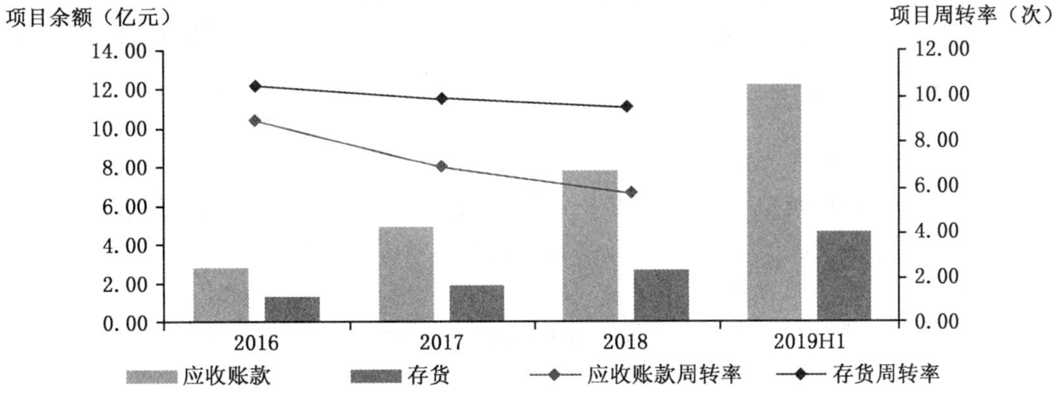

图 8—1　应收账款、存货及周转率

两者上升可能会增加会计期内的减值损益，从而侵蚀企业利润。根据中报数据，三棵树本期计提坏账准备约 4 236 万元(其中包括了大禹防漏合并日已计提坏账准备 2 329 万元)。

如何评价企业的营运能力？营运能力包括哪些财务指标？

（资料来源：面包财经，经过整理）

第一节　营运能力分析概述

一、营运能力分析的目的

企业营运能力主要指企业营运资产的效率与效益。营运资产的效率通常指资产的周转速度；营运资产的效益则指营运资产的利用效果，即通过资产的投入与其产出相比较来体现。

企业的营运资产主体是流动资产和固定资产。尽管无形资产是企业资产的重要组成部分，但无形资产的作用必须通过或依附于有形资产才能发挥出来，因此营运资产的利用及其能力如何，将从根本上决定企业的经营状况和经济效益。

企业进行营运能力分析，主要目的是：

(一)评价企业资产的流动性

企业经营的基本动机就是获取预期的收益。从一定意义上讲，流动性是比收益性更重要的概念。当企业的资产处于静止状态时，根本就谈不上什么收益，当企业运用这些资产进行经营时，才可能有收益的产生。企业的营运能力越强，资产的流动性越高，企业获得预期收益的可能性就越大。流动性是企业营运能力的具体体现，通过对企业营运能力的分析，就可以对企业资产的流动性做出评价。

（二）评价企业资产利用的效益

提高企业资产流动性的目的在于提高企业资产利用的效益。企业资产营运能力的实质，就是以尽可能少的资产占用、尽可能短的时间周转，生产出尽可能多的产品，实现尽可能多的销售收入，创造出尽可能多的纯收入。通过企业产出额与资产占用额的对比分析，可以评价企业资产利用的效益，为提高企业经济效益指明方向。

（三）发掘企业资产利用的潜力

企业营运能力的高低，取决于多种因素，通过企业营运能力分析，可以了解企业资产利用方面存在哪些问题，尚有多大的潜力，进而采取有效措施，提高企业资产营运能力。

二、营运能力分析的内容

（一）流动资产营运能力分析

通过对流动资产周转率、流动资产垫支周转率、存货周转率和应收账款周转率的分析，揭示流动资产周转速度变动的原因，评价流动资产的利用效率和资产的流动性。

（二）固定资产营运能力分析

通过固定资产产值率和固定资产收入率的分析，揭示固定资产利用效果变动的原因，评价资产的效益。

（三）全部资产营运能力分析

通过对全部资产产值率、全部资产收入率和全部资产周转率的分析，揭示总资产周转速度和利用效率变动的原因，评价总资产营运能力。

三、资产周转速度指标的一般计算

资产周转速度是衡量企业营运效率的主要指标，资产周转速度越快，表明资产可供运用的机会越多，使用效率越高；反之，则表示资产利用效率越差。资产周转速度的快慢，通常使用资产周转率和资产周转期两个指标来衡量，该指标是一定时期资产平均占用额与周转额的比率，是用资产的占用量与运用资产所完成的工作量之间的关系来表示营运效率的指标。

资产周转速度的计算方式是：

$$资产周转率=\frac{资产周转额}{资产平均余额}$$

$$资产周转期=\frac{计算期天数}{资产周转率}=\frac{资产平均余额\times 计算期天数}{资产周转额}$$

资产周转次数和资产周转天数从两个不同的方向表示资产的周转速度。资产周转次数即资产周转率表示一定时期内完成几个从资产投入到资产收回的循环；而周转天数则表示完成一个从资产投入到资产收回的循环需要多长时间。资产周转次数和周转天数成相反方向变动，在一定时期内，资产周转次数越多，周转天数越少，周转速度就越快，营运效率就越高；反之，则周转速度就越慢，营运效率越低。

虽然以上两种形式均可以表示资产周转速度，但实务上则更多使用周转天数这一形式，因为当企业为提高生产技术水平、改善生产组织等而使资产周转速度加快时，明显表现为资产占用时间的缩短，用周转天数来表示，易于看出资产周转对生产技术和生产组织的依存关系。此外，如果采用周转次数，不同时期比如说年度、季度、月度等的周转速度不能直接加以比较；而采用周转天数则可以消除期限长短对周转速度的影响，可以使不同计算期间的周转速度直接进行比较。

计算期天数，从理论上说应使用计算期间的实际天数，但为了计算方便，在确定流动资产周转期时，计算期天数每月按 30 天计算，每季按 3 个月计算，全年按 360 天计算。

资产周转额，一般指企业在计算期中有多少资产完成了由货币到商品，再到货币这一循环过程的周转，一般用营业收入来表示，或用营业成本来表示。

资产平均余额，也称资产平均占用额或平均运用额，是反映企业一定时期资产占用的动态指标。从理论上说，应是计算期内每日资产余额的平均数，但为了计算方便，通常按资产负债表上的资产余额平均计算。

第二节　流动资产营运能力分析

流动资产营运能力是指通过对流动资产周转率、流动资产垫支周转率、存货周转率和应收账款周转率等的分析，揭示流动资产周转速度变动的原因，评价流动资产的利用效率和资产的流动性。

一、流动资产周转速度的计算

流动资产完成从货币到商品，再到货币这一循环过程，表明流动资产周转了一次，以产品实现销售为标志。表示销售实现的指标有两个，即营业收入和营业成本。使用营业成本这一指标作为周转额是用来说明垫支的流动资产周转速度，反映流动资产的纯粹周转速度；而如果使用营业收入这一指标，由于营业收入中包括了垫支资金以外的部分，如税金和利润等，反映流动资产利用的效果。实务中，在计算流动资产周转速度指标时，是使用营业收入还是营业成本，应视分析的具体目的而定。

流动资产周转速度指标的具体计算公式如下：

$$\text{流动资产周转率}=\frac{\text{营业收入}}{\text{流动资产平均余额}}$$

$$\text{流动资产周转期}=\frac{\text{计算期天数}}{\text{流动资产周转次数}}=\frac{\text{流动资产平均余额}\times\text{计算期天数}}{\text{营业收入}}$$

$$\text{流动资产垫支周转率}=\frac{\text{营业成本}}{\text{流动资产平均余额}}$$

$$\text{流动资产垫支周转期}=\frac{\text{流动资产平均余额}\times\text{计算期天数}}{\text{营业成本}}$$

在一定时期内，流动资产周转次数越多，每周转一次所需要的天数越少，周转速度就越快，流动资产使用经济效益就越好；反之，周转速度越慢，流动资产营运能力就越差。

二、流动资产周转率分析

流动资产周转率是一定时期营业收入和流动资产平均占用额（也称流动资产平均余额）的比率，反映企业流动资产的周转速度和利用效率。通过对该指标的对比分析，可以促进企业加强内部管理，充分利用流动资产，提高流动资产的综合使用率。

用连环替代法或差额计算法确定影响流动资产周转次数的因素，其公式是：

$$\begin{aligned}流动资产周转次数&=\frac{营业收入}{流动资产平均余额}\\&=\frac{营业成本}{流动资产平均余额}\times\frac{营业收入}{营业成本}\\&=流动资产垫支周转次数\times成本收入率\end{aligned}$$

从上式可以看出，影响流动资产周转次数的因素是垫支周转次数和成本收入率。流动资产垫支周转次数可以准确地反映流动资产在一定时期内可周转的次数；成本收入率说明企业的耗费与所得之间的关系。当成本收入率大于1时，说明流动资产垫支周转次数越快，流动资产营运能力越好，企业的经济效益越好；当成本收入率小于1时，说明企业所负担的费用超过了企业所得，流动资产垫支次数加快，反而不利于企业经济效益的提高。

在流动资产周转次数分析基础上，进一步分析影响流动资产垫支周转次数的因素，具体为：

$$\begin{aligned}流动资产垫支周转次数&=\frac{营业成本}{流动资产平均占用额}\\&=\frac{营业成本}{平均存货}\times\frac{平均存货}{流动资产平均占用额}\\&=存货周转次数\times存货构成率\end{aligned}$$

根据上面的分解式，采用差额计算法，可以分别确定这两个因素变动对流动资产周转率的影响程度。

三、具体流动资产项目周转情况分析

（一）存货周转情况分析

存货周转率是指企业在一定时期内存货占用资金可周转的次数，是指一定期间内营业成本与平均存货的比值，这是反映企业采购、生产、储存、销售各环节中存货运营效率的综合性指标。

存货规模是否合适，周转速度如何，其表示方式有两种：

$$存货周转率=\frac{营业成本}{存货平均余额}$$

$$存货周转期=\frac{存货平均余额\times计算期天数}{营业成本}$$

存货周转率说明一定时期内企业存货周转的次数。一般来讲，该比率越高越好。存货周转率越高，说明存货变现速度越快，销售能力越强，资金占用水平低。但是如果存货周转率过高，也有可能是企业存货水平过低，常常造成缺货，或者采购频繁，批量小，这样就会产生缺货成本和较高的购货成本。而如果存货周转率太低，则说明企业销售状况不好，存货积压，资金占用水平高，应采取应对措施加以解决；但有时企业调整经营方针，因某些原因增大库存也会造成存货周转率太低。所以为了正确、合理评价、分析存货周转率，应该从存货各构成项目出发，深入调查分析，结合实际做出判断。

存货周转天数表示存货周转一次所需要的时间，存货周转天数越短，说明存货周转越快，资金占用时间越少。

存货周转次数和周转天数的实质是相同的，但是其评价标准却不同。存货周转次数是正指标，因此，周转次数越多越好；周转天数则正好相反。影响存货周转率的因素很多，主要受原材料周转率、在产品周转率和产成品周转率的影响。这三个周转率的评价标准与存货周转率评价标准相同，都是周转次数越多越好，周转天数越少越好。通过对不同时期存货周转率的比较，可评价存货管理水平，查找出影响存货利用效果变动的原因，不断提高存货管理水平。

在产销平衡情况下，存货周转率与三个阶段周转率之间的关系可用下式表示：

$$存货周转天数=材料周转天数\times\frac{材料消耗额}{总产值生产费}+在产品周转天数+产成品周转天数$$

（二）企业应收账款周转情况分析

应收账款周转率是指一定时期内营业收入与平均应收账款余额的比值。该指标反映了应收账款的流动性，其计算公式为：

$$应收账款周转率=\frac{赊销收入净额}{平均应收账款余额}$$

赊销收入净额从理论上说应采用赊销净额，不包括现销收入，但赊销净额作为企业的商业秘密并不对外公布，所以企业外部人士或机构难以取得赊销收入的资料，一般用营业收入代替。

应收账款是指因商品购销关系所产生的债权资产，而不是单指会计核算上的应收账款科目，一般包括应收账款和应收票据。为了消除季节性的影响，最好采用月度应收账款平均余额计算，但企业外界分析人员只能根据资产负债表上的期初、期末数来计算应收账款平均余额，可能造成应收账款周转率的虚增或虚减。

应收账款周转率越高，则说明企业应收账款账龄短、收现快、流动性强，短期偿债能力强，同时可减少企业坏账损失和收账费用。如果该指标过高，可能是企业执行了严格的信用政策的结果，这样有可能限制销售量的扩大，从而影响盈利水平。该指标如果过低，则说明企业催收账款不力，应收账款占用资金较多，资金利用效率低，账款回收发生困难，存在发生坏账的可能性。应收账款周转率可以用来估计应收账款变现的速度和管理效率。回收迅速既可以节约资金，又说明企业信用状况好，不易发生坏账损失。一般认为周转率越高越好。

与应收账款周转率相关联，反映应收账款变现速度的另一个指标是应收账款周转天数，其计算公式为：

$$应收账款周转天数=\frac{计算期天数}{应收账款周转率}=\frac{平均应收账款\times计算期天数}{营业收入}$$

应收账款周转天数指标不仅可评价应收账款周转速度，而且将其与企业信用期限进行比较，可评价企业应收账款的管理效率。应收账款周转天数不应超过企业信用期限太多，否则说明应收账款回收发生困难，应努力采取措施扭转。

四、流动资产周转加快的效果分析

流动资产周转加快，一方面可使一定的产出所需流动资产减少，另一方面可使一定的资产所取得的收入增加。

（一）加速流动资产周转所节约的资金

加速流动资产周转所节约的资金是指企业在营业收入一定的情况下，由于加速流动资产周转所节约的资金，其计算公式为：

$$流动资产节约额=\frac{报告期}{营业收入}\times\left(\frac{1}{报告期流动资产周转次数}-\frac{1}{基期流动资产周转次数}\right)$$

当计算结果为正数时，说明企业流动资产周转缓慢，流动资产浪费；计算结果为负数时，表示流动资产节约。

流动资产节约额，可以分为绝对节约和相对节约两种形式。流动资产绝对节约是指企业由于流动资产周转加速，可以减少流动资产占用额，因而可以腾出一部分资金；流动资产相对节约额是指企业由于流动资产周转加速，在不增资或少增资的条件下扩大企业的生产规模。绝对节约额和相对节约额的区别只在于运用情况的不同，前者是在生产规模不变的情况下减少资金占用额，后者是将其节约额用于自身的扩大再生产。

绝对节约额和相对节约额可以分三种情况进行区别与计算：

第一，如果企业流动资产周转速度加快，而营业收入不变，这时所形成的节约额就是绝对节约额；

第二，如果企业流动资产周转加速，而实际占用流动资产大于或等于基期占用流动资产，这时所形成的流动资产节约额就是相对节约额；

第三，如果企业流动资产周转加速，同时营业收入增加，流动资产占用减少，这时形成的流动资产节约额就同时具有绝对节约额和相对节约额。

流动资产周转率（周转次数）越高，表明在一定时期内以相同的流动资产完成的周转额越多，流动资产利用效率越高。但是，流动资产周转率究竟多少才算好，还没有一个固定的标准，所以应与企业历史数据进行比较，并结合行业特点进行分析。

（二）加速流动资产周转所增加的收入

加速流动资产周转所增加的收入是指在企业流动资产占用额一定的情况下，由于加速流动资产周转速度所增加的营业收入，其计算公式是：

$$营业收入增加额=\frac{基期流动资产}{平均余额}\times\left(\frac{报告期流动资产}{周转次数}-\frac{基期流动资产}{周转次数}\right)$$

当计算结果为正数时，表示加速流动资产周转增加的营业收入；结果为负数时，表示流动资产周转速度减慢所减少的营业收入。

【分析实例】

根据 2×13 年至 2×15 年上汽集团财务报表及相关资料，对其流动资产营运能力分析如表 8—1 所示。

表 8—1　　上汽集团流动资产营运能力分析表

项　目	2×13 年	2×14 年	2×15 年
存货周转率(%)	17.58	15.76	15.41
存货周转天数(天)	20.48	22.84	23.35
应收账款周转率(%)	32.50	31.38	26.44
应收账款周转天数(天)	11.08	11.47	13.62
流动资产周转率(%)	2.67	2.69	2.64

由表 8—1 可知，上汽集团流动资产营运能力变动幅度较小，维持在 2.6%左右。而与 2×13 年相比，存货周转率下滑，存货周转天数上升，并结合利润表相关数据分析，可以说明企

业扩大了生产规模，原材料和在产品库存有所增加。此外，企业应收账款周转率下滑，收账期延长，说明企业资金回笼速度有待加强。

第三节 固定资产营运能力分析

企业资产利用的直接成果是产品产量或销售量，通过产量（产值）和销售量（营业收入）与资产的对比，可反映企业资产的利用效率。这种对比可以产生许多有价值的指标，其中固定资产产值率和固定资产收入率是比较重要的指标。

一、固定资产产值率分析

固定资产产值率是指一定时期内总产值与固定资产平均总值之间的比率，其计算公式是：

$$\text{固定资产产值率}=\frac{\text{总产值}}{\text{固定资产平均总值}}\times 100\%$$

式中，分母项目是采用固定资产原值还是采用固定资产净值，目前有两种观点：

一种观点主张采用固定资产原值计算，因为固定资产生产能力并非随着其价值的逐步转移而相应降低，固定资产在其全新时期和使用一段时间后往往具有同样的生产能力，同时用原值便于企业进行不同时间或与不同企业进行比较，如果采用净值计算，则可比性就较差。

另一种观点主张采用固定资产净值计算，因为固定资产原值并非一直全部都被企业占用着，其价值中的磨损部分已逐步通过折旧收回，只有采用净值计算，才能真正反映一定时期内企业实际占用的固定资产。

事实上，单纯地采用哪一种计价方法都会失之偏颇，为了既从生产能力又从资金占用两个方面来考核企业的固定资产利用水平，必须同时采用原值和净值两种计价标准，才能从不同角度全面地反映企业固定资产利用的经济效益。

分析固定资产产值率，首先应找出影响它的因素，根据固定资产产值率的计算公式，可分解出影响固定资产产值率的因素有：

$$\begin{aligned}\text{固定资产产值率}&=\frac{\text{总产值}}{\text{固定资产平均总值}}\times 100\%\\&=\frac{\text{总产值}}{\text{生产设备平均总值}}\times\frac{\text{生产设备平均总值}}{\text{生产用固定资产平均总值}}\\&\quad\times\frac{\text{生产用固定资产平均总值}}{\text{全部固定资产平均总值}}\times 100\%\\&=\text{生产设备资金产值率}\times\text{生产设备构成率}\times\text{生产用固定资产构成率}\end{aligned}$$

上式表明，企业固定资产产值率的分析应从固定资产的配置和使用两方面进行，在合理配置固定资产的同时，改善固定资产特别是其中生产设备的利用情况，不断提高其单位时间的产量，才能提高固定资产产值率。其中，生产设备的产值率反映了生产设备的生产能力和利用效果，影响着企业固定资产产值率；而生产设备占生产用固定资产的比重和生产用固定资产占全部固定资产的比重，反映了固定资产的结构状况和配置的合理程度，其比重越大，则全部固定资产产值率也就越高。

这说明在全部固定资产中，应首先提高生产用固定资产比重，降低非生产用固定资产比例，使企业的固定资产大部分用于生产经营；其次，要注意在提高生产用固定资产比重时，重点放在增加生产设备方面。

固定资产产值率分析是以实际数与计划数、上期实际数或历史最高水平进行比较，从中找出影响该指标的不利因素，由此对企业固定资产利用效果做出评价。

二、固定资产收入率分析

固定资产收入率是一定时期内所实现的收入同固定资产平均占用总值之间的比率，其计算公式如下：

$$固定资产收入率=\frac{营业收入总额}{固定资产平均占用总值}\times 100\%$$

固定资产收入率指标数值越高，表示一定时期内固定资产提供的收入越多，说明固定资产利用效果越好。由于营业收入反映产品的数量和质量已得到社会承认，避免了总产值计算中存在的问题，所以该指标比固定资产产值率能更好地反映固定资产的利用效率。

固定资产收入率的分析可根据下列因素分解式进行：

$$固定资产收入率=\frac{总产值}{固定资产平均占用额}\times\frac{营业收入总额}{总产值}\times 100\%$$
$$=固定资产产值率\times产品销售率$$

由此可见，要想提高固定资产收入率，在提高固定资产产值率的基础上，还要做到产销均衡。

三、固定资产周转率分析

固定资产周转率又称固定资产利用率，是指企业主营业务收入净额与固定资产平均余额的比值，主要反映厂房、设备等固定资产的利用效率，其计算公式为：

$$固定资产周转率=\frac{营业收入}{固定资产平均净值}$$

式中，固定资产净值是指固定资产原值扣除累计折旧后的净值。该比率高，表明企业固定资产利用率高，企业固定资产管理水平较好，固定资产投资得当，结构合理；如果该指标偏低，说明固定资产使用效率不高，获利能力较差。

第四节　总资产营运能力分析

企业总资产营运能力，主要是指投入或使用全部资产所取得的产出的能力。由于企业的总产出，一方面可用总产值表示企业的生产能力，另一方面可用总收入表示企业满足社会需要的程度，因此，反映总资产营运能力的指标主要指总资产产值率、总资产收入率和总资产周转率。

一、总资产产值率计算与分析

总资产产值率反映了企业总资产与总产值之间的对比关系，其计算公式是：

$$总资产产值率=\frac{总产值}{平均总资产}\times 100\%$$

该指标反映了总产值与总资产之间的关系。在一定情况下，该指标值越高，说明企业资产的投入产出率越高，企业全部资产运营状况越好。反映总产值与总资产关系还可用另一指标表示，即百元产值占用资金，其计算公式为：

$$每元产值占用资金=\frac{平均总资产}{总产值}$$

该指标越低，反映全部资产营运能力越好。对该指标的分析，可以根据资产占用形态再进行进一步的分解，即：

$$每元产值占用资金=\frac{平均流动资产}{总产值}+\frac{平均固定资产}{总产值}+\frac{平均其他资产}{总产值}$$

根据上式，可以分析总资产产值率或百元产值占用资金的变动主要受各项资产营运效果的影响。

二、总资产收入率计算与分析

总资产收入率反映了企业总资产与总收入之间的对比关系，其计算公式为：

$$总资产收入率=\frac{营业收入}{平均总资产}\times 100\%$$

总资产收入率比总资产产值率更能准确地反映企业全部资产的营运能力，因为企业总产值既包括完工产品产值又包括在产品产值，既包括已销售产品的产值又包括库存产品产值。在市场经济条件下，企业产品只有销售出去，实现了收入才是真正意义上的产出。因此，在正常情况下，总资产收入率越高，反映企业总资产营运能力越强，营运效率越高。对总资产收入率的分析就是考虑收入与产值的关系，其因素分解式如下：

$$\begin{aligned}总资产收入率&=\frac{营业收入}{平均总资产}\times 100\%\\&=\frac{总产值}{平均总资产}\times\frac{营业收入}{总产值}\times 100\%\\&=总资产产值率\times 产品销售率\end{aligned}$$

企业要取得较高的总资产收入率，一方面要提高总资产产值率，另一方面要提高产品销售率。

三、总资产周转率分析

总资产收入率从周转速度角度看，也称全部资产周转率，其计算与总资产收入率相同，但总资产周转率是从资产流动性方面反映总资产的利用效率，其计算公式为：

$$总资产周转率=\frac{营业收入}{平均资产总额}$$

该指标越高，表明企业总资产的利用效率越高。用该比率与同行业的平均水平相比，低于行业的平均值，则表明企业生产效率低，盈利能力低，企业应该考虑通过提高营业收入或处置多余的资产来提高总资产的利用率。总资产营运能力分析就是要对企业总资产的营运效率进行综合分析。在总资产中，周转速度最快的是流动资产，因此总资产周转速度受流动资产周转速度的影响较大。从总资产周转速度与流动资产周转速度两者之间的关系，可以确定影响总资产周转率的因素，其计算公式如下：

$$总资产周转次数=\frac{营业收入}{平均流动资产}\times\frac{平均流动资产}{平均总资产}$$

=流动资产周转次数×流动资产占总资产的比重

总资产周转率的高低取决于两大因素:流动资产周转率和流动资产占总资产的比重。流动资产的周转速度往往高于其他类资产的周转速度。加速流动资产的周转,就会使总资产周转速度加快;反之,则会使总资产周转速度减慢。流动资产周转速度快于其他类资产周转速度,致使企业流动资产占比越大,总资产周转速度越快;反之,则越慢。

根据有关资料,上汽集团总资产周转率及相关指标的分析如表 8—2 所示。

表 8—2 上汽集团总资产周转率及相关指标

项　目	2×15 年	2×14 年	差异
营业收入(元)	670 448 223 139.34	630 001 164 437.70	40 447 058 701.64
平均资产总计(元)	463 250 682 160.53	394 255 707 141.90	68 994 975 018.64
流动资产合计(元)	253 486 619 759.88	234 613 505 144.76	18 873 114 615.12
全部资产周转次数(次)	1.447 3	1.598 0	—0.150 7
流动资产周转次数(次)	2.644 9	2.685 3	—0.040 4
流动资产占总资比率(%)	54.72	59.51	—4.788 9

根据表 8—2 可知,上汽集团 2×15 年总资产周转率比上年慢了 0.15 次,其原因是:

流动资产周转率下降,使总资产周转率下降:

(2.644 9—2.685 3)×59.51%=—0.024(次)

流动资产占总资产比率下降,使总资产周转率下降:

2.644 9×(54.72%—59.51%)=—0.126(次)

总体变动影响=(—0.024)+(—0.126)=—0.15(次)

计算结果表明,上汽集团本年总资产周转率下降,主要原因是由流动资产占总资产的比率下降以及流动资产周转率下降引起的。

四、总资产营运能力综合对比分析

全部资产营运能力综合对比分析,就是将反映全部资产营运能力的指标与反映企业流动资产和固定资产营运能力的指标结合起来进行分析。根据各类指标之间的相互关系,综合对比分析主要包括以下几方面的内容。

(一)综合对比分析反映资产占用与总产值之间的关系

反映两者关系的有三个指标:固定资产产值率、流动资产产值率和总资产产值率,它们可说明资产在生产过程中的利用效果。通过静态上对比这三个指标,可反映总产值增长与固定资产增长、流动资产增长、全部资产增长的关系以及资产结构的变化情况。

$$固定资产产值率=\frac{总产值}{平均固定资产}\times100\%$$

$$流动资产产值率=\frac{总产值}{平均流动资产}\times100\%$$

$$总资产产值率=\frac{总产值}{平均总资产}\times100\%$$

(二)综合对比分析反映资产占用与营业收入之间的关系

反映两者之间关系的有三个指标:固定资产收入率、流动资产周转率、总资产收入率,它们可以用来正确评价各项资产的营运效益和资产周转速度的快慢。通过静态上的对比，反映各项资产收入率的水平及其差距；通过动态上对比，反映固定资产、流动资产及总资产与营业收入增长的关系。

（三）将总资产的营运能力与总资产盈利能力结合起来分析

从这个角度分析可说明企业资产经营盈利能力的高低，既取决于产品经营盈利能力，又受资产营运能力的影响。用一般关系式表示：

$$资产经营盈利能力=资产营运能力\times产品经营盈利能力$$

其具体计算公式为：

$$\begin{aligned}总资产报酬率&=\frac{营业收入}{平均总资产}\times\frac{息税前利润}{营业收入}\times100\%\\&=总资产周转率\times息税前利润率\end{aligned}$$

本章小结

企业营运能力主要指企业营运资产的效率与效益。营运能力分析的目的有评价企业资产的流动性、评价企业资产的利用效益、挖掘企业资产利用的潜力。

反映流动资产周转速度的主要指标是流动资产周转率、存货周转率和应收账款周转率。流动资产周转速度指标既可按营业收入计算，也可按营业成本计算。为了区别，按营业收入计算时，称为流动资产周转率；按营业成本计算时，称为流动资产垫支周转率。流动资产周转率受流动资产垫支周转率和成本收入率两个因素影响；流动资产垫支周转率则受存货周转率和存货构成率两个因素影响。存货周转率快慢取决于供产销三个阶段的周转速度；此外，材料费用的比重、生产均衡状态和产销均衡状态也会影响存货的周转速度。应收账款周转率反映企业回收赊销货款的平均速度，应收账款周转率高，表明企业收款迅速，可以减少坏账损失，节约收账费用，提高资产流动性。流动资产加速周转可以节约流动资产的占用，也可以扩大营业收入规模，流动资产周转加速所形成的节约可以区分为绝对节约和相对节约。通过以上指标的分析，可以评价企业流动资产的营运效率。

固定资产的利用效果主要通过固定资产产值率和固定资产收入率来表示。影响固定资产产值率的核心因素是机器设备的利用效率，此外还有固定资产的内部结构；固定资产收入率的高低受固定资产产值率和产品销售率两个因素影响。通过以上指标的分析，可以评价企业固定资产的利用效果。

反映总资产营运能力的指标包括总资产产值率、总资产收入率和总资产周转率。总资产产值率反映企业生产过程中资产的利用效果；总资产收入率反映企业整个经营过程中资产的利用效率，总资产收入率受总资产产值率和产品销售率两个因素影响；总资产周转率是从周转速度角度反映总资产利用效率的指标，总资产周转率的快慢，取决于流动资产周转率的快慢和流动资产比重的高低。通过以上指标的分析，可以评价企业总资产的营运能力。

思考题

1. 营运能力分析主要分析哪些财务指标？
2. 营运能力分析为什么要考虑固定资产使用效率？

3. 流动资产营运能力分析的目的是什么？主要包括哪些内容？

4. 固定资产营运能力分析的目的是什么？主要包括哪些内容？

5. 总资产营运能力分析的目的是什么？主要包括哪些内容？

本章练习与实务分析

一、单项选择题

1. 当流动资产占用量不变时，由于流动资产周转加快会形成流动资金的(　　)。

A. 绝对浪费额　　B. 相对浪费额

C. 绝对节约额　　D. 相对节约额

2. 某公司 2016 年营业收入净额为 36 000 万元，流动资产平均余额为 4 000 万元，固定资产平均余额为 8 000 万元。假定没有其他资产，则该公司 2016 年的总资产周转率为(　　)次。

A. 3　　B. 3.4

C. 2.9　　D. 3.2

3. 提高固定资产产值率的关键在于(　　)。

A. 提高销售率　　B. 增加生产设备

C. 增加生产用固定资产　　D. 提高生产设备产值率

二、多项选择题

1. 反映企业营运能力的指标有(　　)。

A. 总资产收入率　　B. 固定资产收入率

C. 流动资产周转率　　D. 存货周转率

E. 应收账款周转率

2. 存货周转率偏低的原因可能有(　　)。

A. 应收账款增加　　B. 降价销售

C. 产品滞销　　D. 销售政策发生变化

E. 大量赊销

3. 影响固定资产产值率的因素有(　　)。

A. 生产设备产值率　　B. 增加生产用固定资产的数量

C. 生产设备占生产用固定资产的比重　　D. 增加生产设备的数量

E. 生产用固定资产占全部固定资产的比重

三、判断题

1. 总资产收入率与总资产周转率的经济实质是一样的。(　　)

2. 在其他条件不变时，流动资产比重越高，总资产周转速度越快。(　　)

3. 两家商业企业本期销售收入、存货平均余额相同，但毛利率不同，则毛利率高的企业以销售成本为基础计算的存货周转率也高。(　　)

四、实务分析

万科公司 2×13～2×15 年有关资料如表 8—3 所示。

表 8—3　　**万科相关财务数据资料表**　　单位：元

项　目	2×13 年	2×14 年	2×15 年
存　货	331 133 223 278.99	317 726 378 468.22	368 121 930 513.33
应收账款	3 078 969 781.37	1 894 071 801.08	2 510 653 269.96
流动资产	442 046 585 199.61	464 805 697 453.18	547 024 375 866.34
总资产	479 205 323 490.54	508 408 755 415.65	611 295 567 689.29
营业收入	135 418 791 080.35	146 388 004 498.44	195 549 130 020.90

要求：计算分析万科公司 2×14 年和 2×15 年存货周转率、应收账款周转率、流动资产周转率和总资产周转率。

第九章 偿债能力分析

学习目标

1. 了解偿债能力的基本含义。
2. 了解偿债能力的影响因素。
3. 掌握短期偿债能力分析的内容及其指标计算。
4. 掌握长期偿债能力分析的内容及其指标计算。
5. 理解短期偿债能力和长期偿债能力的关系。

职业技能目标

掌握偿债能力分析方法,具备收集甄别信息,计算各类偿债能力指标、进行企业偿债能力分析的职业素养及职业能力。

案例导入

本文考察房地产公司的偿债能力。分别从资产负债表和现金流表入手,观察样本房地产公司偿债能力的变化。

狭义偿债能力——基于资产负债表

短期偿债能力:

从房地产企业的资产负债表出发,我们用货币资金比率指标来衡量企业的短期偿债能力。货币资金比率公式为:货币资金比率=货币资金/短期负债×100%。该比率越高,短期偿债能力越好。

2018 年底,样本前 100 房地产公司该指标中位数和平均数分别为 128%和 233%,中位数数值较 2017 年底小幅下滑。

长期偿债能力:

从房地产企业的资产负债表出发,我们用净负债率指标来衡量企业的长期偿债能力。净负债率公式为:净负债率=(有息负债-货币资金)/所有者权益×100%。该指标越低,企业债务率越低。

2018 年底,样本前 100 房地产公司净负债率中位数和平均数分别为 85%和 103%。这一数值均较 2017 年末小幅下滑。

具体公司方面，不同公司上下游议价权差异较大。负债率较低的第一梯队包括世贸、中海、龙湖等。负债率偏高的公司包括云南城投、融侨、华发等。变动方面，2018 年底富力和龙湖净负债率较 2017 年上升。

狭义偿债能力——基于现金流量表

考虑到房地产是高杠杆行业，我们结合现金流量表来进一步衡量公司的偿债能力。

短期偿债能力：

结合现金流量表，我们用(经营性现金流净额＋投资性现金流净额)/短期有息债务来衡量房地产公司的短期偿债能力(现金流版)。该比率越高，短期偿债能力越好。

2018 年底，样本前 100 房地产公司的该指标中位数和平均数分别为 0.1%和 0.3%，这一数值较 2017 年底明显改善。花样年和融创 2018 年该指标由负转正，改善明显。

长期偿债能力：

结合现金流量表，我们用(经营性现金流净额＋投资性现金流净额)/带息债务来衡量房地产公司的长期偿债能力(现金流版)。该比率越高，长期偿债能力越好。

2018 年底，样本前 100 房地产公司该指标中位数和平均数分别为－0.3%和 0.1%。这一数值均较 2017 年末好转。具体公司方面，荣盛发展和融创改善明显。

广义偿债能力

除了关注利用财务指标计算的偿债能力以外，在比较同行业不同公司偿债能力时，还要重点关注广义偿债能力。因为在一个较短的时间周期中，企业要偿还某笔债务，通过外部融资获得资金，也即是“借新还旧”，可行度往往还高于狭义的偿债能力。

外部融资能力有定量指标和定性指标两类。定量指标很多，比如企业规模和行业地位、企业员工人数、企业银行贷款占整体债务比重等。通常来说，同样狭义偿债能力的企业，大企业的外部融资能力普遍好于小企业。定性指标方面，最典型的是企业性质，央企和国企的外部融资能力明显好于民企。

对于房地产企业，可以简化观察房地产销售额和存货这两个指标来衡量公司的外部融资能力。房地产销售额衡量当期该房地产公司的销售地位，存货衡量该公司未来的销售地位。另外从数据可获得角度出发，也可以用经营性活动现金流入作为房地产销售额的替代指标。

具体企业来看，从存货指标观察，2018 年底存货值规模最大的五家公司分别是恒大地产、万科、绿地控股、碧桂园以及保利地产；从经营性活动现金流入指标观察，前五分别为绿地控股、碧桂园、中海地产、万科和恒大地产。

另外观察经营性现金流入和存货的变动。经营性现金流方面，样本公司中 2018 年规模明显下降的房地产企业有中信房地产集团、大悦城和中冶置业集团；存货方面，样本公司中 2018 年规模明显下降的有万达、正商置业和三盛宏业。

(资料来源：国信固收研究，经过整理)

第一节　偿债能力分析概述

一、偿债能力的含义

偿债能力是指企业偿还各种债务的能力。静态地讲，就是用企业资产偿还企业长、短期债务的能力；动态地讲，就是用企业资产和经营过程创造的收益偿还所有债务的能力。企业资产具有较强的流动性和较高的收益能力，是保障全部债务偿还的根本保障，是企业能否继续生存和发展的关键，也是企业经营管理者、投资者、债权人和客户进行财务分析的重要方面。

二、偿债能力分析的目的

站在不同的角度，进行偿债能力分析的目的也有区别。

（一）债权人的目的在于做出正确的借贷决策，保证其资金安全

对于新的债权人来说，企业可承受的借款数额是多少，企业在什么时间有能力归还多少借款，归还的保障程度有多大，借款人在确定借款数额之前要对这些问题进行分析，在确定借款期限、借款利息时，也要考虑企业的偿债能力。因此，分析企业偿债能力的一个目的是确定借款数额、借款期限和借款利息。又因为企业债权人无权与企业所有者分享利润，也无权参与经营管理，只能期望企业按期还本付息；除此以外，债权人所拥有的唯一权力是在企业不能清偿债务时要求其破产清算，用清算后的资产抵偿其债务；即使如此，债权人在破产时并不能得到企业偿还其全部债务的保证，因此债权人分析企业偿债能力的另一个目的，就是预测其资金能否按期收回，以便事先采取必要的措施。

（二）投资人的目的在于权衡投资风险和收益

如果企业无力清偿到期债务，企业的信誉必将受到影响，企业面临破产风险，而企业破产时，投资者的利益是最难得到保护的。因为企业破产首先清偿的是企业所欠国家、职工和债权人的债务，最后才向投资者按出资比例分配剩余财产。即使企业无破产风险，如果企业缺乏偿债能力，企业也难以得到借款或延期支付信用，进而会影响企业的正常生产经营和企业的经济效益，对上市公司来说则影响到股票价格。

（三）经营者的目的在于全面了解企业财务状况和资金周转效率

企业保持一定的偿债能力非常重要。企业偿债能力不足直接表现为企业日常现金支付的困难，直接影响到企业的生产经营。经营者通过偿债能力的分析监督控制企业的偿债能力，同时保证生产经营过程的正常进行。保持适当的偿债能力，不但是正常生产经营的需要，也是企业借款的需要。企业能否筹集到所需资金，取决于偿债能力，企业保持一定的偿债能力，也是企业应付突发事件的需要。

除了债权人、投资者、经营者之外，企业职工和企业原料供应商也都关心企业的偿债能力。企业能否按期发放工资、有无破产风险，主要通过分析偿债能力来了解，原材料供应商的延期付款能否收回也取决于企业的偿债能力。

由此可见，企业的偿债能力不但决定企业的借款能力，而且影响企业的信誉，会给企业的生产经营带来直接影响。当企业偿债能力较差时，投资者可通过资本市场抛售企业股票或债券，银行也会提出提高贷款利率的要求以补偿其承担的偿债风险，供货商则会拒绝企业延期付款。当企业偿债能力提高时，企业容易筹集到所需资金，也较易得到利率、付款期等方面的优惠。因而，企业的偿债能力影响着企业的方方面面，企业的经营管理者、投资者、债权人和客户等都应进行企业的偿债能力分析。

三、偿债能力分析的内容

偿债能力的分析主要包括以下两个方面的内容：

（一）短期偿债能力分析

通过对反映短期偿债能力的主要指标和辅助指标的分析，了解企业短期偿债能力的高低及其变动情况，说明企业的财务状况和风险程度。

（二）长期偿债能力分析

通过对反映长期偿债能力指标的分析，了解企业长期偿债能力的高低及其变动情况，说明企业整体财务状况和债务负担及偿债能力的保障程度。

可见，如果企业只有短期偿债能力，缺乏长期偿债能力，企业可能只有短期生存的空间，而没有长期发展的空间。因此企业偿债能力分析必须同时考虑资产的短期流动性与长期安全性。

第二节　短期偿债能力分析

公司的短期偿债能力是公司抗风险能力的集中体现，公司陷入财务危机或破产状态，不管原因如何，最终会体现为公司流动性的丧失而导致的短期偿债能力的丧失。因此，短期偿债能力分析是公司财务分析的基础，对公司利益相关者正确决策尤为重要。

一、短期偿债能力指标

企业短期债务一般要用流动资产来偿付。短期偿债能力是指企业流动资产对流动负债及时足额偿还的保证程度，是衡量流动资产变现能力的重要标志。企业短期偿债能力衡量指标主要有营运资本、流动比率、速动比率、现金流量比率等。

（一）营运资本

1. 营运资本的概念及公式

营运资本是指企业流动资产超过流动负债的部分，表明公司的流动资产在偿还全部流动负债后还有多少剩余。其计算公式为：

营运资本＝流动资产－流动负债

营运资本是偿还流动负债的“缓冲垫”，营运资本越多，则偿债越有保障。营运资本是用于计量公司短期偿债能力的绝对指标。公司能否偿还短期债务，要看有多少债务，以及有多少可以变现偿债的流动资产。

当流动资产大于流动负债时，营运资本为正，说明营运资本出现溢余，此时与营运资本对应的流动资产是以一定的长期负债或所有者权益作为资金来源的，营运资本数额越大，说明不能偿债的风险越小；反之，当流动资产小于流动负债时，营运资本为负，说明营运资本出现短缺，此时公司部分长期资产以流动负债作为资金来源，公司不能偿债的风险较大。

对营运资本指标进行分析，可以从静态上评价企业当期的偿债能力状况，也可以结合企业规模等因素，评价企业不同时期的偿债能力变动情况。

2. 营运资本评价与分析

公司应保持营运资本为正，短期债权人希望营运资本越多越好，这样就可以减少风险。因为营运资本的短缺会迫使公司为了维持正常的经营和信用，在不适当的时机、按不利的利率进行不利的借款，从而影响利息和股利的支付能力。

但是过多地持有营运资本也不合理，高营运资本意味着流动资产多而流动负债少，流动资产与长期资产相比，流动性强，风险小，但获利性差，流动资产过多则不利于公司提高盈利能力。除短期借款以外的流动负债通常不需要支付利息，流动负债过少，说明公司利用无息负债扩大经营规模的能力较差。因此，公司应保持适当的营运资本规模。

没有一个统一的标准来衡量营运资本保持多少是合理的，不同行业的营运资本规模有很大差别，一般来说，零售商的营运资本较多，因为它们除了流动资产外没有什么可以偿债的资产；而信誉好的餐饮公司营运资本很少，有时甚至是一个负数，因为其稳定的收入可以偿还同样稳定的流动负债；制造业一般有正的营运资本，但其数额差别很大。由于营运资本与经营规模有联系，所以同一行业不同公司之间的营运资本也缺乏可比性。营运资本是一个绝对数，不便于不同公司间的比较，因此在实务中很少直接使用营运资本作为偿债能力指标。

（二）流动比率

1. 流动比率的概念及公式

流动比率是指企业流动资产与流动负债之比。该指标将可以在 1 年内或超过 1 年的一个营业周期内变现或使用的流动资产，同 1 年以内到期的流动负债相比较，是衡量企业偿还短期债务能力的指标，其计算公式为：

$$流动比率=\frac{流动资产}{流动负债}$$

2. 流动比率评价与分析

流动比率指标越高，表明偿还流动负债的能力越强。国际上一般认为，流动比率为 2 较适宜。通常流动比率越低，说明企业的短期偿债能力越弱；流动比率越高，说明企业短期支付债务的能力越强。但是，流动比率并不是越高越好，流动比率过高，说明企业有很大一部分资金分布在流动资产上，可能会造成资金闲置，增加企业的机会成本；如果分布在存货上的资金过多，很可能是存货积压滞销所致，这会降低企业的盈利能力，增加经营风险。

同时，不同地区、不同行业的流动比率也不完全相同。一般而言，如果行业生产周期长，则企业的流动比率就相应提高；如果行业生产周期短，则企业流动比率可以相对降低。所以，流动比率的高低最好与行业的平均水平相比较，以说明短期偿债能力的强与弱。

根据流动比率评价企业短期偿债能力的强弱，其前提是企业的存货和应收账款的周转期是正常的。如果应收账款存在大量呆账、坏账，存货存在大量长期积压等问题，用流动比率评价企业的短期偿债能力就不够准确。另外，流动比率是一个时点指标，只能反映企业特定时点的流动性，并不能说明其前后流动负债偿还的情况，因而容易造成企业利用时点数进行粉饰，在不改善短期偿债能力的情况下，使流动比率得以提高。

例如，某企业当前流动资产为 150 万元，其中货币资金 50 万元，流动负债 100 万元，当前流动比率为 1.5；如果用货币资金归还应付账款 50 万元，归还后流动比率为 2。此时，用货币资金归还应付账款这项业务本身并不能提高偿债能力，但流动比率却由 1.5 提高到 2，其原因是一般情况下流动资产大于流动负债，即流动比率的分子一般大于分母，分子、分母减少一个相同的金额，分子减少幅度会小于分母的下降幅度，导致流动比率上升。正是由于这个原因，一些企业期末将借款还清，期初再借入款项以改善流动比率。

（三）速动比率

1. 速动比率的概念及公式

速动比率又称酸性测试比率，是指速动资产与流动负债的比率，它是反映短期偿债能力的比率。速动资产是指可以迅速变现的流动资产，主要包括货币资金、交易性金融资产、应收票据、应收账款等。

速动资产不包括存货，主要原因是存货的变现能力较差，将来能否正常销售出去不能确定，收回现金更是相对遥远的事情，而依靠降价变卖存货偿还流动负债，只是不得已的情况下采用的对策。速动资产也不包括预付账款、1年内到期的非流动资产和其他流动资产等。以速动资产同流动负债对比，说明企业短期债务偿还能力比流动比率具有较高的可信度。

速动资产的计算方法有两种：一是以流动资产扣除存货计算速动资产，按照这种方法计算的速动比率又称一般速动比率；二是直接将货币资金、交易性金融资产、应收票据、应收账款相加计算速动资产，按照这种方法计算的速动比率称为保守速动比率。计算公式分别如下：

$$一般速动比率=\frac{流动资产-存货}{流动负债}$$

$$保守速动比率=\frac{货币资金+交易性金融资产+应收账款+应收票据}{流动负债}$$

报表中的应收利息、应收股利和其他应收款项目可视情况归入速动资产项目。

2. 速动比率评价与分析

速动比率指标越高，表明企业偿还流动负债的能力越强。国际上一般认为，速动比率为1较适宜，此时说明企业既有好的债务偿还能力，又有合理的流动资产结构。在实际运用中，应当结合行业水平进行分析判断。

一般而言，商品流通企业的存货周转较快，其产生大量的货币资金可以应付支付需求，因此速动比率小于1但保持在0.5左右是正常的；而餐饮企业的速动比率通常大于2。因此在不同行业企业之间比较时，首先确认两个企业之间的可比性，不要简单地用1来衡量和判断。

以速动比率评价企业的短期偿债能力，前提是应收账款周转情况是正常的。如果企业的应收账款中有较大部分不易收回，可能会成为坏账，那么速动比率就不能真实反映企业的偿还能力。所以，应收账款的变现能力是影响速动比率可信度的关键因素。

（四）现金比率

1. 现金比率的概念及公式

现金比率是指企业经营活动现金净流量与流动负债的比率。以收付实现制为基础的经营活动现金净流量同流动负债对比，能充分体现企业经营活动所产生的现金净流量可以在多大程度上保证当期流动负债的偿还。用该指标评价企业短期债务偿还能力更为谨慎。其计算公式为：

$$现金比率=\frac{经营活动现金净流量}{年末流动负债}$$

2. 现金比率评价与分析

现金比率公式中分子的数据来自现金流量表。现金流量表的主表是根据收付实现制原则编制的，经营活动现金净流量数据的取得既不受企业会计政策和会计估计选择的影响，又不受流动资产变现能力的影响，因而可以直接反映企业经营活动创造现金流量的实际能力，相对流动比率和速动比率指标而言，更能准确反映企业短期债务的偿还能力。现金流量比率大，不仅表明企业支付到期债务的能力强，而且也表明企业经营活动创造现金流量的能力强，财务状况好。

应该注意的是，由于企业经营活动产生的现金净流量说明本年创造现金的能力，而年末流动负债是下期需要归还的债务，时间基础不同，两者比较的意义受到一定的影响。因此，使用这一财务比率既可将未来会计年度预计的经营活动的现金净流量同期末流动负债相比较，也可将年度的经营活动净流量同年初流动负债相比较，以说明本年通过经营活动创造现金偿还流动负债的能力。

【分析实例】

根据 2×13 年至 2×15 年上汽集团财务报表及相关资料，对其短期偿债能力进行分析，如表 9—1 所示。

表 9—1　　上汽集团短期偿债能力分析表

项　目	2×13 年	2×14 年	2×15 年
流动比率	1.25	1.19	1.05
速动比率	1.08	0.99	0.90
现金比率	0.48	0.44	0.29

由表 9—1 可知，上汽集团短期偿债能力呈逐年下降趋势。特别是企业现金比率 2×15 年下滑幅度较大，说明上汽集团的资产变现力有待进一步加强，短期偿债能力下降。

二、影响企业短期偿债能力的经济因素

通过指标分析可以判断企业短期偿债能力的高低，但要深入分析与评价企业的短期偿债能力的成因及制定应对策略，还需要分析影响短期偿债能力的经济因素。影响短期偿债能力的经济因素可以分为公司内部因素和公司外部因素。公司内部因素是指公司自身的资产结构、流动负债的结构、融资能力等；公司外部因素是指与公司所处经济环境相关的因素，如宏观经济形势、证券市场完善程度、银行信贷政策等。

（一）公司内部因素

1. 公司的资产结构

公司的资产结构特别是流动资产结构对短期偿债能力具有重要影响。在公司的资产结构中，如果流动资产所占比重较大，则公司短期偿债能力相对较强；如果流动资产所占比重较高，但其内部结构不合理，其实际偿债能力也会受到影响。在流动资产中，如果存货资产占较大比重，由于存货资产的变现速度通常低于其他类流动资产，因此其偿债能力是要打折扣的。从这个意义上讲，流动资产中应收账款、存货资产的周转速度也是反映公司偿债能力强弱的辅助性指标。

2. 流动负债的结构

公司的流动负债有些必须以现金偿还，如短期借款、应付账款等，有些则用商品或劳务来偿还，如预收账款等。需要用现金偿付的流动负债对资产的流动性要求更高，公司只有拥有足够的现金才能保证其偿还能力。如果在流动负债中预收账款的比重较大，则公司只要拥有充足的存货就可以保证其清偿能力。此外，流动负债中各负债偿还期限是否集中，也会对公司偿债能力产生影响。分析时不仅要看各种反映偿债能力指标的数值，还要根据各种因素考察实际的偿债能力。

3. 公司的融资能力

仅仅凭各种偿债能力指标，还不足以判断公司的实际偿债能力，有些公司各种偿债能力指标都很好，但却不能按期偿付到期的债务；而另一些公司有较强的融资能力，如与银行等金融

机构保持良好的信用关系，随时能够筹集到大量的资金，即使各种偿债能力指标不高，也总能按期偿还其债务和利息。可见，公司的融资能力也是影响偿债能力的一个重要因素。

4. 公司的经营现金流量水平

公司的短期债务通常是用现金进行偿付的，因此现金流量是决定公司短期偿债能力的重要因素。公司现金流量状况主要受公司的经营状况和融资能力两方面影响，如果没有充足的现金流量，即使盈利公司也可能因无法及时偿还到期债务而导致信用危机，甚至破产。

（二）公司外部因素

1. 宏观经济形势

宏观经济形势是影响公司短期偿债能力的重要外部因素。当国家经济持续稳定增长时，社会有效需求也会随之增长。由于市场条件良好，公司的产品和存货可以容易地通过销售转化为货币资金，从而提高公司短期偿债能力；如果国民经济进入迟滞阶段，国民购买力不足，就会使公司产品积压，资金周转不灵，公司的偿债能力就会受到影响，反映短期偿债能力的指标也会不实。

2. 证券市场的完善程度

公司流动资产中常常包括一定比例的有价证券，在分析公司偿债能力时，是把有价证券视为等量现金，但实际上这样计算的偿债能力与公司的实际偿债能力是有区别的。如果证券市场发达，公司随时可将手中持有的有价证券转换为现金；如果证券市场不发达，公司转让有价证券就很困难，或者不得不以较低的价格出售。这些都会对公司的短期偿债能力产生影响，特别是当公司把投资有价证券作为资金调度手段时，证券市场的完善程度对公司的短期偿债能力的影响就更大。

3. 银行的信贷政策

国家为保证整个国民经济的健康发展，必然要采取宏观调控方法，利用金融、税收等宏观经济政策，调整国家的产业结构和经济发展速度。如果公司的产品是国民经济急需的，发展方向属于国家政策鼓励的，就会较容易取得银行借款，其偿债能力也会提高。此外，当国家采取较宽松的信贷政策时，所有的公司都会在需要资金时较容易地获得银行信贷资金，其实际偿债能力就会提高。

三、影响短期偿债能力的表外因素分析

（一）增强变现能力的因素

公司流动资产的实际变现能力，可能比财务报表项目反映的变现能力更强，主要影响因素是：

1. 可动用的银行信贷指标

银行已同意、公司未办理贷款手续的贷款限额，可以随时增加公司的现金，提高支付能力。这一数据不反映在财务报表中，必要时，应在财务情况说明书上予以说明。

2. 准备变现的长期资产

公司可以将一些长期资产比如出租的房屋，在发生周转困难时，将其出售，并且不会影响企业的持续经营。公司出售长期资产，一般情况下都是要经过慎重考虑的，公司应兼顾近期利益和长期利益，正确处理长期资产的决策问题。

3. 良好的偿债能力声誉

如果公司的长期偿债能力良好，有一定声誉，在短期偿债能力方面出现困难时，可以很快

地通过发行债券和股票等方法解决资金的短缺，提高短期偿债能力。

（二）降低短期偿债能力的因素

降低公司流动资产变现能力的因素，未在财务报表中反映的主要有未做记录的或有负债。或有负债是过去交易或事项形成的一种潜在债务，主要包括：

（1）已贴现商业承兑汇票形成的或有负债；

（2）未决诉讼、仲裁形成的或有负债；

（3）为其他单位提供债务担保形成的或有负债；

（4）亏损合同、重组义务和辞退福利形成的或有负债。

对这些或有负债，不作为负债列入财务报表，而是作为报表附注列示，披露其形成原因和预计的数额。分析时要根据披露的影响数，调整对偿债能力的评价，如披露未决诉讼、仲裁会对公司产生重大不利影响，公司将只披露其形成原因而不披露其影响数，此时也应对其财务影响做出适当评价，降低对偿债能力的评价。

第三节　长期偿债能力分析

企业债权人和投资人不仅关心短期偿债能力，更关心长期偿债能力。长期偿债能力表明公司对债务的承担能力和偿还债务的保障能力。公司举借长期负债有利于扩大公司的生产经营，但同时也加大了公司的资本成本与财务风险。因此，在进行短期偿债能力分析的同时，还需进行长期偿债能力分析，以便全面了解企业对总负债偿还的能力及所承担的财务风险。企业长期偿债能力的衡量指标主要有资产负债率和股东权益比率、产权比率和权益乘数、利息保障倍数、现金债务总额比率等。

一、长期偿债能力指标

（一）资产负债率

1. 资产负债率的概念及公式

资产负债率又称负债比率，是指企业负债总额与资产总额的比率。它反映了企业的资产总额中有多大的比例是通过举债筹资的，有助于确定在企业清算时偿还全部债务的物质保障程度。资产负债率反映企业偿还债务的综合能力，其计算公式为：

$$资产负债率=\frac{负债总额}{资产总额}\times 100\%$$

作为分析企业长期偿债能力的资产负债率指标中所说的资产是全部资产，而不是长期资产；同样负债也包括了全部负债，其原因在于无论是短期负债还是长期负债，都应当由全部资产作为偿还的最终保障，用总资产除总负债，实际上意味着总资产的变现价值在保证了短期负债偿还后，再用于长期负债的偿还。

资产负债率是衡量企业负债水平及风险程度的重要指标，该指标不论对企业投资人还是企业债权人都是十分重要的分析指标。

2. 资产负债率评价与分析

对债权人而言，希望资产负债率越低越好。资产负债率越低表明债权人债务的清偿保障程度越高，本息收回的风险越小；反之，资产负债率越高，本息收回的风险越大，企业再筹资能力将受到较大影响。正因为如此，债权人在决定是否借贷之前，会详细考察企业的资产负债率。此外，还可能在借贷合同中规定借贷期限内企业最高的资产负债率，以确保自身的利益。

对投资者而言，当息税前投资报酬率大于利息率时，希望资产负债率高一些，以获得财务杠杆利益。因为利用负债筹资可以减少发行股票筹资，使原股东容易保持对企业的控制权，为股东创造更多财富。反之，当息税前投资报酬率小于利息率时，希望资产负债率低一些，以回避风险，防止企业步入困境。

而对于经营者来说，既不愿意接受较高的负债比率，承受较大的风险责任，也不愿意长久保持较低的负债比率，使企业的权益净利率得不到较大的增长。企业的经营管理层会从企业的整体经营特点和财务的要求出发，追求合理的资产负债率，即最佳的资本结构。

在充分保障企业债务安全的前提下，适度提高企业的负债比重，提高资金的利用水平，保持良好的偿债能力，使企业能长期稳定地发展。国际上一般认为，资产负债率在60%左右比较好，但也不绝对，应结合行业特点进行具体分析。

股东权益比率是指股东权益与资产总额的比率，也称权益比率。该比率可以反映企业资产中有多大比例是所有者投入的。一般而言，这一财务比率越高，表明企业长期偿债能力越强，其计算公式为：

$$股东权益比率=\frac{股东权益总额}{资产总额}\times 100\%=1-资产负债率$$

资产负债率与股东权益比率虽然表述方式不同，但都是反映企业资本结构、衡量债务保障程度的指标。

（二）产权比率

1. 产权比率的概念及公式

产权比率又称负债权益比率，是指负债总额与股东权益总额的比率。它反映债权人提供资金与股东所提供资金的对比关系，因此可以揭示企业的财务风险以及股东权益对债务的保障程度，其计算公式为：

$$产权比率=\frac{负债总额}{股东权益总额}$$

2. 产权比率评价与分析

产权比率越低，说明企业长期偿债能力越好，债权人贷款的安全越有保障，企业的财务风险越小。

权益乘数是指资产总额相当于股东权益总额的倍数。权益乘数越大，说明股东投入的资本在资产中所占比重越小，偿债能力越差。权益乘数是杜邦财务分析体系的重要指标，其计算公式为：

$$权益乘数=\frac{资产总额}{股东权益总额}$$

权益乘数与产权比率的关系为：

$$权益乘数=\frac{资产总额}{股东权益总额}=1+\frac{负债总额}{股东权益总额}=1+产权比率$$

权益乘数与资产负债率、产权比率的关系为：

$$权益乘数=\frac{资产总额}{股东权益总额}=\frac{产权比率}{资产负债率}$$

(三)利息保障倍数

1. 利息保障倍数的概念及公式

利息保障倍数又称已获利息倍数,是指息税前利润相当于利息支出的倍数。利息保障倍数反映了企业以经营所得利润支付债务利息的能力,是利用利润表的资料来分析企业长期偿债能力的指标,其计算公式为:

$$利息保障倍数=\frac{息税前利润}{利息费用}$$

式中,息税前利润根据利润总额加利息费用计算。分母中的利息费用支出包括财务费用中的利息费用和计入固定资产成本的资本化利息。

2. 利息保障倍数评价与分析

利息保障倍数一般应保持在3以上,而且应该观察连续若干期的数据来进行评价。企业的利息保障倍数至少要大于1,否则说明企业难以保证用经营所得来按时按量支付债务利息,长此以往必将出现到期债务不能支付的问题。但是短期内利息保障倍数低于1,可能并不影响利息的支付。因为税前利润是采用权责发生制来核算的,本期的息税前利润中已经扣除了一些非付现的成本费用。

(四)现金债务总额比率

1. 现金债务总额比率的概念及公式

现金债务总额比率是指经营活动现金净流量同负债总额的比率。它反映企业用年度经营活动现金净流量承担债务的能力,是反映企业长期偿债能力的指标,其计算公式为:

$$现金负债总额比率=\frac{经营活动现金净流量}{负债总额}$$

2. 现金债务总额比率评价与分析

现金负债总额比率越高,说明企业支付债务利息的能力越强,负债经营的能力越强,偿债能力越好。

【分析实例】

根据2×13年至2×15年上汽集团财务报表及相关资料,对其长期偿债能力分析如表9—2所示。

表9—2　　上汽集团长期偿债能力分析表　　单位:%

项　目	2×13年	2×14年	2×15年
资产负债率	57	55	59
产权比率	65	69	58

由表9—2可知,上汽集团长期偿债能力呈下降趋势。特别是2×15年与2014年相比,资产负债率上升,产权比率下降,说明上汽集团改变了筹资策略,加大了负债筹资的比例,企业在利用财务杠杆筹资的同时,也应进一步防范可能的财务风险。

二、影响长期偿债能力的其他因素

(一)长期经营性租赁的影响

当公司急需某种设备或其他资产而又缺乏足够的购买资金时,可以通过租赁的方式解决。公司的财产租赁可以分为融资租赁和经营租赁两种形式。融资租赁的设备可视为公司的自有资产，相应的租赁费用作为长期负债处理；而公司经营租赁的设备则不包括在固定资产总额中，如果该设备被长期占用，就形成了一项长期固定的租赁费用，实际上这是一种长期筹资行为，但其租赁费用又不能作为长期负债处理。此时，需要偿还的债务和用作偿债保障的资产方面都出现了特殊情况，不能忽视该项经济业务对长期偿债能力产生的负面影响。

（二）或有事项的影响

或有事项是指过去的交易或事项形成的，其结果须由某些未来事项分发生或不发生才能决定的不确定事项。或有事项分为或有资产和或有负债。或有资产如专利权被他人侵犯时向他人提出索赔而形成的或有资产，诉讼判决时得到补偿形成的或有资产等；或有负债如已贴现商业承兑汇票形成的或有负债，未决诉讼、未决仲裁形成的或有负债，为其他单位提供债务担保形成的或有负债等。

或有事项的特点是现存条件的最终结果不确定，或有项目一旦发生就会影响公司的财务状况，可能给公司带来经济利益，也可能带来经济义务。产生或有资产会提高公司的偿债能力，产生或有负债会降低公司的偿债能力。因此，在分析公司财务报表时必须充分注意有关或有事项的财务报表附注披露，以了解未来资产负债表上反映的或有项目，并在评价公司长期偿债能力时，考虑或有事项的潜在影响，以防患于未然。

（三）承诺事项的影响

承诺事项是指公司依据具有法律效力的合同或协议的要求而承担的义务事项。公司为经营需要，常常要做出某些承诺，如承诺为参与合资的另一方提供银行担保，承诺长期购买合资另一方或供应商的产品，向客户承诺提供产品保证或保修等。这种承诺有时会大量增加公司的潜在负债或承诺义务，但却没有通过资产负债表反映出来。在进行长期偿债能力分析时，财务报表分析者应根据财务报表附注及其他有关资料等，判断承诺变成真实负债的可能性，并做出相应决策。

（四）金融工具的影响

金融工具指形成一个公司的金融资产，并形成其他单位的金融负债或权益合同，如债券、股票、基金及金融衍生工具等。金融工具对公司偿债能力影响主要体现在以下两方面：一是金融工具的公允价值与账面价值发生重大差异，但并没有在财务报表附注中揭示。因此，财务报表使用者不能利用该信息分析与之相关的潜在风险，如果公司的金融工具代表的是资产，计价所采用的价格高于应计的公允价值，则会造成公司资产的虚增；如果金融工具代表的是负债，计价采用的价格低于应计的公允价值，就会降低公司负债，这些都会增大公司潜在损失发生的可能性。二是未能对金融工具的风险程度进行恰当披露，不同大小的风险对公司未来损益变动的影响程度不同，风险大的金融工具，其发生损失的可能性也大。

财务报表使用者在分析公司的长期偿债能力时，要注意考察具有资产负债表外风险的金融工具，综合起来对公司偿债能力做出判断，如对公司的应付债券，应重点分析公司的信用等级、债券的发行规模、公司举债经营的程度、公司盈利稳定程度等。

本章小结

偿债能力是指企业偿还各种债务的能力。反映企业偿付流动负债能力的是短期偿债能力，反映企业偿付长期负债能力的是长期偿债能力。

影响短期偿债能力的主要因素是资产的流动性、企业的经营收益水平、流动负债的结构等，其他因素有可动用的银行贷款指标、准备很快变现的非流动资产、偿债能力的声誉和可能发生的或有负债或承诺的付款等。分析短期偿债能力的指标有营运资本、流动比率、速动比率、现金流量比率等，应收账款周转率、存货周转率等也可以作为短期偿债能力的辅助指标进行分析。

影响长期偿债能力的主要因素有企业的盈利能力、投资收益、所有者资本的积累程度、企业经营活动现金流量等；其他因素有长期租赁、担保责任、或有事项等。长期偿债能力的分析指标包括资产负债率、产权比率、权益乘数、利息保障倍数等。

无论是短期偿债能力还是长期偿债能力分析，除了利用上述基本财务比率外，还应该善于利用财务报表及其附注中揭示的比率指标中未能反映的一些重要信息，甚至是一些非定量的描述性信息。通过对这些补充信息的阅读和分析，可能会得出与基本财务比率反映的财务状况不同的结论。

思考题

1. 在确定短期偿债能力时，考虑企业的获利能力是否很重要？
2. 企业短期偿债能力指标有哪些？是否可以认为，企业流动资产越多越好？
3. 企业长期偿债能力指标有哪些？企业是否存在一个最佳资产负债率？
4. 企业陷入财务困境是资产负债率过高还是资产收益率太低？

本章练习与实务分析

一、单项选择题

1. 企业大量增加速动资产可能导致的结果是(　　)。

A. 减少财务风险　　B. 提高流动资产的收益率

C. 增加财务风险　　D. 增加资金的机会成本

2. 权益乘数应等于(　　)。

A. 1÷(1－产权比率)　　B. 1÷(1－总资产净利率)

C. 1÷(1－资产负债率)　　D. 1÷(1－总资产周转率)

3. (　　)是企业财务结构稳健与否的重要指标。

A. 资产负债率　　B. 产权比率

C. 现金比率　　D. 流动比率

二、多项选择题

1. 企业大量增加负债可能导致的结果有(　　)。

A. 减少财务风险　　B. 提高流动资产的收益率

C. 增加财务风险　　D. 提高资产负债率

2. 对资产负债率评价正确的有(　　)。

A. 从债权人角度看，负债比率越低越好

B. 从债权人角度看，负债比率越高越好

C. 从股东角度看，负债比率越高越好

D. 从股东与经营者角度看，当资本收益率高于债务利息率时，应适当提高负债比率

3. 一般情况下，影响流动比率的主要因素有(　　)。

A. 存货周转速度　　B. 应收账款数额

C. 营运资金数额　　D. 已获利息倍数

三、判断题

1. 权益乘数的高低取决于企业的资金结构，资产负债率越高，权益乘数越低，财务风险越大。　(　　)

2. 计算利息保障倍数指标，其中的利息支出既包括当期计入财务费用中的利息费用，也包括计入固定资产成本的资本化利息。　(　　)

3. 营业资本为负，说明部分长期资产以流动负债作为资金来源，公司不能偿债的风险增大。　(　　)

四、实务分析

万科公司 2×15 年及 2×14 年有关资料如表 9—3 所示。

表 9—3　万科相关财务数据资料表　单位：元

项　目	2×14 年	2×15 年
存　货	317 726 378 468.22	368 121 930 513.33
流动资产	464 805 697 453.18	547 024 375 866.34
总资产	508 408 755 415.65	611 295 567 689.29
流动负债	345 654 030 971.64	420 061 826 880.58
负　债	392 515 138 495.68	474 985 950 368.27
净资产	115 893 616 919.97	136 309 617 321.02

要求：计算分析万科公司 2×14 年和 2×15 年的流动比率、速动比率、资产负债率、产权比率。

第十章　发展能力分析

学习目标

1. 了解发展能力分析的目的和作用及发展能力分析的内容。
2. 掌握发展能力指标分析的各项指标计算及分析要点。
3. 掌握发展能力循环分析的内容。

职业技能目标

掌握发展能力分析方法，具备收集甄别信息，计算各类发展能力指标、进行企业发展能力分析的职业素养及职业能力。

案例导入

2017 年 3 月 30 日，中国中铁(601390.SH、00390.HK)发布 2016 年年度业绩报告：公司实现营业总收入 6 433.57 亿元，同比增长 3.08%；利润总额 176.72 亿元，同比增长 8.38%；归属于母公司净利润 125.09 亿元，同比增长 2.05%。利润总额增幅超收入增幅，盈利能力稳步提升。2016 年，公司新签合同额跨上万亿元台阶，《财富》世界 500 强的排名跃升至第 57 位，实现了“十三五”开门红。

2016 年，中国中铁紧密围绕“提质增效”这条主线，抓好“做实基础、做精项目、做新机制、做严管理、做强实力、做优企业”六大重点，强化成本管理，推进降本增效，加强费用管控，严格控制高风险业务规模，主业提质增效成果显著。公司营业利润率较上年同期增长 0.04 个百分点，净利润率较上年同期增长 0.08 个百分点，均为公司历史新高，盈利能力进一步增强。

由上述业绩报告可以看出，中国中铁 2016 年取得了亮眼的业绩，持续发展能力稳步上升，受到了投资者、债权人及其他利益相关者的普遍关注和好评。

如何合理评价企业发展能力？发展能力包括哪些财务指标？本章将引导读者思考企业发展能力的内容及分析要点。

第一节　发展能力分析概述

企业财务分析是一个动态与静态相结合的分析过程。企业价值在很大程度上取决于未来的盈利能力，取决于营业收入、利润的未来增长，而不是企业过去或者目前所取得的收益情况。无论是增强企业的盈利能力、偿债能力还是提高资产营运效率，都是为了企业未来的活力需要，都是为了提高企业的发展能力。也就是说，发展能力是企业盈利能力、营运能力和偿债能力的综合体现。所以，要全面衡量一个企业的价值，就不应该仅仅从静态的角度分析其经营能力，更应该着眼于从动态的角度出发分析和预测企业的经营发展性水平，即发展能力。

一、发展能力分析的目的及作用

发展能力是指企业未来生产经营活动的发展趋势和发展潜能，也可以称为企业增长能力。发展能力反映了企业目标与财务目标，是企业盈利能力、营运能力、偿债能力的综合体现。企业的发展能力是通过自身的生产经营活动，不断扩大积累而形成的。它主要依托于不断增长的销售收入、不断增加的资金投入和不断创造的利润等，最终表现为能够不断地为股东创造财富，不断增加企业价值。发展能力是企业持续发展和未来价值的源泉，是企业的生存之本、获利之源。

发展能力分析是以企业财务报表和其他财务资料为依据和起点，采用专门方法，揭示未来的成长性，对企业价值做出系统分析和评价，也可以认为是企业成长性分析。企业发展能力分析是财务能力分析的重要组成部分，对于投资人、债权人和企业经营者都具有重要意义。

发展能力分析的目的在于对企业未来的发展潜力做出客观理性的预测，为企业规避风险，制定企业战略提供科学的依据，具有以下几方面作用：

（一）有助于了解企业未来发展潜力

企业发展能力可以展望未来，通过分析和评价企业销售发展能力、资产发展能力和利润发展能力等，了解企业未来发展潜力。

（二）有助于进行财务预测和价值评估

企业发展能力是根据收入、利润、股东权益和资产之间的联系理解各类财务数据的相关性，从而衡量企业的增长。从企业发展能力分析中得出的增长率数据可以被认为是以后一系列预测分析和价值评估工作的基础数据来源，对于以预测分析为基础的价值评估非常重要。

（三）有助于辅助财务决策

通过发展能力分析，股东或潜在投资者可以衡量企业创造股东财富的潜力，衡量企业的成长性，以做出正确的投资决策；债权人可以合理评估企业的未来偿债能力和盈利能力，做出正确的信贷决策；经营者可以全面了解企业的各项发展潜力，采取适当的经营策略和财务策略，促进企业长期稳健地可持续发展。

二、发展能力分析的内容

发展能力分析的主要指标是增长额和增长率，一般包括以下内容：

（一）发展能力指标分析

发展能力指标分析，主要是对企业销售发展能力、企业资产发展能力、企业利润发展能力和股东权益增长能力等相关财务指标及其变动合理性进行分析，揭示企业在销售、资产、利润、股东权益等方面所具有的发展能力，客观评价企业销售、资产、利润、股东权益等各方面的发展趋势。

（二）发展能力循环分析

发展能力循环分析，主要是对企业营业收入增长、营业利润增长、净利润增长、股东权益增长和资产增长等相关财务指标及其变动合理性进行分析，判断企业整体发展趋势。

第二节　发展能力指标分析

一、企业销售发展能力

（一）销售增长率的概念及计算

销售增长是企业生产和发展的基础，说明企业在市场中的份额扩大，竞争实力增强。企业销售发展能力主要通过销售增长率来反映。销售增长率是衡量企业经营状况和市场占有能力、预测企业经营业务拓展趋势的重要指标，也是企业扩张增量资本和存量资本的重要前提。销售增长率越高，说明企业销售情况越好，市场份额越大，实现的营业收入也越多，企业的市场竞争力越强，具有较强的销售发展潜力和良好的销售前景。

销售增长率是本期销售收入增加额与上期销售收入之比，其计算公式如下：

$$销售增长率=\frac{本期营业收入增加额}{上期营业收入}\times 100\%$$

$$本期营业收入增加额=本期营业收入-上期营业收入$$

需要注意的是，如果上期营业收入为负数，则计算公式的分母应取其绝对值。该公式反映的是企业某期整体销售增长情况。销售增长率为正数，说明企业当期销售较上期有所增长，销售增长率越高，说明企业营业收入增长越快，销售情况越好；销售增长率为负数，说明企业当期销售规模缩小，销售情况较差。

（二）销售增长率的分析要点

运用销售增长率进行企业销售发展能力分析时，应注意以下方面：

1. 关注销售增长的效益性分析

销售增长率分析应结合资产增长率分析，据以分析和判断销售增长的效益性。如果当期资产增长率高于销售增长率，说明企业营业收入的增长主要依赖于资产的增加，此种销售增长不具有效益性，销售增长往往不可持续；而如果当期资产未增加甚至减少的情况下，销售增长了，说明企业资金利用效率大大提高，此种销售增长具有效益性，企业销售前景看好。

2. 关注销售增长的比较分析

销售增长率分析应结合趋势分析和同业分析，才能更全面客观地分析和评价一个企业营业收入的增长趋势和增长水平。如将连续多期的企业销售增长率进行纵向比较，可以发现企业营业收入的发展趋势；而将企业销售增长率与同一时期同一行业其他企业进行横向比较，通过这种同业分析，可以判断企业在行业中的地位，更客观地评价企业销售成长性和未来发展前景。

3. 关注销售增长的来源分析

销售增长率分析应结合销售增长来源分析，据以分析和判断收入质量。如果企业销售增长源于主营业务收入，说明企业收入质量较高，核心竞争力较强，未来发展潜力较大；如果企业销售增长源于其他业务收入，而非主营业务收入，说明企业核心竞争力不强，或者正面临企业转型；而如果企业销售增长源于外汇汇率变动，或会计政策、会计估计变更引起的变动，则此种销售增长往往是不可持续的，收入质量较低。

（三）销售增长率的分析实例

下面以上汽集团2×12年至2×15年会计报表为基础，分析该公司销售增长率。

1. 计算销售增长额、销售增长率

上汽集团销售增长率分析表如表10—1所示。

表10—1　　上汽集团销售增长率分析表

	2×12年	2×13年	2×14年	2×15年
营业收入(元)	480 979 671 654.73	565 807 011 579.82	630 001 164 437.70	670 448 223 139.34
销售增长额(元)	—	84 827 339 925.09	64 194 152 857.88	40 447 058 701.64
销售增长率(%)	—	17.64	11.35	6.42

从表10—1可以看出，上汽集团自2×12年以来，销售规模不断扩大，营业收入从2×12年的480 979 671 654.73元提高到2×15年的670 448 223 139.34元，自2×12年以来4年销售增长率为39%；从增长幅度而言，3年均为正值，说明上汽集团的销售额一直在增长，其中2×13年的增长幅度最大。

2. 销售增长的效益性分析

销售增长率分析应结合资产增长率分析，据以分析和判断销售增长的效益性。将上汽集团2×13年至2×15年销售增长率与资产增长率对比分析，如表10—2所示。

表10—2　　上汽集团销售增长效益性分析表　　单位：%

	2×13年	2×14年	2×15年
销售增长率	17.64	11.35	6.42
资产增长率	17.79	11.03	23.32

如表10—2所示，2×13年和2×14年销售增长率与资产增长率基本匹配，销售增长具有效益性；但2×15年销售增长率(6.42%)远远低于资产增长率(23.32%)，说明该期销售增长效益性较差，企业应进一步分析原因，提高销售增长的效益性。

3. 销售增长的同业分析

对上汽集团销售增长率进行同业分析，如表10—3所示。

表10—3　　上汽集团销售增长同业分析表　　金额单位：元

	2×14年	2×15年	销售增长额	销售增长率(%)
上汽集团	630 001 164 437.70	670 448 223 139.34	40 447 058 701.64	6.42%
东风汽车	16 666 843 841.31	16 310 600 822.16	−356 243 019.15	−2.14%
江淮汽车	32 099 297 915.76	43 900 791 678.65	11 801 493 762.89	36.77%

续表

	2×14 年	2×15 年	销售增长额	销售增长率(%)
一汽轿车	31 588 984 578.71	24 856 140 117.83	−6 732 844 460.88	−21.31%
长安汽车	52 913 332 100.83	66 771 580 527.66	13 858 248 426.83	26.19%

由表 10−3 可知,上汽集团虽然整体销售规模处于行业领军地位,但销售增长率在同行业中处于中等水平,低于江淮汽车和长安汽车。江淮汽车是一个成长型企业,近年来保持了较良好的发展势头,销售增长率较高。

4. 销售增长的来源分析

销售增长率分析应结合销售增长来源分析,据以分析和判断收入质量。根据上汽集团 2×15 年财务报表及报表附注可知,上汽集团销售增长主要是依靠整车销售而产生,说明企业收入质量较高,核心竞争力较强,未来发展潜力较大。

二、资产发展能力

(一)资产增长率的概念及计算

企业资产发展能力主要通过资产增长率来反映。资产增长率衡量企业一定时期内资产经营规模扩张的速度,资产增长率越高,说明企业资产规模扩张速度越快。但在分析时,还应关注企业资产规模扩张的质和量,以及企业的后续发展能力,避免盲目扩张。资产增长率是本期资产增加额与上期资产总额之比,其计算公式如下:

$$资产增长率=\frac{本期资产增加额}{上期资产总额}\times 100\%$$

$$本期资产增加额=本期资产总额-上期资产总额$$

资产增长率为正数,说明企业当期资产规模较上期有所增长,资产增长率越高,说明企业资产规模扩张速度越快;资产增长率为负数,说明企业当期资产规模缩小,资产出现负增长。

(二)资产增长率的分析要点

运用资产增长率进行企业资产发展能力分析时,应注意以下方面:

1. 关注资产增长的效益性分析

资产增长率分析应结合销售增长率和利润增长率分析,据以分析和判断资产增长的效益性。企业资产增长率高,不一定意味着企业资产规模增长是适当的,而应结合当期利润增长率和销售增长率,观察它们的趋势,只有在企业的销售增长率、利润增长率超过资产增长率时,才说明企业资产增长产生效益,这种资产增长才是合理的;否则,企业可能存在资源闲置、资产运营效率低下等不良情况。

2. 关注资产增长的比较分析

资产增长率分析应结合趋势分析和同业分析,才能更全面客观地分析和评价一个企业资产规模的增长趋势和增长水平。例如,将连续多期的企业资产增长率进行纵向比较,可以发现企业资产规模扩张趋势,一个健康成长的企业,资产规模应呈稳定增长趋势,如资产规模波动趋势较大,可能说明企业生产经营不稳定;而将企业资产增长率与同一时期同一行业其他企业进行横向比较,通过这种同业分析,可以判断企业在行业中的地位以及未来的发展能力。

3. 关注资产增长的来源分析

资产增长率分析应结合资产增长来源分析,据以分析和判断企业的财务战略变化。企业资产增长的来源不同，可能说明企业采取了不同的投资策略和筹资策略。从投资策略而言，如企业资产增长源于固定资产的增长，说明企业在进一步扩大生产规模；而如果企业资产增长源于货币资金、存货等流动资产的增长，则应结合具体资产项目做进一步分析。从筹资策略而言，如果企业资产增长的资金主要源于负债筹资，说明企业采取了较高的财务杠杆筹资；如果企业资产增长的资金主要源于所有者权益，则说明企业筹资策略较保守，具有良好的发展潜力。

（三）资产增长率的分析实例

1. 计算资产增长额、资产增长率

上汽集团资产增长率分析表如表 10－4 所示。

表 10－4　　上汽集团资产增长率分析表

	2×12 年	2×13 年	2×14 年	2×15 年
资产(元)	317 202 998 968.11	373 640 740 801.94	414 870 673 481.85	511 630 690 839.21
资产增长额(元)	—	56 437 741 833.83	41 229 932 679.91	96 760 017 357.36
资产增长率(%)	—	17.79	11.03	23.32

从表 10－4 可以看出，上汽集团自 2×12 年以来，资产规模不断扩大，资产总额从 2×12 年的 317 202 998 968.11 元提高到 2×15 年的 511 630 690 839.21 元，自 2×12 年以来 4 年资产增长率为 61%；从增长幅度而言，3 年均为正值，说明上汽集团的资产规模一直在增长，其中 2×15 年的增长幅度最大。

2. 资产增长的效益性分析

如前所述，上汽集团 2×13 年和 2×14 年销售增长率与资产增长率基本匹配，资产增长具有效益性；但 2×15 年销售增长率远远低于资产增长率，说明该期资产增长效益性较差，企业应进一步分析原因，提高资金利用效率，避免资产闲置。

3. 资产增长的同业分析

对上汽集团资产增长率进行同业分析，如表 10－5 所示。

表 10－5　　上汽集团资产增长同业分析表　　金额单位：元

	2×14 年	2×15 年	资产增长额	资产增长率(%)
上汽集团	414 870 673 481.85	511 630 690 839.21	96 760 017 357.36	23.32
东风汽车	19 439 252 677.74	20 217 938 733.36	778 686 055.62	4.01
江淮汽车	26 864 178 668.81	38 903 800 180.20	12 039 621 511.39	44.82
一汽轿车	20 935 597 558.07	18 038 458 173.68	－2 897 139 384.39	－16.06
长安汽车	69 687 352 890.82	89 413 988 669.66	19 726 635 778.84	28.31

由表 10－5 可知，上汽集团虽然整体资产规模处于行业领军地位，但资产增长率在同行业中处于中等水平，低于江淮汽车和长安汽车。江淮汽车是一个成长型企业，近年来保持了较良好的发展势头，资产扩张速度较快。

4. 资产增长的来源分析

根据上汽集团 2×15 年财务报表及报表附注可知，上汽集团资产的资金来源增长主要是依靠负债筹资，资产增长最快的项目是非流动资产中的发放贷款和垫款以及其他债权投资。上述数据变化说明 2×15 年上汽集团采取了扩张性投资策略，导致资产大幅增长；同时，公司的投资行为会影响公司的筹资行为，上汽集团采取扩张性投资策略，导致当期资金量需求增长，而当期企业负债的增长额及增长率大于所有者权益增长额及增长率，说明企业采取了较激进的筹资策略。

三、利润发展能力

(一)利润增长率的概念及计算

企业利润发展能力主要通过利润增长率来反映。由于利润可分为营业利润、利润总额和净利润等不同层次，因此相应的利润增长率也具有不同的表现形式。

1. 营业利润增长率

营业利润增长率是衡量企业生产经营发展趋势的重要指标，用以说明企业营业活动的盈利发展能力。营业利润增长率越高，说明企业生产经营情况越好，商品盈利能力及未来发展潜力越大。营业利润增长率是本期营业利润增加额与上期营业利润之比，其计算公式如下：

$$营业利润增长率=\frac{本期营业利润增加额}{上期营业利润}\times 100\%$$

$$本期营业利润增加额=本期营业利润-上期营业利润$$

需要注意的是，如果上期营业利润为负数，则计算公式的分母应取其绝对值。营业利润增长率为正数，说明本期营业利润增加，营业利润增长率越高，说明企业生产经营收益增长越快；营业利润增长率为负数，说明企业本期营业利润减少，销售情况较差。

2. 利润总额增长率(税前利润增长率)

利润总额增长率(税前利润增长率)是衡量企业整体业绩发展趋势的重要指标，用以说明企业全部财务活动的盈利发展能力。利润总额增长率越高，说明企业整体业绩情况越好，发展潜力越大。利润总额增长率是本期利润总额增加额与上期利润总额之比，其计算公式如下：

$$利润总额增长率=\frac{本期利润总额增加额}{上期利润总额}\times 100\%$$

$$本期利润总额增加额=本期利润总额-上期利润总额$$

需要注意的是，如果上期利润总额为负数，则计算公式的分母应取其绝对值。利润总额增长率为正数，说明本期利润总额增加，利润总额增长率越高，说明企业整体业绩越好；利润总额增长率为负数，说明企业本期利润总额减少，整体业绩较差。

3. 净利润增长率

净利润增长率是衡量最终盈利发展趋势的重要指标，用以说明企业最终经营成果的盈利发展能力。净利润增长率越高，说明企业最终盈利情况越好，发展潜力越大。净利润增长率是本期净利润增加额与上期净利润之比，其计算公式如下：

$$净利润增长率=\frac{本期净利润增加额}{上期净利润}\times 100\%$$

$$本期净利润增加额=本期净利润-上期净利润$$

需要注意的是，如果上期净利润为负数，则计算公式的分母应取其绝对值。净利润增长率为正数，说明本期净利润增加，净利润增长率越高，说明企业最终盈利越好；净利润增长率为负数，说明企业本期净利润减少，盈利情况不佳。

(二)利润增长率的分析要点

1. 关注利润增长的来源分析

利润增长率分析应结合利润增长来源分析,据以分析和判断利润质量。如果企业利润增长源于营业利润,说明企业产品经营业绩较好,核心竞争力较强,利润质量较高,未来发展潜力较大;而如果企业利润增长源于营业外收支,则这种利润增长往往不可持续,也不能代表企业真实的盈利水平,利润质量较差。

2. 关注利润增长与销售增长的对比分析

利润增长率分析应结合销售增长率,据以分析和判断利润发展潜力。如果企业营业利润增长率大于销售增长率,则说明企业处于成长期,业务拓展速度较快,盈利能力不断增强,发展潜力较好;而如果营业利润增长率小于销售增长率,则说明企业成本费用增长超过了营业收入的增长,商品盈利能力有待加强,发展潜力有待进一步评估。

3. 关注利润增长的比较分析

利润增长率分析应结合趋势分析和同业分析,才能更全面客观地分析和评价一个企业利润的增长趋势和增长水平。如将连续多期的企业利润增长率进行纵向比较,可以发现企业利润的发展趋势;而将企业利润增长率与同一时期同一行业其他企业进行横向比较,通过这种同业分析,可以判断企业利润未来发展前景。

(三)利润增长率的分析实例

1. 计算各项利润增长额、利润增长率

上汽集团各项利润增长率分析表如表 10—6 所示。

表 10—6 **上汽集团利润增长率分析表**

	2×12 年	2×13 年	2×14 年	2×15 年
营业利润(元)	39 339 589 778.33	40 179 114 855.44	40 333 768 506.30	43 588 030 405.77
增长额(元)	—	839 525 077.11	154 653 650.86	3 254 261 899.47
增长率(%)	—	2.13%	0.38%	8.07%
利润总额(元)	40 156 364 971.19	41 492 997 677.48	42 688 795 192.84	45 809 676 486.26
增长额(元)	—	1 336 632 706.29	1 195 797 515.36	3 120 881 293.42
增长率(%)	—	3.33%	2.88%	7.31%
净利润(元)	33 528 253 727.76	35 583 941 512.53	38 250 773 022.04	40 073 969 223.24
增长额(元)	—	2 055 687 784.77	2 666 831 509.51	1 823 196 201.20
增长率(%)	—	6.13%	7.49%	4.77%

从表 10—6 可以看出,上汽集团自 2×12 年以来,各项利润数据不断提高,营业利润从 2×12 年的 39 339 589 778.33 元提高到 2×15 年的 43 588 030 405.77 元,自 2×12 年以来 4 年营业利润增长率为 10.8%;利润总额从 2×12 年的 40 156 364 971.19 元提高到 2×15 年的 45 809 676 486.26 元,自 2×12 年以来 4 年利润总额增长率为 14.08%;净利润从 2×12 年的 33 528 253 727.76 元提高到 2×15 年的 40 073 969 223.24 元,自 2×12 年以来 4 年净利润增长率为 19.52%。从增长幅度而言,三年均为正值,说明上汽集团盈利一直在增长,其中 2×15 年的营业利润和利润总额增长幅度最大。

2. 利润增长的来源分析

根据上汽集团2×15年财务报表及报表附注可知，该公司营业收入增加导致营业利润增加，营业利润增加导致利润总额增加，且营业收入增幅大于销量增幅，营业利润增幅高于营业收入增幅，说明上汽集团盈利能力较强，产品经营业绩较好，核心竞争力较强，利润质量较高，未来发展潜力较大。

3. 利润增长与销售增长的对比分析

利润增长率分析应结合销售增长率，据以分析和判断利润发展潜力。将上汽集团2×13年至2×15年销售增长率与营业利润增长率对比，如表10—7所示。

表10—7　　上汽集团销售、利润对比分析表　　单位：%

	2×13年	2×14年	2×15年
销售增长率	17.64	11.35	6.42
营业利润增长率	2.13	0.38	8.07

由表10—7可知，上汽集团2×13年至2×14年营业利润增长率小于销售增长率，而2×15年营业利润增长率大于销售增长率，说明上汽集团当期业务拓展速度较快，盈利能力不断增强，发展潜力较好。

4. 利润增长的同业分析

对上汽集团净利润增长进行同业分析，如表10—8所示。

表10—8　　上汽集团净利润增长同业分析表　　金额单位：元

	2×14年	2×15年	净利润增长额	净利润增长率(%)
上汽集团	38 250 773 022.04	40 073 969 223.24	1 823 196 201.2	4.77
东风汽车	176 244 343.41	286 432 035.35	110 187 691.9	62.52
江淮汽车	539 077 180.67	855 466 464.45	316 389 283.8	58.69
一汽轿车	137 052 681.43	60 571 565.66	−76 481 115.8	−55.80
长安汽车	7 517 978 935.62	9 922 553 536.08	2 404 574 600.5	31.98

由表10—8可知，上汽集团2×15年实现净利润为40 073 969 223.24元，净利润规模处于行业领军地位，但净利润增长率仅为4.77%，在同行业中处于偏低水平，同行业中东风汽车的净利润增长率(62.52%)最高。

四、股东权益发展能力

（一）股东权益增长率的概念及计算

股东财富的增加直接表现为股东权益增长率。股东权益增长率，也称资本积累率，是衡量企业当期资本的积累能力，也是评价企业发展潜力的重要指标，用以反映股东权益的增长幅度。股东权益增长率越高，说明企业当期积累资本的速度越快，发展潜力越强。股东权益增长率是本期股东权益增加额与上期股东权益之比，其计算公式如下：

$$股东权益增长率=\frac{本期股东权益增加额}{上期股东权益}\times 100\%$$

本期股东权益增加额＝本期股东权益－上期股东权益

股东权益增长率为正数，说明企业当期股东权益增长，股东权益增长率越高，说明企业资本积累增长越快，发展潜力越好；股东权益增长率为负数，说明企业当期股东权益减少，资本积累情况较差。

由于所有者权益变动表反映了股东权益在会计期间发生增减变化的原因，因此可以结合所有者权益变动表对股东权益增长率进行分析。一般而言，股东权益的增加主要源于经营活动产生的净利润、融资活动产生的股东净支付（股东对企业当年的新增投资扣除当年发放的股利）以及直接计入所有者权益的利得和损失。

因此，股东权益增长率还可以表示为：

$$股东权益增长率=\frac{本期股东权益增加额}{上期股东权益}\times 100\%$$

$$=\frac{净利润+(股东新增投资-支付股东股利)+直接计入所有者权益的利得和损失}{上期股东权益}\times 100\%$$

$$=\frac{净利润+对股东的净支付+直接计入所有者权益的利得和损失}{上期股东权益}\times 100\%$$

$$=净资产收益率+股东净投资率+净损益占股东权益比率$$

由上式可以看出，股东权益增长率是受净资产收益率、股东净投资率和净损益占股东权益比率三个因素共同驱动的。其中，净资产收益率反映企业为股东创造财富的能力；股东净投资率反映企业新增股权资本的程度；净损益占股东权益比率反映直接计入所有者权益的利得和损失在股东权益中所占的份额。

（二）股东权益增长率的分析要点

1. 关注股东权益增长的比较分析

股东权益增长率分析应结合趋势分析和同业分析，才能更全面客观地分析和评价一个企业股东权益的增长趋势和增长水平。如将连续多期的企业股东权益增长率进行纵向比较，可以发现企业股东权益的发展趋势；而将企业股东权益增长率与同一时期同一行业其他企业进行横向比较，通过这种同业分析，可以判断企业在行业中的地位，更客观地评价企业股东权益成长性和未来发展前景。

2. 关注股东权益增长的来源分析

股东权益增长率分析应结合股东权益增长来源分析，据以分析和判断股东权益的质量。如果企业股东权益增长源于净利润，说明企业所有者权益增长属于正常合理增长，企业核心竞争力较强，未来发展潜力较大；如果企业股东权益增长源于股东投入资本，说明股东对企业未来发展看好；而如果企业股东权益增长源于其他因素，则此种股东权益的增长往往是不可持续的。

（三）股东权益增长率的分析实例

1. 计算股东权益增长额、资产增长率

上汽集团股东权益增长率分析表如表 10－9 所示。

表 10－9　上汽集团股东权益增长率分析表

	2×12 年	2×13 年	2×14 年	2×15 年
股东权益(元)	145 006 356 550.59	161 732 091 111.04	184 999 077 014.91	210 917 285 720.21

续表

	2×12 年	2×13 年	2×14 年	2×15 年
股东权益增长额(元)	—	16 725 734 560.45	23 266 985 903.87	25 918 208 705.30
股东权益增长率(%)	—	11.53	14.39	14.01

从表 10－9 可以看出,上汽集团自 2×12 年以来,股东权益不断扩大,股东权益从 2×12 年的 145 006 356 550.59 元提高到 2×15 年的 210 917 285 720.21 元,自 2×12 年以来 4 年股东权益增长率为 45.45%;从增长幅度而言,3 年均为正值,说明上汽集团股东权益一直在增长,其中 2×14 年和 2×15 年增长幅度均为 14%以上,上汽集团股东财富不断在增加,未来发展能力较强。

2. 股东权益增长的来源分析

根据上汽集团 2×15 年财务报表及报表附注可知,该公司所有者权益总额增长主要由于未分配利润增长所导致,属于正常合理的增长,说明上汽集团核心竞争能力较强,未来发展看好。

3. 股东权益增长的同业分析

对上汽集团股东权益增长进行同业分析,如表 10－10 所示。

表 10－10　　上汽集团股东权益增长同业分析表　　金额单位:元

	2×14 年	2×15 年	股东权益增长额	股东权益增长率(%)
上汽集团	184 999 077 014.91	210 917 285 720.21	25 918 208 705.3	14.01
东风汽车	7 912 478 967.50	8 151 582 224.35	239 103 256.9	3.02
江淮汽车	7 351 271 733.28	10 104 929 433.60	2 753 657 700.3	37.46
一汽轿车	8 813 119 461.57	8 745 167 357.83	－67 952 103.7	－0.77
长安汽车	25 455 411 697.22	34 173 622 723.43	8 718 211 026.2	34.25

由表 10－10 可知,上汽集团 2×15 年股东权益规模为 210 917 285 720.21 元,处于行业领军地位,但股东权益增长率仅为 14.01%,在同行业中处于中等水平,同行业中江淮汽车的股东权益增长率(37.46%)最高。

第三节　发展能力循环分析

企业发展能力具有循环的特点,可分为五个环节,如图 10－1 所示。

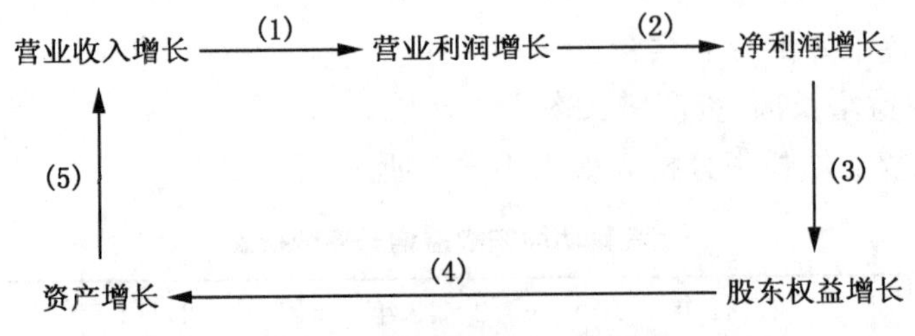

图 10－1　发展能力循环图

从图 10－1 可知，企业整体发展能力是受到各项发展能力共同影响的，因此，进行发展能力分析时，应将各项增长率指标相互联系进行综合分析。

企业发展能力循环分析的基本思路如下：

一、营业收入增长推动营业利润增长

销售增长是企业营业收入的主要来源，营业收入增长则是营业利润增长的主要源泉。一个企业只有不断开拓市场，保持稳定的市场份额，才能不断增加营业收入，更好地创造股东财富，最终实现企业的发展。

企业营业收入增长，导致企业当期营业利润增加，说明企业发展能力较好，具有较强的市场竞争实力；如果企业当期营业收入增长，但营业利润未变或降低，可能说明企业投资失败或成本费用过高；而如果企业当期营业收入不变或减少，但营业利润增加，可能说明当期成本费用有所降低，或投资收益较高，但此时，营业利润的增长往往不稳定，也不会持续，企业发展能力较弱。

$$\text{营业利润增长率} > \text{营业收入增长率}$$

$$\frac{\text{本期营业利润增加额}}{\text{上期营业利润}} > \frac{\text{本期营业收入增加额}}{\text{上期营业收入}}$$

$$\frac{\text{本期营业利润}-\text{上期营业利润}}{\text{上期营业利润}} > \frac{\text{本期营业收入}-\text{上期营业收入}}{\text{上期营业收入}}$$

由上式可得：

$$\frac{\text{本期营业利润}}{\text{本期营业收入}} > \frac{\text{上期营业利润}}{\text{上期营业收入}}$$

$$\text{本期营业利润率} > \text{上期营业利润率}$$ ①

当营业利润增长率大于营业收入增长率时，本期营业利润率较上期营业利润率增加，表明企业产品的盈利能力增强，企业发展能力较强；如果营业利润增长率小于营业收入增长率时，本期营业利润率较上期营业利润率减少，表明企业产品的盈利能力减弱，企业发展能力较弱。

二、营业利润增长推动净利润增长

对于一个健康持续发展的企业，营业利润增长是净利润增长的主要源泉，净利润的增长主要来源于营业利润的增长。企业营业利润增长，导致企业当期净利润增加，说明企业发展能力较好，具有较强的市场竞争实力，这种增长是企业净利润最稳定、最持续的来源；如果企业当期净利润增长源于营业利润以外的营业外收支项目，则净利润的增长往往不稳定，也不会持续，企业发展能力较弱。

$$\text{净利润增长率} > \text{营业利润增长率}$$

$$\frac{\text{本期净利润增加额}}{\text{上期净利润}} > \frac{\text{本期营业利润增加额}}{\text{上期营业利润}}$$

$$\frac{\text{本期营业利润增加额}+\text{本期营业外收支净增加额}}{\text{上期营业利润}+\text{上期营业外收支}} > \frac{\text{本期营业利润增加额}}{\text{上期营业利润}}$$

由上式可得：

$$\text{本期营业外收支净增长率} > \text{营业利润增长率}$$

---

① 引自刘敏．企业发展能力指标的循环分析[J]．中国农业会计，2013(5)：34－36．

当本期营业外收支净增长率大于营业利润增长率时，净利润增长率大于营业利润增长率；如果本期营业外收支净增长率小于营业利润增长率时，净利润增长率小于营业利润增长率。分析者可以观察营业外收支及营业利润的变动趋势，据以判断净利润的增长是否正常。

$$净利润增长率>营业收入增长率$$

$$\frac{本期净利润增加额}{上期净利润}>\frac{本期营业收入增加额}{上期营业收入}$$

$$\frac{本期净利润-上期净利润}{上期净利润}>\frac{本期营业收入-上期营业收入}{上期营业收入}$$

由上式可得：

$$\frac{本期净利润}{本期营业收入}>\frac{上期净利润}{上期营业收入}$$

$$本期销售净利率>上期销售净利率$$

当净利润增长率大于营业收入增长率时，本期销售净利率较上期销售净利率增加，表明企业的盈利能力增强，企业发展能力较强；如果净利润增长率小于营业收入增长率时，本期销售净利率较上期销售净利率减少，表明企业的盈利能力减弱，企业发展能力较弱。

三、净利润增长推动股东权益增长

股东权益的增长主要来源于净利润和股东投入。净利润是企业内部财富积累，是企业经营活动的成果，股东投入则是企业外部筹资行为的结果。净利润增长是股东权益增长最主要、最稳定和最持续的来源。只有企业产生较多的净利润，才能产生较多的留存收益，从而增加股东财富，实现企业的发展。

$$净利润增长率>股东权益增长率$$

$$\frac{本期净利润增加额}{上期净利润}>\frac{本期股东权益增加额}{上期股东权益}$$

$$\frac{本期净利润-上期净利润}{上期净利润}>\frac{本期股东权益-上期股东权益}{上期股东权益}$$

由上式可得：

$$\frac{本期净利润}{本期股东权益}>\frac{上期净利润}{上期股东权益}$$

$$本期净资产收益率>上期净资产收益率$$

当净利润增长率大于股东权益增长率时，本期净资产收益率大于上期净资产收益率，说明企业当期盈利能力增强，提高了为股东创造财富的速度，具有较强的发展能力；当净利润增长率小于股东权益增长率时，本期净资产收益率小于上期净资产收益率，说明企业当期盈利能力减弱，为股东创造财富的速度变慢。

四、股东权益增长推动资产增长

资产的增长一方面源于负债的增长，另一方面源于股东权益的增长，其中股东权益的增长是资产增长的基础。如果企业资产增长过度依赖于负债的增长，企业债务负担过重，偿债能力变弱，财务风险加大，会影响企业持续稳定发展。

$$股东权益增长率>资产增长率$$

$$\frac{\text{本期股东权益增加额}}{\text{上期股东权益}}>\frac{\text{本期资产增加额}}{\text{上期资产}}$$

$$\frac{\text{本期股东权益}-\text{上期股东权益}}{\text{上期股东权益}}>\frac{\text{本期资产}-\text{上期资产}}{\text{上期资产}}$$

由上式可得：

$$\frac{\text{本期股东权益}}{\text{本期资产}}>\frac{\text{上期股东权益}}{\text{上期资产}}$$

本期股东权益比率>上期股东权益比率

当股东权益增长率大于资产增长率时，本期股东权益比率大于上期股东权益比率，由于资产负债率和股东权益比率之和为1，则说明企业本期资产负债率小于上期资产负债率，企业债务负担有所减轻，偿债能力增强；当股东权益增长率小于资产增长率时，本期股东权益比率小于上期股东权益比率，则说明企业本期资产负债率大于上期资产负债率，企业债务负担加重，偿债能力削弱。

五、资产增长推动营业收入增长

营业收入增长主要源于销售量的增长，但销售量的增长往往需要企业生产量相应增长。从长期看，需要企业扩大生产规模、更新设备和技术，增加固定资产和存货等资产项目，因此资产增长可以推动营业收入稳定、持续的增长。

营业收入增长率>资产增长率

$$\frac{\text{本期营业收入增加额}}{\text{上期营业收入}}>\frac{\text{本期资产增加额}}{\text{上期资产}}$$

$$\frac{\text{本期营业收入}-\text{上期营业收入}}{\text{上期营业收入}}>\frac{\text{本期资产}-\text{上期资产}}{\text{上期资产}}$$

由上式可得：

$$\frac{\text{本期营业收入}}{\text{本期资产}}>\frac{\text{上期营业收入}}{\text{上期资产}}$$

本期资产周转率>上期资产周转率

当营业收入增长率大于资产增长率时，本期资产周转率大于上期资产周转率，说明企业资产周转速度加快，资金运营效率提高，营运能力增强，企业发展能力较强；当营业收入增长率小于资产增长率时，本期资产周转率小于上期资产周转率，说明企业资产周转速度变慢，资金运营效率降低，营运能力减弱，企业发展能力较差。

由此可见，企业各项发展能力具有循环的特点，营业收入的增长推动营业利润的增长，营业利润的增长推动净利润的增长，净利润的增长推动股东权益的增长，股东权益的增长推动资产的增长，资产的增长又推动营业收入的增长，呈现企业良性发展循环。

六、发展能力循环分析实例

根据上汽集团2×14年和2×15年财务报表及相关资料，可得表10－11。

表 10－11　企业各项发展能力指标分析表　单位:%

	销售增长率	营业利润增长率	净利润增长率	股东权益增长率	资产增长率
2×14 年	11.35	0.38	7.49	14.39	11.03
2×15 年	6.42	8.07	4.77	14.01	23.32

1. 销售增长推动营业利润增长

由表 10－11 可知,上汽集团 2×14 年销售增长率高于营业利润增长率,2×14 年营业利润率较上期营业利润率增幅较小,企业盈利能力一般;而 2×15 年营业利润增长率大于销售增长率时,本期营业利润率较上期营业利润率增幅较大,表明企业的产品盈利能力增强,企业发展能力较强。

2. 营业利润增长推动净利润增长

上汽集团 2×14 年和 2×15 年净利润增长率均小于销售增长率,本期销售净利率较上期销售净利率减少,表明企业盈利能力减弱,发展能力有待进一步评估。

3. 净利润增长推动股东权益增长

上汽集团 2×14 年和 2×15 年净利润增长率均小于股东权益增长率,本期净资产收益率小于上期净资产收益率,说明企业当期盈利能力减弱,为股东创造财富的速度变慢。

4. 股东权益增长推动资产增长

上汽集团 2×14 年股东权益增长率大于资产增长率,2×14 年股东权益比率大于上期股东权益比率,说明企业 2×14 年资产负债率小于上期资产负债率,企业债务负担有所减轻,偿债能力增强;上汽集团 2×15 年股东权益增长率小于资产增长率,2×15 年股东权益比率小于上期股东权益比率,说明企业 2×15 年资产负债率大于上期资产负债率,企业债务负担加重,偿债能力削弱。

5. 资产增长推动销售增长

上汽集团 2×14 年销售增长率大于资产增长率,2×14 年资产周转率大于上期资产周转率,说明企业资产周转速度加快,资金运营效率提高,营运能力增强,企业发展能力较强;上汽集团 2×15 年销售增长率小于资产增长率,2×15 年资产周转率小于上期资产周转率,说明企业资产周转速度变慢,资金运营效率降低,营运能力减弱,企业发展能力有待进一步评估。

综上所述,上汽集团各项发展能力 2×14 年和 2×15 年均为正数,企业保持一定发展势头,但由于销售增长率的发展速度比其他相关发展能力指标略慢,导致企业盈利能力偏弱,资金运营效率有待进一步加强。

本章小结

企业发展能力是指企业未来生产经营活动的发展趋势和发展潜能,也可以称为企业增长能力。企业发展能力分析是财务能力分析的重要组成部分,对于投资人、债权人和企业经营者都具有重要意义,分析目的在于对企业未来的发展潜力做出客观理性的预测,为企业规避风险、制定企业战略提供科学的依据。

企业发展能力分析包括企业发展能力指标分析和企业发展能力循环分析。

企业发展能力指标分析,主要是对企业销售发展能力、企业资产发展能力、企业利润发展能力和股东权益增长能力等相关财务指标及其变动合理性进行分析，揭示企业在销售、资产、利润、股东权益等方面所具有的发展能力，客观评价企业销售、资产、利润、股东权益等各方面的发展趋势；企业发展能力循环分析，主要是对企业营业收入增长、营业利润增长、净利润增长、股东权益增长和资产增长等相关财务指标及其变动合理性进行分析，判断企业整体发展趋势。

思考题

1. 企业发展能力分析包括哪些内容？
2. 如何进行销售发展能力分析？
3. 如何进行企业发展能力循环分析？

本章练习与实务分析

一、单项选择题

1. 如果企业某种产品处于成长期，其销售增长率的特点是（　　）。

A. 比值比较大　　B. 与上期相比变动不大

C. 比值比较小　　D. 与上期相比变动非常小

2. 下列指标中，属于企业发展能力指标的是（　　）。

A. 产权比率　　B. 净资产收益率

C. 资产周转率　　D. 资本积累率

3. 从根本上看，一个企业的股东权益增长应主要依赖于（　　）。

A. 净资产收益率　　B. 股东净投资率

C. 销售净利率　　D. 资本积累率

二、多项选择题

1. 一个发展能力强的企业，表现为（　　）。

A. 资产规模不断增加　　B. 营运效率不断提高

C. 股东财富持续增长　　D. 财务风险不断加大

E. 盈利能力不断增强

2. 下列说法正确的有（　　）。

A. 如果一个企业营业收入增长但利润并未增长，那么从长远看，它并没有增加股东权益

B. 一个企业如果净利润增长但营业收入并未增长，这样的增长对企业而言是无法持续保持的

C. 净利润增长率可以比营业利润增长率更好地考察企业利润的成长性

D. 如果企业的净利润主要来源于营业利润，则表明企业具有良好的发展能力

E. 应将企业连续多期的净利润增长率与营业利润增长率指标进行对比分析

三、判断题

1. 资产增长率越高，则说明企业资产规模增长势头一定越好。（　　）

2. 净资产收益率可以反映企业运用股东投入资本创造收益的能力，而股东净投资率则反

映企业利用股东新投资的程度。 (　　)

3. 获利能力强的企业,其发展能力也强。 (　　)

四、实务分析

下列数据来源于万科 2×12 年至 2×15 年财务报表,具体资料如表 10—12 所示。

表 10—12 **万科财务数据资料表** 单位:元

	2×12 年	2×13 年	2×14 年	2×15 年
营业收入	103 116 245 136.42	135 418 791 080.35	146 388 004 498.44	195 549 130 020.90
营业利润	21 013 040 794.06	24 261 338 387.14	24 979 358 867.78	33 122 777 302.51
净利润	15 662 588 423.06	18 297 549 871.24	19 287 524 028.08	25 949 438 026.31
股东权益	82 138 194 988.10	105 439 423 398.63	115 893 616 919.97	136 309 617 321.02
资　产	378 801 615 075.37	479 205 323 490.54	508 408 755 415.65	611 295 567 689.29

根据上述资料,要求完成以下分析:

1. 分析万科公司的销售发展能力、利润发展能力、资产发展能力和股东权益发展能力。

2. 你认为万科公司的整体发展能力如何?如果你是万科会计机构负责人,打算采取什么措施改进公司发展能力?

第十一章　财务综合分析

学习目标

1. 理解企业财务综合分析的含义和内容。
2. 理解沃尔评分法的基本思路及方法。
3. 重点掌握传统杜邦分析法与改进的杜邦分析法的使用方法。
4. 了解传统杜邦分析法与改进的杜邦分析法之间的区别。
5. 掌握财务分析报告的撰写。
6. 了解财务预警分析及其方法。

职业技能目标

掌握财务综合分析方法，具备计算杜邦分析指标及财务预警指标、整合撰写财务分析报告的职业素养及职业能力。

案例导入

本书前面章节已经就如何利用单项财务比率对企业的偿债能力、营运能力、盈利能力、发展能力进行分析做了深入的探讨，但这些单项财务比率都只是单独从某一个特定的角度、就企业某一方面的活动所做的评价，评价的结果难免具有片面性，甚至“只见树木，不见森林”。想要系统、全面、综合地对企业财务状况和经营成果、现金流量状况进行剖析、解释和评价，必须采用综合分析法。综合分析克服了单项财务比率分析片面、零散、孤立的缺陷，可以把握公司的整体情况，并将成绩或问题分解，为发挥公司潜力、解决困难和问题提供了依据。

企业的各项财务活动之间存在着紧密的联系，对企业的财务活动进行分析时，应注重把握它们之间的联系性 。中国民营100强企业鄂尔多斯集团(600295)在其披露的年度财务报告中，其存货一直都处于高位盘整的状态，公司方面也给出了看似合理的解释——服装产业一直存在着存货量较大的情况以及该公司对存货的处理方式而造成的。如果单纯从存货的角度进行分析，根本看不出任何异常。然而，上海国家会计学院财务舞弊研究中心夏草教授根据该公司披露的财务数据，将存货与资产负债表、利润表结合起来进行综合分析，提出该公司有虚构存货的嫌疑，将其列为“上市公司涉嫌造假榜”的榜首。由此可见，企业筹资、投资、分配等各项财务活动本身就是一个紧密联系的有机整体，往往“牵一发而动全身”，对企业的财务活动只有进行全面的、动态的综合分析，才能准确把握企业发展的状态。基于此，综合分析的方法越来越受到各界人士的青睐和关注。

第一节 财务综合分析概述

一、综合分析的含义

财务综合分析，是指将企业的营运能力、偿债能力、盈利能力等方面的分析纳入一个有机的分析系统之中，全面地对企业的财务状况、经营成果和现金流量进行剖析，从而对企业的整体经济效益做出较为准确的评价和判断。通过财务综合分析，可以明确偿债能力、营运能力、盈利能力等指标之间的关系，明确核心指标，找出制约核心指标实现的瓶颈以及实现核心指标的方法。

二、综合分析的特点

综合分析与单项分析相比，具有以下显著特点：

（一）分析问题的方法不同

单项分析采用一般到个别的形式，将企业的财务活动分解为一个个具体的部分，然后逐一进行分析考察；而综合分析采用个别到一般，通过归纳总结，在分析的基础上从整体上把握企业的财务状况和经营成果。

（二）评价指标的要求不同

单项分析具有实证性和实务性，评价指标要求能够认识每一具体的财务现象；而综合分析具有高度的抽象性和概括性，着重从整体上概括企业财务状况、经营成果的本质特征，评价的范围更全面。

（三）分析的重点和比较基准不同

单项分析的重点和比较基准是财务计划、财务理论标准；而综合分析的重点和比较基准是企业整体的发展趋势，两者的角度存在区别。

（四）指标之间的关系不同

单项分析把每个分析的指标视为同等重要的地位来处理，一般不考虑各指标之间的相互关系；而综合分析强调各指标之间的主次之分，在对主要指标进行分析的基础上，再对次要指标进行分析。

三、综合分析的意义

（一）有助于评估企业的经营绩效

通过财务综合分析，将企业实际指标数据与以前各期、计划指标、先进指标等进行比较，对企业的财务状况和经营成果进行客观、公正的评价，以判断企业在分析期的管理水平和经营业绩。

（二）有助于挖掘企业的潜力

运用综合分析法，可以对影响企业财务状况和经营成果的各项因素进行量化考核分析，找出制约企业发展的关键因素；通过分析影响因素和计算影响程度，可以分清影响企业财务指标的有利因素和不利因素、主要因素和次要因素；然后对各项指标的变动结果进行综合分析，找出差距，查明原因，制定改进措施，挖掘企业各个方面的能力。

（三）有助于为财务分析者做出经济决策提供依据

经营活动的中心在于管理，管理的中心在于决策。企业的财务活动是一个复杂的总体，各项财务指标之间存在着本质的、必然的联系。在综合分析中，财务分析者通过对各项财务指标之间这种内在联系的准确把握，不仅可以评价企业的过去，还可以预测企业的未来，以便做出正确的经济决策。

第二节　杜邦财务分析体系

一、杜邦财务分析体系的产生及含义

1910 年，美国著名化学制品生产商杜邦公司为了考核集团下属企业的业绩，制定了一个以自有资金利润率为核心的财务比率考核体系。该系统出现后，迅速风靡全球，从最初的管理层用于企业内部考核，到投资者、债权人用于分析企业的经营绩效。因其最先为杜邦公司创造并成功应用，因而称为杜邦财务分析体系，又称杜邦分析法。20 世纪后半叶，杜邦分析体系被介绍到中国，引起了中国会计界和大型企业的重视，已被吸纳为各类财务管理及分析教材的内容，同时被广泛应用于企业财务综合分析的实践。

企业的各项财务活动、财务指标之间是相互联系、相互影响的，这就决定了对企业进行财务分析时应将其财务活动看成一个大的系统，对系统内各种因素进行综合分析。杜邦分析法就是利用财务指标之间的内在联系，建立财务分析指标体系，对企业的财务状况和经营效益进行综合系统分析评价的方法。

杜邦财务分析体系最显著的特点是将若干个用以评价企业经营成果和财务状况的指标按其内在联系有机地结合在一起，形成一个完整的指标体系，并最终通过净资产收益率来综合反映。其基本思想是将企业净资产收益率逐级分解为多项财务比率的乘积，使财务比率的分析层次更清晰、条理更突出，为报表使用者全面了解企业的经营和盈利状况提供方便。

杜邦财务分析体系在企业的管理中发挥着巨大的作用，有助于企业管理者更加清晰地看到净资产收益率的驱动因素，以及销售净利率、总资产周转率、债务比率之间的相互关系，给管理者提供了一幅考察公司资产管理效率以及净资产投资回报是否最大化的明晰路线图。

二、杜邦财务分析体系的基本内容

杜邦财务分析体系的核心指标就是净资产收益率，它反映了企业净资产的活动能力，其计算公式为：

$$\begin{aligned}\text{净资产收益率}&=\frac{\text{净利润}}{\text{平均净资产}}\\&=\frac{\text{净利润}}{\text{平均资产总额}}\times\frac{\text{平均资产总额}}{\text{平均净资产}}\\&=\text{总资产净利率}\times\text{平均权益乘数}\end{aligned}\tag{11—1}$$

而又因为：

$$\text{总资产净利率}=\frac{\text{净利润}}{\text{平均资产总额}}$$

$$=\frac{净利润}{销售收入}\times\frac{销售收入}{平均资产总额}$$

$$=销售净利率\times总资产周转率 \quad (11-2)$$

所以综合公式(11—1)和公式(11—2)可得：

净资产收益率＝销售净利率×总资产周转率×权益乘数

上述财务比率之间的关系可以作进一步的详细分解，如图11—1所示。

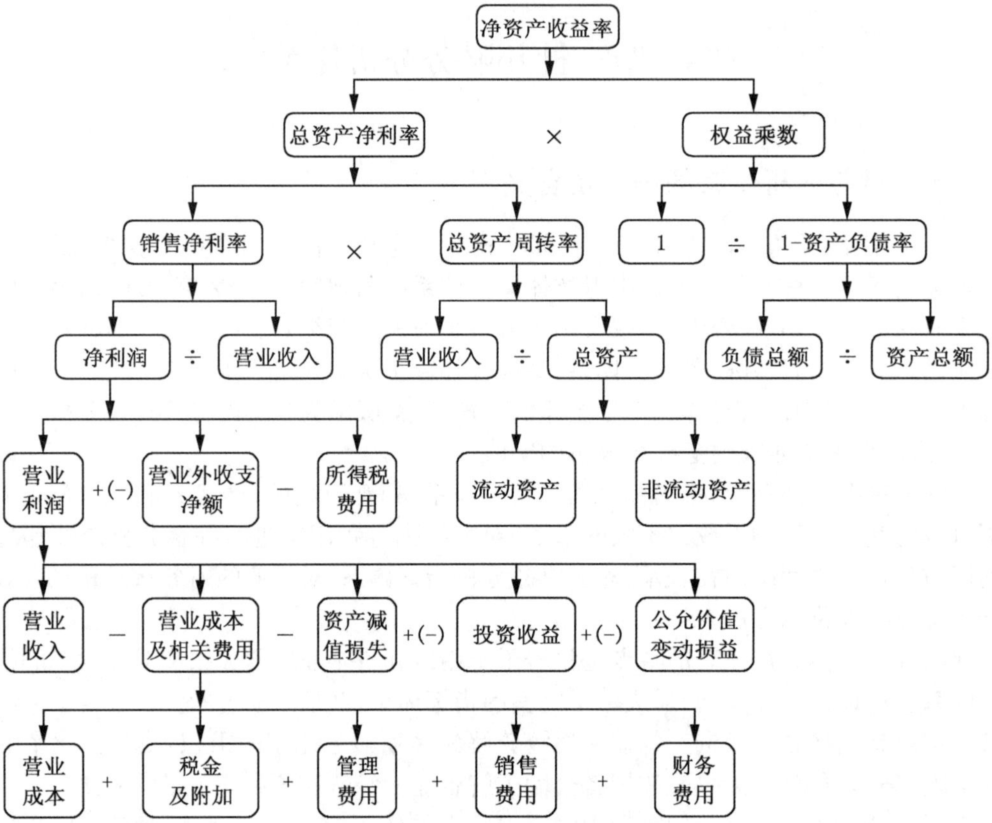

图11—1 杜邦财务分析体系分解图

杜邦财务分析体系分解图系统反映了企业有关财务比率之间的关系，它把孤立的若干指标联系起来，便于分析企业整体的财务状况和经营绩效，即杜邦分析系统可以反映影响企业净资产收益率的三个主要因素以及每个因素的决定过程，它既可以反映企业的资产结构，也可以反映企业的收入、成本构成。具体而言，从杜邦分析系统可以得到如下信息：

(一)净资产收益率是杜邦分析系统的核心

净资产收益率是杜邦分析体系中的核心指标，它反映了投资者投入资本的活力能力。从图11—1可以看出，净资产收益率可以分解为总资产净利率与权益乘数两大指标，这说明净资产收益率的变动取决于企业的资产经营和资本经营，是企业经营活动效率和财务活动效率的综合体现。

(二)资产周转率是提高净资产收益率的基础

资产周转率反映了企业资产周转速度的快慢，是衡量企业营运能力的重要指标，也是实现净资产收益率最大化的基础。要提高资产周转率，企业必须提高销售收入，同时降低资产总额的占用。企业的总资产由流动资产和长期资产构成，流动资产体现企业的短期偿债能力和变现能力，长期资产体现企业的长期获利能力和发展潜力。流动资产收益性差、变现能力强，而长期资产收益性强、流动性差，因此，企业应合理安排流动资产与长期资产的结构比例，通过合理的资产配置，努力提高企业的经营绩效。

(三)销售净利率是提高企业净资产收益率的关键

销售净利率反映了企业净利润与销售收入的关系，是衡量盈利能力的最重要的指标。企业提高销售净利率的途径，一是扩大销售收入，二是降低成本费用。

(四)权益乘数是提高净资产收益率的保障

权益乘数反映企业的资本结构和财务风险，它主要受资产负债率的影响。资产负债率越高，权益乘数越高，说明企业运用借入资金为企业赚取利润的能力越强，但同时面临的财务风险也越大。因此，企业在负债经营的同时，应考虑自己所能承受的风险，合理运用财务杠杆来提高净资产收益率。

通过杜邦分析法层层而又系统的分析，不仅可以了解企业的财务状况和经营绩效，还可以查明企业各项主要财务指标增减变动的影响因素和存在的问题，为决策者采取进一步的改进措施提供了依据。

三、杜邦财务分析体系应用举例

根据上汽集团股份有限公司 2×13～2×15 年披露的年度财务报告，对其 2×13～2×15 年的经营状况进行杜邦分析。

(一)2×14 年与 2×13 年的对比分析

如图 11－2 和图 11－3 所示，上汽集团 2×14 年的净资产收益率较 2×13 年有所下降。根据三个指标对总指标的依次影响程度，具体的计算分析过程如下：

分析对象：20.63％－22.04％＝－1.41％

销售净利率变动的影响＝(6.10％－6.32％)×1.51×2.31＝－0.76％

2×14 年资产周转率与 2×13 年相比未发生变化，因此其影响为 0。

权益乘数的影响＝6.10％×1.51×(2.24－2.31)＝－0.65％

总体变动影响＝(－0.76％)＋0＋(－0.65％)＝－1.41％

2×14 年同 2×13 年相比，该公司净资产收益率下降 1.41％，主要是因为：

(1)2×14 年销售净利率(6.10％)比 2×13 年销售净利率(6.32％)下降 0.22％，导致其净资产收益率下降 0.76％。而销售净利率＝净利润/营业收入。根据 2×13 年、2×14 年披露的年度财务报告显示，2×14 年比 2×13 年营业收入增长 10.11％，净利润只上涨了 6.97％，主要是因为 2×14 年营业成本比 2×13 年上涨了 11.86％，销售费用上涨 15.38％。收入虽然在增长，但是成本、费用的上涨幅度超过了营业收入的增长幅度，增收的局面必然不能维持长久。因此，上汽集团应加强成本、费用的控制。

(2)2×14 年权益乘数(2.24)比 2×13 年(2.31)下降了 0.07，导致 2×14 年净资产收益率下降了 0.65％。而权益乘数＝1/(1－资产负债率)。2×13 年资产负债率为 56.71％，2×14 年资产负债率为 55.41％，表明企业的财务风险略有降低，长期偿债能力有所增强。

(二)2×15 年与 2×14 年的对比分析

如图 11－3 和图 11－4 所示，上汽集团 2×15 年的净资产收益率较 2×14 年有所下降，根据三个指标对总指标的依次影响程度，具体的计算分析过程如下：

分析对象：18.96％－20.63％＝－1.67％

销售净利率变动的影响＝(6.05％－6.10％)×1.51×2.24＝－0.17％

资产周转率变动的影响＝6.05％×(1.29－1.51)×2.24＝－2.98％

权益乘数的影响＝6.05％×1.29×(2.43－2.24)＝1.48％

总体变动影响＝(－0.17％)＋(－2.98％)＋1.48％＝－1.67％

因此，2×15 年同 2×14 年相比，该公司净资产收益率下降 1.67％，主要因为：

(1)2×15 年销售净利率(6.05％)比 2×14 年销售净利率(6.10％)下降 0.05％，导致净资产收益率下降 0.17％。可见，2×15 年销售净利率与 2×14 年基本持平，对净资产收益率的影响不大。

(2)2×15 年资产周转率(1.29)比 2×14 年(1.51)下降了 0.22 次，使得净资产周转率比 2×14 年下降 2.98％。总资产周转率主要取决于应收账款周转率、存货周转率与固定资产周转率。2×14 年该企业应收账款周转率、存货周转率、固定资产周转率分别为 31.38、15.76、21.16，2×15 年该企业应收账款周转率、存货周转率、固定资产周转率分别为 26.44、15.42、18.79。由此可见，2×15 年与 2×14 年相比，存货周转率基本持平，主要是应收账款周转率、固定资产周转率相比 2×14 年有大幅降低。该企业应加强对应收账管的管理，加速资金回笼，同时加快固定资产的周转速度。

(3)2×15 年权益乘数(2.43)比 2×14 年(2.24)上升了 0.19，使得 2×15 年净资产收益率较 2×14 年上涨 1.49％，主要是因为 2×15 年资产负债率(58.78％)比 2×14 年(55.41％)增加，企业偿债能力下降，财务风险加大。

四、杜邦财务分析体系的局限性

杜邦分析法虽然克服了单项财务分析的缺点，将一些主要的财务指标联系起来进行系统的分析，反映了企业整体的财务状况和经营绩效，但它也存在一些局限性，主要表现在以下几个方面：

(一)计算资产净利率的“总资产”和“净利润”不匹配

总资产是由所有股东和债权人共同提供的，而净利润只属于股东，两者不匹配。由于总资产净利率的“投入与产出”不匹配，该指标不能反映实际的回报率。为了改善该比率的配比，需要重新调整其分子与分母。为企业提供资产的人包括股东、有息负债的债权人、无息负债的债权人(不要求分享收益)。因此，需要计算股东和有息负债的债权人投入的资本，并计算这些资本产生的收益，两者相除才是合乎逻辑的资产报酬率，才能准确反映企业资本的回报率。

(二)没有区分经营活动损益和金融活动损益

对大多数企业来说，金融活动是净筹资，它们在金融市场上主要是筹资而不是投资。筹资活动没有产生利润，而是支出净费用。这种筹资费用是属于经营活动的费用，还是金融活动的费用，各国的会计处理不尽相同。从财务管理的角度看，企业的金融资产是投资活动的剩余，是尚未投入实际经营活动的资产，应将其从经营资产中剔除。与此相适应，金融费用也应从金融收益中剔除，才能使经营资产和经营收益相匹配。

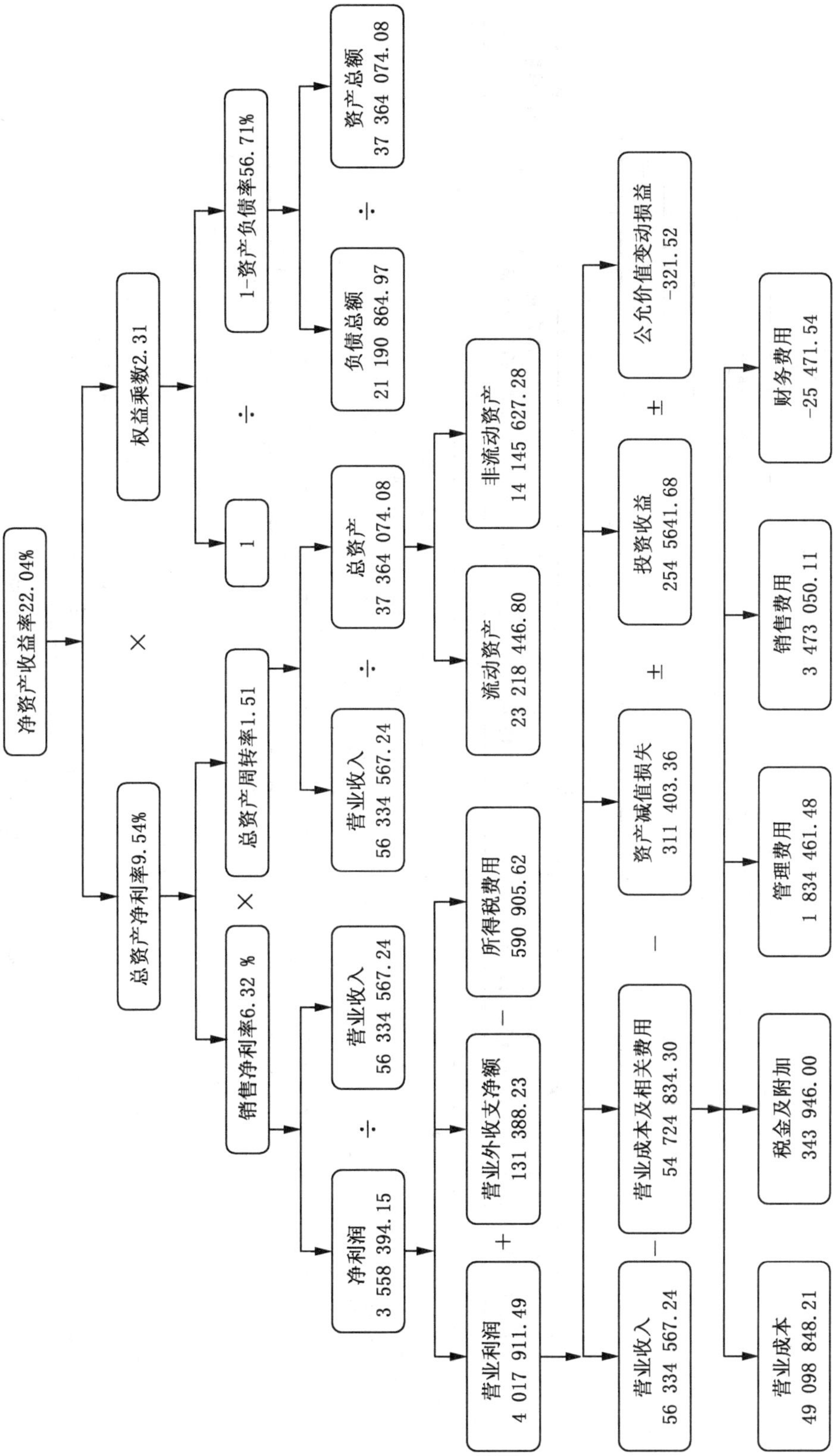

图 11-2 上汽集团2×13年杜邦分析图

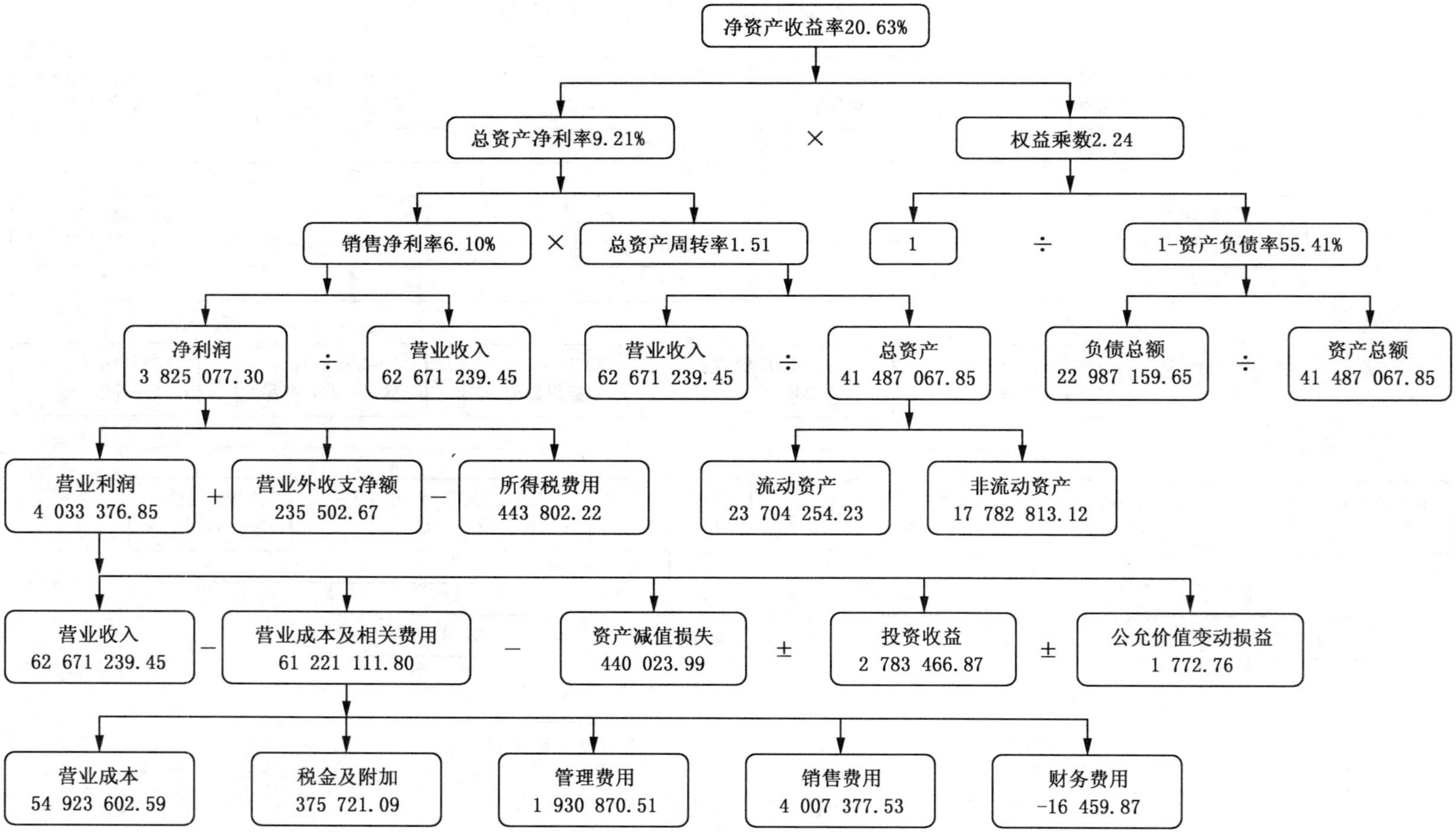

图 11-3 上汽集团2×14年杜邦分析图

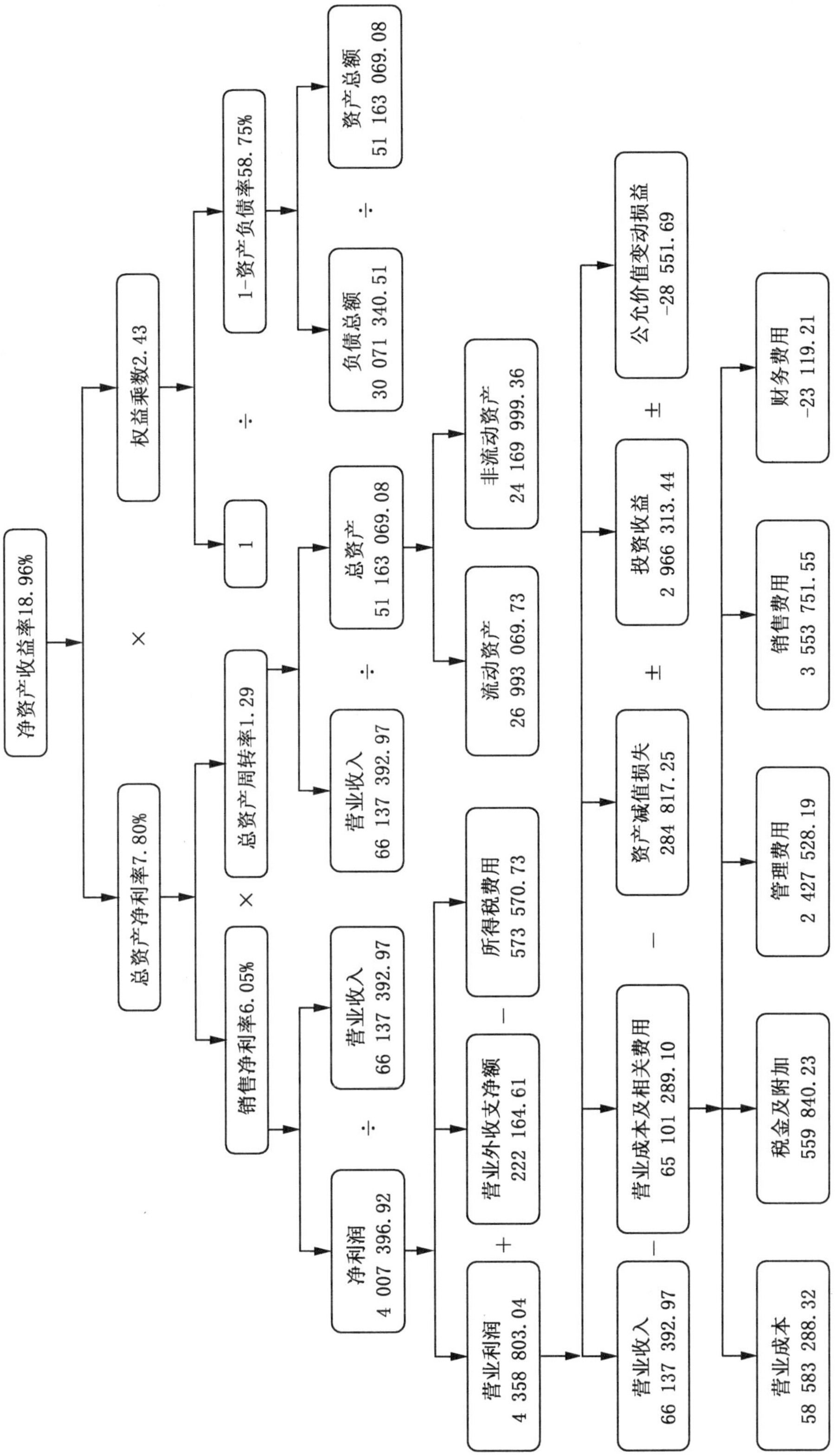

图 11-4 上汽团2×15年杜邦分析图

（三）没有区分有息负债与无息负债

既然把金融活动单独分离出来考察，就会涉及单独计量筹资活动的成本。负债包括有息负债和无息负债，而利息支出仅仅是有息负债的成本。因此，必须区分有息负债和无息负债，利息与有息负债相除，才是实际的利息率；并且，只有有息负债的利息与股东权益相除，才能得到更符合实际的财务杠杆。无息负债本身没有杠杆作用，将其计入财务杠杆中会歪曲财务杠杆的实际作用。

五、改进的杜邦财务分析体系

（一）改进的杜邦分析体系主要概念

为了弥补传统杜邦财务分析体系的不足，改进杜邦财务分析体系，就需要将资产、负债和收益进行重分类，分为经营性资产和金融性资产。主要概念如表 11－1 所示。

表 11－1　　改进的杜邦财务分析体系的主要概念

	基本等式	基本概念
资产负债表	净经营资产＝净金融负债（净负债）＋股东权益 其中： 净经营资产＝经营资产－经营负债 ＝（经营性流动资产＋经营性长期资产） －（经营性流动负债＋经营性长期负债） ＝（经营性流动资产－经营性流动负债） ＋（经营性长期资产－经营性长期负债） ＝营运资本＋净经营性长期资产 净金融负债（净负债）＝金融负债－金融资产	（1）区分经营资产和金融资产的主要标志是有无利息，如果能够取得利息，则列为金融资产；否则，列为经营资产 （2）区别经营负债和金融负债的一般标准是有无利息的要求，若应付项目的大部分是无息的，将其列为经营负债；若为有息的，则列为金融负债
利润表	净利润＝经营利润－净利息费用 其中： 经营利润＝息税前经营利润×（1－所得税率） 净利息费用＝利息费用×（1－所得税率）	（1）金融活动的损益是净利息费用，即利息收入的净额。除金融活动以外的损益，全部视为经营活动损益 （2）经营活动损益主要包括经营利润、其他营业利润和营业外收支。营业利润等于销售收入减去销售成本及有关的期间费用，是具有持续性和预测性的收益；其他营业利润包括资产减值、公允价值变动和投资收益，它们的持续性不易判定；营业外收支不具持续性，没有预测价值 （3）法定利润表的所得税是统一扣除的。为了便于分析，需要将其分摊给经营利润和利息费用

（二）调整的资产负债表和利润表

根据上述概念，编制上汽集团调整后的资产负债表和利润表，如表 11－2 和 11－3 所示。

表 11－2　　调整后的上汽集团合并资产负债表

2×15 年 12 月 31 日

编制单位：上海汽车集团股份有限公司　　单位：元；币种：人民币

项　目	期末余额	期初余额
经营资产：		
应收票据	36 273 968 771.39	31 144 243 041.67
应收账款	29 332 370 952.75	20 696 097 314.82

续表

项　目	期末余额	期初余额
预付款项	13 388 651 691.99	21 298 374 862.24
其他应收款	5 080 900 116.77	2 729 970 912.83
存货	37 243 441 948.98	38 765 888 491.75
持有待售资产	27 459 029.83	34 684 325.47
一年内到期的非流动资产	29 213 526 240.21	15 793 373 034.24
其他流动资产	43 496 708 158.65	17 044 305 103.64
长期应收款	801 879 818.41	1 347 201 401.01
长期股权投资	59 019 671 405.86	63 389 634 195.51
投资性房地产	2 684 961 353.45	2 884 580 134.77
固定资产	38 690 585 922.68	31 709 006 820.92
在建工程	11 856 268 860.79	10 702 857 557.18
无形资产	8 360 918 797.39	6 477 803 607.25
开发支出	4 298 394.04	8 434 650.99
商誉	463 459 170.13	82 304 137.64
长期待摊费用	1 286 897 910.97	1 033 544 543.95
递延所得税资产	16 991 606 228.73	13 757 825 810.37
其他非流动资产	1 368 345 230.79	1 412 739 732.17
经营资产合计	335 585 920 003.81	280 312 869 678.42
经营负债：		
应付票据	7 282 802 230.82	5 574 215 320.69
应付账款	99 034 578 618.58	66 027 244 570.41
预收款项	18 317 063 798.28	27 430 862 400.76
合同负债	—	—
应付职工薪酬	8 406 294 056.51	7 107 347 694.73
应交税费	7 391 537 440.61	3 410 400 465.00
其他应付款	38 646 826 463.17	32 830 291 360.05
一年内到期的非流动负债	4 974 248 176.38	6 843 788 125.87
其他流动负债	205 734 205.76	154 042 787.13
长期应付款	12 010 354.00	—
长期应付职工薪酬	6 018 478 333.05	5 516 722 123.55
专项应付款	902 125 492.72	1 097 038 323.24
预计负债	9 869 134 713.81	7 685 580 005.22

续表

项　目	期末余额	期初余额
租赁负债	—	—
递延收益	13 803 658 069.28	8 701 834 935.13
递延所得税负债	2 833 255 427.98	2 189 275 882.82
经营负债合计	217 697 747 380.95	174 568 643 994.60
净经营资产	117 888 172 622.86	105 744 225 683.82
金融负债		
短期借款	4 908 346 545.97	5 505 253 039.46
应付利息	230 220 570.51	152 481 488.16
应付股利	448 541 726.94	137 519 670.03
吸收存款及同业存放	44 384 484 259.05	44 758 063 908.24
拆入资金	23 429 657 800.31	—
交易性金融负债	7 486 291.00	—
长期借款	1 398 811 144.23	2 049 144 366.45
应付债券	8 208 109 400.04	2 700 490 000.00
金融负债合计	83 015 657 738.05	55 302 952 472.34
金融资产		
货币资金	72 672 666 192.62	87 948 624 133.99
应收利息	382 043 515.93	222 437 332.51
应收股利	1 597 857 015.27	1 185 280 168.70
交易性金融资产	1 221 103 619.65	179 263 543.85
发放贷款和垫款	34 676 090 843.68	8 574 071 474.85
应收账款融资	—	—
债权投资	—	—
其他债权投资	65 495 009 648.25	36 448 127 149.53
其他权益工具投资	—	—
其他非流动金融资产	—	—
金融资产合计	176 044 770 835.40	134 557 803 803.43
净负债	−93 029 113 097.35	−79 254 851 331.09
股东权益		
股本	11 025 566 629.00	11 025 566 629.00
其他权益工具	—	—
资本公积	38 939 769 815.73	37 986 599 121.54

续表

项　目	期末余额	期初余额
其他综合收益	10 916 793 233.73	9 703 495 421.66
专项储备	275 789 416.38	181 962 263.44
盈余公积	26 728 261 764.70	21 836 161 907.74
一般风险准备	844 919 712.17	844 919 712.17
未分配利润	86 397 638 086.22	76 085 680 916.97
归属于母公司股东权益合计	175 128 738 657.93	157 664 385 972.52
少数股东权益	35 788 547 062.28	27 334 691 042.39
股东权益合计	210 917 285 720.21	184 999 077 014.91
净负债和股东权益总计	117 888 172 622.86	105 744 225 683.82

表 11—3　　调整后的上汽集团合并利润表

2×15 年

项　目	本期发生额	上期发生额
经营活动		
一、营业收入	661 373 929 792.65	626 712 394 486.86
减:营业成本	585 832 883 216.26	549 236 025 914.00
税金及附加	5 598 402 254.42	3 757 210 874.15
销售费用	35 537 515 509.27	40 073 775 337.67
管理费用	24 275 281 948.48	19 308 705 072.27
研发费用	—	—
财务费用	—231 192 097.17	—164 598 681.79
资产减值损失	2 848 172 468.53	4 400 239 891.44
加:其他收益	—	—
投资收益(损失以“—”号填列)	—	—
公允价值变动收益(损失以“—”号填列)	—	—
资产处置收益(损失以“—”号填列)	—	—
二、营业利润	7 050 482 298.52	9 771 838 685.54
加:营业外收入	3 666 663 216.93	3 329 082 332.66
减:营业外支出	1 445 017 136.44	974 055 646.12
三、税前经营利润	9 272 128 379.01	12 126 865 372.08
减:经营利润所得税费用	2 318 032 095.00	3 031 716 343.00
四、经营利润	6 954 096 284.00	9 095 149 029.08
金融活动		
一、税前利息费用	—36 537 548 107.25	—30 561 929 820.76
减:利息费用减少所得税	—9 134 387 027.00	—7 640 482 455.00

续表

项　目	本期发生额	上期发生额
二、净利息费用	－27 403 161 080.25	－22 921 447 365.76
利润合计		
税前利润合计	45 809 676 486.26	42 688 795 192.84
所得税费用合计	5 735 707 263.02	4 438 022 170.80
税后净利润合计	40 073 969 223.24	38 250 773 022.04

（三）改进的杜邦分析体系的核心公式

净资产收益率＝经营利润/股东权益

$$=\frac{\text{税后经营净利润}-\text{税后净利息费用}}{\text{股东权益}}$$

$$=\frac{\text{税后经营净利润}}{\text{净经营资产}}\times\frac{\text{净经营资产}}{\text{股东权益}}-\frac{\text{税后净利息费用}}{\text{净负债}}\times\frac{\text{净负债}}{\text{股东权益}}$$

$$=\frac{\text{税后经营净利润}}{\text{净经营资产}}\times\left(1+\frac{\text{净负债}}{\text{股东权益}}\right)-\frac{\text{税后净利息费用}}{\text{净负债}}\times\frac{\text{净负债}}{\text{股东权益}}$$

＝净经营资产利润率＋（净经营资产利润率－税后利息率）×净财务杠杆

净经营资产利润率是衡量企业配置经营性资产以及生产经营利润的能力。如果企业完全是股权融资，那么净经营资产收益率就等于企业的净资产收益率。税后利息率反映企业融资活动的净成本，净经营资产利润率与税后利息率的差称为经营差异率，是企业利用债务融资所增加的经济效应，是衡量企业是否再进行负债筹资经营的标准线。只要经营资产收益大于借款的成本，那么借款的经济效益就是正数。如企业经营资产收益不足以支付利息成本，那么净资产收益率会因为借款而降低。正的和负的经营效应都会被放大，放大的程度取决于借款与权益的比率。净负债与权益的比率称为净财务杠杆，而经营差异率与净财务杠杆的乘积称为杠杆贡献率，用来衡量企业负债经营为股东带来的净超额报酬率。

改进的杜邦分析更适用于股东回报分析。真实反映企业盈利能力的是总资产收益率，是企业利用可控制或可支配的资源进行资产增值的能力。如果企业财务杠杆非常高，而总资产收益率一般，反映的股东回报率仍然会很高，不过，这种高的回报率是建立在高风险之上的。因此，在进行杜邦分析时应注意净财务杠杆的大小，考虑企业的偿债能力。

（四）净资产收益率的驱动因素分解

从改进的杜邦分析体系的核心公式中可以看出，净资产收益率的驱动因素包括净经营资产利润率、净利息率和净财务杠杆。根据上述调整后的上汽集团资产负债表和利润表有关数据，可以得到下列计算的财务比率，如表 11－4 所示。

表 11－4　　净资产收益率驱动因素分解

主要财务比率	2×15 年	2×14 年	变动
1. 经营利润率（经营利润/销售收入）	1.05％	1.45％	－0.40％
2. 净经营资产周转次数（销售收入/净经营资产）	5.61	5.93	－0.32
3. ＝（1×2）净经营资产利润率（经营利润/净经营资产）	5.89％	8.60％	－2.71％
4. 净利息率（净利息/净负债）	29.46％	28.92％	0.54％

续表

主要财务比率	2×15 年	2×14 年	变动
5. =(3−4)经营差异率(净经营资产利润率−净利息率)	−23.57%	−20.32%	−3.25%
6. 净财务杠杆(净负债/股东权益)	−44.11%	−42.84%	−1.27%
7. =(5×6)杠杆贡献率(经营差异率×净财务杠杆)	10.40%	8.71%	1.69%
8. =(3+7)净资产收益率	16.29%	17.31%	−1.02%

使用连环替代法确定各影响因素对净资产收益率的影响程度,如表 11−5 所示。

表 11−5　　净资产收益率因素分析表

变动影响因素	净经营资产利润率	净利息率	经营差异率	净财务杠杆	财务贡献率	净资产收益率	变动影响
上年净资产收益率	8.60%	28.92%	−20.32%	−42.84%	8.71%	17.31%	—
净经营资产利润率变动	5.89%	28.92%	−23.03%	−42.84%	9.87%	15.76%	−1.55%
净利息率变动	5.89%	29.46%	−23.57%	−42.84%	10.10%	15.99%	0.23%
财务杠杆变动	5.89%	29.46%	−23.57%	−44.11%	10.40%	16.29%	0.3%

由表 11−4 和表 11−5 可知,上汽集团 2×15 年的净资产收益率较 2×14 年下降了 1.02 个百分点。

分析对象:16.29%−17.31%=−1.02%

净经营资产利润率变动的影响=−1.55%

净利息率变动的影响=0.23%

财务杠杆变动的影响=0.3%

总体影响=(−1.55%)+0.23%+0.3%=−1.02%

(1)2×15 年净经营资产利润率(5.89%)比 2×14 年净经营资产利润率(8.60%)下降 2.71%,导致净资产收益率下降 1.55%,是净资产收益率下降的主要原因。

(2)2×15 年净利息率(29.46%)比 2×14 年(28.92%)上升了 0.54%,导致净资产收益率上升了 0.23%,说明企业当期负债增加,改变了筹资策略。

(3)2×15 年净财务杠杆(−44.11%)比 2×14 年(−42.84%)降低了 1.27%,导致净资产收益率上升了 0.3%,说明企业有效利用财务杠杆,产生财务杠杆效应。

由此可见,上汽集团 2×15 年净资产收益率下滑,是净经营资产利润率、净利息率、财务杠杆变动的共同影响。其中,净经营资产利润率是净资产收益率下降的主要因素,而净利息率和财务杠杆的变动促进净资产收益率的上升。

第三节　沃尔评分法

一、沃尔评分法的含义

在进行财务分析时,将企业分析期的实际财务比率与其历史水平或是预测指标进行比较,只能看出本企业自身的变化，而对于该分析期的实际指标是偏高还是偏低无法做出判断，即无法评价企业在其市场竞争中的优劣地位。为了弥补这一缺陷，美国财务学家亚历山大·沃尔所著的《信用晴雨表研究》和《财务报表比率分析》中提出了信用能力指数概念。他把 7 个财务比率，即流动比率、产权比率、固定资产比率、存货周转率、应收账款周转率、固定资产周转率和自有资金周转率，用线性关系结合起来，然后分别给定各指标的比重，通过与标准比率进行比较，评出各项指标的得分及总体指标的总评分，以此对企业的财务状况信用水平做出评价，这一方法简称沃尔评分法，如表 11－6 所示。

表 11－6　沃尔评分法

序号	财务比率	比重	标准比率	实际比率	相对比率	评分
		1	2	3	4＝3/2	5＝1×4
1	流动比率	25				
2	产权比率	25				
3	固定资产比率	15				
4	存货周转率	10				
5	应收账款周转率	10				
6	固定资产周转率	10				
7	自有资金周转率	5				
合　计		100				

沃尔评分法从其产生至发展到现在，人们在应用它对企业进行财务综合分析时，所选择的财务指标在不断变化，各个指标的权重不断修正，各个比率的标准值不断调整，评分方法也在不断改进。

二、沃尔评分法的优缺点

（一）沃尔评分法的优点

（1）沃尔评分法通过将各项指标与行业的平均值进行比较分析，能够反映企业在行业中的地位。

（2）沃尔评分法的评价指标体系较为完整，基本上能够反映企业的财务状况，能够较好地反映企业的盈利能力、偿债能力和营运能力。

（3）通过对财务指标实际值与标准值的对比分析，便于找出影响企业财务状况的主要因素，为企业改善财务状况提供了方向。

（二）沃尔评分法的缺陷

尽管沃尔评分法为综合评价企业的财务状况提供了一个较好的思路，但从理论上来说，它仍然存在一定的缺陷。

（1）它未能揭示为什么选择这 7 项指标，而不是其他的指标或者更多或更少的指标。

（2）它未能证明每个指标所占比重的合理性以及比率的标准值如何确定。

（3）当某一个指标严重异常时，会对总评分产生不合乎逻辑的影响。

（三）沃尔评分法的基本步骤

尽管沃尔评分法存在着一定的缺陷，但它在实践中仍被广泛应用，其基本步骤如下：

1. 选择财务比率

分析者在选择财务比率时应注意把握以下几点原则：一是所选择的比率要全面，反映企业偿债能力、盈利能力、营运能力、发展能力等比率都应包括在内，只有这样才能反映企业的综合财务状况；二是所选择的比率要具有代表性，即在某个方面的众多财务比率中选择那些典型的、重要的比率；三是所选择的比率最好具有变化方向的一致性，即当财务比率增大时，表示财务状况的改善，当财务比率减少时，表示财务状况的恶化。

2. 确定各个财务比率的比重

分析者应结合企业的经营状况、管理要求、发展趋势、分析目的等，判断各个财务比率对于企业的重要程度。重要的财务比率，应分配较高的比重，而次要的比率，应分配较低的比重。各个财务比率所分配的比重加总应等于 100。

3. 确定各个财务比率的标准值

标准值是进行比较的基础，可以选择企业的历史水平、竞争企业的水平，也可以是同行业的平均水平。较为常见的是，选择同行业的平均水平作为财务比率的标准值。

4. 计算各个财务比率的实际值

以初始的沃尔评分法为例，其 7 项财务比率的计算公式如下：

流动比率＝流动资产/流动负债

产权比率＝净资产/负债

固定资产比率＝固定资产/资产

存货周转率＝销售成本/存货

应收账款周转率＝销售额/应收账款

固定资产周转率＝销售额/固定资产

自有资金周转率＝销售额/净资产

5. 计算各个财务比率的得分

通过各个财务比率实际值与标准值的比较，得出各个财务比率状况好坏的判断，再结合各个比率的比重，计算各个财务比率的得分，计算公式为：

单个财务比率的得分＝实际比率/标准比率×比重

6. 计算综合得分并形成评价结果

将上述各个财务比率的实际得分加总，即得到企业的综合得分。企业的综合得分如果接近 100，说明企业的综合财务状况接近于行业的平均水平；企业的综合得分如果明显超过 100，则说明企业的综合财务状况优于行业的平均水平；企业的综合得分如果远远低于 100，则说明企业的综合财务状况较差，应积极采取措施加以改善。

第四节　财务分析报告撰写

企业财务分析报告，是对企业经营状况、资金运作的综合概括和高度反映。一篇好的财务分析报告，既反映该企业的经营管理状况及水平，也为管理者的经营决策提供真实、全面的决策依据。然而，要撰写一份高质量的财务分析报告并非易事，须从以下几个方面着手。

一、积累素材，为撰写报告做好准备

（一）建立台账和数据库

我们知道，通过会计核算形成了会计凭证、会计账簿和会计报表。但编写财务分析报告仅靠这些凭证、账簿、报表的数据往往是不够的。例如，在分析经营费用与营业收入的比率增长原因时，往往需要分析不同项目、不同产品、不同责任人实现的收入与费用的关系，但有些数据不能从报表和账簿中直接得到。这就要求分析人员平时要做好数据统计工作，对分析项目按性质、用途、类别、区域、责任人，按月度、季度、年度进行统计，建立台账，以便在撰写财务分析报告时有据可查。

（二）关注重要事项

财务人员对经营运行、财务状况中的重大变动事项要勤于做笔录，记载事项发生的时间、计划、预算、责任人及发生变化的各影响因素。必要时马上做出分析判断，并将各类各部门的文件分类归档。

（三）关注经营运行情况

财务人员应尽可能地争取相关领导的支持，各级领导也应该多给财务人员深入施工生产一线的机会，多让他们参加相关会议，使财务人员能了解施工生产、质量、市场、行政、投资、融资等各类情况。深入一线和参加各种会议，了解各种情况，听取各方面意见，有利于财务分析和评价。

（四）定期收集报表

财务人员除收集会计核算方面的数据之外，还应要求公司各相关部门（包括施工生产、物资供应、招投标、劳动工资、设备动力等部门）及时提交可利用的其他报表，对这些报表要认真审阅，总结归纳，及时发现问题，养成多思考、多研究的习惯。

二、合理确定财务分析的内容和范围

报告分析的内容和范围要根据报告阅读对象来确定，如对于有丰富财务会计专业知识的阅读者，提供的分析报告可以使用专业术语，叙述可以简练一点；而对财务专业知识比较薄弱的阅读者，提供的分析报告尽量叙述得详细一点，易懂一些。对于提供给不同层次阅读对象的分析报告，分析人员在写作时，要准确把握好报告的框架结构和分析层次，以满足不同阅读者的需要。此外，财务分析报告应集中抓住几个重点问题进行分析，使读者感到新颖、简练、有力度。

三、明确财务分析的重点

明确财务报告分析的重点要依据阅读者对信息的需求来确定。写好财务分析报告的前提是财务分析人员要尽可能地多与领导沟通，捕获管理者和使用者真正要了解的信息。

四、财务分析报告写作的内容

财务分析报告主要包括以下五个部分的内容：

第一部分　提要段

即概括公司综合情况，让财务报告接受者对财务分析说明有一个总括的认识。

第二部分　说明段

这是对公司各项财务指标完成情况的说明(也是对运营及财务现状的介绍)。该部分要求文字表述恰当、数据引用准确。对经济指标进行说明时可适当运用绝对数、比较数及复合指标数。特别要关注公司当前运作的重心,对重要事项要单独反映。公司在不同阶段、不同月份的工作重点有所不同,所需要的财务分析重点也不同,如工业企业正进行的新产品的投产、市场开发;施工企业重点项目的攻关阶段则需要对其成本、货款回收、利润等主要指标进行重点分析说明。

第三部分　分析段

这是对公司的经营情况进行分析研究。在说明问题的同时还要分析问题,寻找问题的原因和症结,以达到解决问题的目的。

财务分析的主要内容有:

(1)财务报表分析:包括资产负债表、利润表、现金流量表和所有者权益变动表相关主要数据分析,分析企业的财务状况、经营成果、现金流量情况。

(2)财务能力分析:包括企业盈利能力分析、营运能力分析、偿债能力分析和发展能力分析,分析企业各项财务能力的变动及其影响因素。

财务分析注重比较,只有通过比较,才能评价指标数值的优劣情况。财务人员应综合结合各类分析方法,才能使分析结论更可靠、更有说服力。此外,分析要有理有据,要细化分解各项指标,因为有些报表的数据是比较含糊和笼统的,要善于运用表格、图示,突出表达分析的内容。分析问题一定要善于抓住当前要点,多反映公司经营焦点和易于忽视的问题。

第四部分　评价段

做出财务说明和分析后,对于经营情况、财务状况、盈利业绩,应从财务角度给予公正、客观的评价和预测。财务评价不能运用似是而非、可进可退、左右摇摆等不负责任的语言,评价要从正面和负面两方面进行,评价既可以单独分段进行,也可以将评价内容穿插在说明部分和分析部分。

第五部分　建议段

因为撰写财务分析报告的根本目的不仅仅是停留在反映问题、揭示问题上,而是要通过对问题的深入分析,提出合理可行的解决办法,所以财务分析报告中提出的建议不能太抽象,而要具体化,最好有一套切实可行的方案,真正起到“财务参谋”的作用。

五、财务分析报告写作时应注意的几个问题

(一)财务分析报告应结合公司经营业务

财务分析人员应深刻领会财务数据背后的业务背景,切实揭示业务过程中存在的问题。财务人员在做分析报告时,由于不了解业务,往往闭门造车,并由此陷入“就数据论数据”的被动局面,得出来的分析结论也就常常令人摸不着头脑。因此,有必要强调的是:各种财务数据并不仅仅是通常意义上数字的简单拼凑和加总,每一个财务数据背后都预示着非常具体的资金的增减、费用的发生、负债的偿还等。财务分析人员应凭借对财务数据的职业敏感性,判断经济业务发生的合理性、合规性,由此写出来的分析报告也就能真正为业务部门提供有用的决策信息。如果分析报告“就数字论数字”,报告的重要性质量特征就会受挫,对决策的有用性自然就难以谈起。

(二)财务分析报告应结合宏观经济环境

财务人员在平时的工作当中,应多了解一些国内外宏观经济环境尤其是尽可能捕捉、搜集同行业竞争对手资料。因为,公司最终面对的是复杂多变的市场,在这个大市场里,任何宏观经济环境的变化或行业竞争对手政策的改变都会或多或少地影响公司的竞争力,甚至决定着公司的命运。

(三)财务分析报告中不宜轻易下结论

财务分析人员在报告中的所有结论性词语对报告阅读者的影响相当大,如果财务人员在分析中草率地下结论,很可能形成误导。此外,分析报告的行文要尽可能流畅、通顺、简明、精练,避免口语化、长而不实。

第五节　财务预警分析

在市场经济环境下,企业自成立之日起就在"自担风险,自负盈亏"的前提下经受着"优胜劣汰,适者生存"的考验,在其生存和发展的过程中,风险无处不在。当企业面对风险时茫然不知,任其发展,风险积累到一定程度,就会形成财务危机。严重的财务危机会影响到企业的正常运转,甚至导致企业破产。而企业由财务正常发展到财务危机是一个渐进的过程,也就是说财务危机是可以预测的。进行财务预警分析,建立企业财务预警模型已成为现代企业财务管理的重要内容之一。上市公司的财务信息对多方利益相关者都有着重要影响,因而建立财务预警系统、强化财务管理,对于避免财务失败和破产具有重要意义。

一、财务预警分析的含义

财务预警分析,又称为财务危机预警、财务失败预警,是指借助企业提供的财务报表、经营计划及其他相关会计资料,利用财会、统计、企业管理等理论,采用一定的方法,对企业的经营活动、财务活动等进行分析预测,以发现企业在经营管理活动中存在的经营风险和财务风险,并将这些风险告知企业的管理当局和其他利益关系人,分析发生财务危机的原因和企业经营管理过程中存在的问题,为避免潜在的风险演变成事实损失,而提早着手实施预控的过程。

我国 2007 年颁布的《财务通则》第 63 条规定:企业应当建立财务预警机制,自行确定财务危机警戒标准,重点监测经营性净现金流量与到期债务、企业资产与负债的适配性,及时沟通企业有关财务危机预警的信息,提出解决财务危机的措施和方案。

二、财务预警的功能

一个有效的财务预警系统具有以下五大功能:

(一)信息收集

通过收集政治、经济、政策、科技、金融、各种市场状况、竞争对手、供求信息、消费者等与企业发展有关的信息,集中精力分析处理那些对企业经营和发展有重大或潜在重大影响的外部环境信息,同时结合企业自身的各类财务和生产经营状况信息,进行分析比较。

(二)预知潜在的财务危机

经过对大量信息的分析,获得财务危机的先兆信息。当出现可能危害企业财务状况的关键因素时,财务预警系统能预先发出警告,提醒经营者早做准备或采取对策以减少其给企业带来的损失。

（三）控制发生的财务危机

当企业出现财务危机时，一方面财务预警系统密切跟踪危机的进展，另一方面迅速寻找导致财务状况恶化的原因，使经营者有的放矢、对症下药，制定有效的措施，阻止财务状况的进一步恶化。

（四）提供对策

当企业出现财务危机时，能够提供有效的、便于操作的处理财务危机的基本对策和方法，起到辅助决策的作用。

（五）避免类似财务危机再次发生

财务预警系统通过详细记录财务危机发生的原因、处理经过、解决的措施以及处理的反馈与改进意见，对企业现有财务管理及经营中存在的缺陷和问题提出改进建议，不断增强企业的免疫能力，同时不断完善财务预警系统。

三、财务预警分析的意义

（一）有利于对管理层起到警示作用，使企业及时应对财务危机，避免破产

财务危机分析人员通过建立财务预警机制，可以为公司进行财务预警，及时发现潜伏的危机，协助管理层寻找导致财务状况恶化的原因，制定恰当的应对策略，从而有针对性地改善经营管理，使公司及时走出财务危机，避免破产。

（二）为投资人和债权人预警，使其做出正确的经济决策

当企业实现盈利时，股东可以分享企业的利润，获得较高的投资回报率；但是，在谋求高回报的同时，股东也承担了较高的风险，主要表现在当企业资不抵债而破产清算时，其对企业剩余资产的求偿权是位于最后的，这时，股东的投资往往会化为乌有。因此，对于股东而言，及时发现和预测企业的财务危机显得尤为重要。有效的财务危机预警能够帮助投资者通过对企业财务信息及资料的分析，预测企业未来的财务状况，洞察其真实价值和经营发展的前景，提高投资决策的警惕性和科学性，使投资者能够将有限的资本投资于未来价值高的企业，并能够在被投资企业初露财务危机端倪时就及时进行处理，防止或减少投资损失。

对于债权人而言，一旦被投资企业陷入财务危机或破产清算，其面临着本金与利息不能得到及时全额受偿的风险。财务预警有助于债权人及时准确预测企业的财务危机，控制信贷风险，在企业陷入财务危机前改变偿债条件，减少无法收回本息的损失。

（三）有利于政府机构做出合理的优化资源配置的政策

企业财务危机预警能够帮助政府有效评价企业的经营业绩，全面预测企业的发展前景，从而做出优化资源配置的决策。另外，在企业陷入财务危机前，政府可以提前协调各方面的关系，减少企业的失败概率，从而减少企业成本的支出和因工人失业造成的社会动荡。

四、财务预警分析方法

在丰富的财务预警分析实践中，实务工作者和学者们根据经验与大量的实证研究，总结出了许多成熟的财务预警分析方法。这里，主要对定性财务预警分析方法与定量财务预警分析方法进行介绍。

（一）定性财务预警分析方法

已有的并被研究学者广为接受的定性财务预警分析方法主要包括标准化调查法、四阶段

症状分析法、三个月资金周转表分析法、流程图分析法、管理评分法。

1. 标准化调查法

该方法又称为风险分析调查法，是企业聘请专业人员或调查公司，根据企业的内外环境，对企业过去和现状、变化发展过程及可能遇到的困难设计标准化的问题，通过企业对这些问题的回答形成对警情的预测，最终形成报告文件供企业管理当局参考。调查的问题一般包括企业业绩、同行业比较、企业财务经营问题及原因、企业前景等。标准化调查法的特点是简单易懂、操作性强，在调查的过程中所提出的问题对所有企业都适用，较少对特定企业的特定问题进行调查分析；其缺点是缺少针对特定企业设计的问题，没有对其中的问题进行具体解释，也不引导使用者对所问问题之外的相关信息做出正确判断。

2. 四阶段症状分析法

四阶段症状分析法将企业财务运营状况大体分为四个阶段，即财务危机潜伏期、财务危机发作期、财务危机恶化期、财务危机实现期。各个阶段的财务危机症状如表 11－7 所示。

表 11－7　　四阶段症状分析法

财务危机阶段	财务危机症状
财务危机潜伏期	盲目扩张、无效市场营销、疏于风险管理、缺乏有效的管理制度、企业资源分配不当、无视环境的重大变化
财务危机发作期	自有资金不足、过分依赖外部资金、利息负担重、债务拖延偿付
财务危机恶化期	经营者疏于财务管理、疲于应付日常经营业务、企业资金周转困难、债务到期无法支付
财务危机实现期	负债超过资产，丧失偿付能力，宣布破产

企业可以根据上述各个阶段的特征，对照企业的实际情况，如有相应不良情况出现，应该查明原因，采取相应措施，使企业尽快摆脱财务困境。四阶段症状分析法的优点是使用简单，易于实施；缺点是实际工作中很难将这四个阶段作截然的划分，特别是财务危机的表现症状，它们可能在各个阶段都有相似或互有关联的表现。

3. 三个月资金周转表分析法

三个月资金周转表法是进行短期财务预警的重要方法之一，其通过对企业三个月资金周转表以及结转额占收入比例的分析，来判断企业的财务状况。其判断标准是：若企业制定不出三个月资金周转表，则说明企业财务状况已经恶化，发生了财务危机；若制定了三个月资金周转表，再查明转入下个月的结转额是否占总收入的 20％以上，付款票据的总额是否在销售额的 60％以下(商业企业)或 40％以下(制造企业)。如果回答为“否”，则说明企业发生了财务危机。这种方法的思路是：当企业销售额逐月上升时，兑现付款票据极其容易；如果企业销售额逐月下降，已经开出的付款票据就难以支付。经济繁荣与否与资金周转关系甚为密切，经济从萧条走向繁荣时资金周转渐趋灵活，然而，从经济繁荣转向萧条，尤其是进入萧条期后企业的计划往往被打乱。销售额和赊销额的回收都不能按计划进行，但各种经费往往超过原计划，所以如果不制定详细的计划表，资金的周转令人担忧。这种方法简单易懂，实施方便，只是判断标准不够科学，目前还存有争议。

4. 流程图法

流程图法是一种通过对企业动态流程图的分析，识别其生产和财务的关键点，以防范风险的分析方法。在企业生产经营流程中，必然存在着一些关键点，如果在关键点上出现问题，会导致企业全部经营活动终止或资金运转终止。构建企业的流程图就可以找出关键点,对潜在风险进行判断和分析,防范企业风险。

采用这种方法的步骤是:首先,根据企业的实际情况,构建流程图,以展示企业的全部经营活动;其次,对流程图的每一阶段、每一环节、每种资产和每一具体经营活动逐项进行调查分析,并对照风险清单,确定企业可能面临的风险。在分析过程中,除了分析某一阶段由于资金运动不畅导致的风险,还应把整个资金运动的过程结合起来考察,从整体上识别企业面临的各种风险。

这种方法是一种动态的分析方法,能揭露企业潜在的风险,对识别企业生产经营和财务活动的关键点特别有用。但其也有固有的局限性,它建立在过程分析的基础上,是一种防范手段,应与识别损失的其他方法同时使用,且要求绘图人员应具有较高的水平,对企业的具体情况有较深的了解。

5. 管理评分法

管理评分法又称为A记分法,是由美国学者约翰·阿吉蒂最先使用的,他调查了企业的管理特性及可能导致破产的企业缺陷,对几种缺陷、错误和征兆进行对比打分,并根据这些项目对破产过程产生影响的程度对它们进行了加权处理。总分是100分,企业所得分数越高,处境越差,如表11—8所示。

表11—8　风险因素及其赋值

序号	风险因素	记分值	总值	临界值
一、经营特点			43	10
1	管理活动不深入	1		
2	管理技能不全面	2		
3	被动的管理班子	2		
4	财务经理不够强	2		
5	无过程预算控制	3		
6	无现金开支计划	3		
7	无成本监督系统	3		
8	董事长兼任总经理	4		
9	总经理独断专行	8		
10	应变能力太低	15		
二、经营错误			45	15
1	高杠杆负债	15		
2	缺乏资本的过度经营	15		
3	过大风险项目	15		
三、破产征兆			12	0
1	危机财务信号	4		
2	被迫编造假账	4		

续表

序号	风险因素	记分值	总值	临界值
3	经营持续混乱	3		
4	管理停顿	1		
四、分值加总		100	100	25

对各因素进行打分，然后将各分值加总，再根据总分判断企业是否处于财务危机。打分时应注意：对某项因素要么打零分，要么打满分，不能打折扣分。比如，企业管理技能全面，打 0 分；管理技能不全面，打 2 分，而不能给其他的分值。然后，按各因素得分加总进行合计。一般而言，如果得分在 18 分以下，表明企业处于安全状态；如果得分在 18～25 分，说明企业处于不确定状态，有失败的可能性；如果得分总分超过 25 分，表明企业处于高风险状态，陷入困境的可能性很大。该方法简单易行，但要求使用者对企业有全面深入的了解，才能对企业的管理进行正确的打分，从而做出客观的评价。

定性研究方法简单易行，有利于发现企业陷入财务危机的深层次原因，有利于对企业财务状况的细微之处进行把握。但是，定性研究方法实施成功与否及研究质量，在很大程度上取决于研究者个人的专业素质和研究经验，而且分析过程中灵活性与主观性很大，对研究者本身要求很高。

（二）定量财务预警分析方法

1. 单变量判定模型

单变量模型又称一元判定模型，是指使用单一财务变量对企业财务危机进行预测的模型。美国学者菲茨帕特里克（Fitzpatrick）最早利用单变量分析法对企业的财务困境进行预测，他以 1954～1964 年大量失败企业和成功企业的 19 家企业作为样本，运用单个财务指标进行预测，结果发现净利润/股东权益、股东权益/负债这两项财务指标判别能力最高。比弗最早运用统计方法研究了公司财务失败问题，提出了较为成熟的单变量判定模型，他选取了美国 1954～1964 年资产规模相近的 79 家经营失败和 79 家经营成功的企业进行对比研究，使用 30 个财务比率进行分析，最终得出可以有效预测财务失败的比率依次为：

（1）债务保障率＝现金流量/债务总额

（2）资产负债率＝负债总额/资产总额

（3）资产收益率＝净收益/资产总额

（4）资产安全率＝资产变现率－资产负债率

（5）资产变现率＝资产变现金额/资产账面价值

比弗认为债务保障率能最好地判定企业的财务状况；其次是资产负债率，且离失败日越近，误判率越低。但各比率判断准确率在不同情况下有所差异，所以实际中往往使用一组财务比率，而不是一个比率，以取得良好的预测效果。

运用单变量判别模型最为关键的一点就是要寻找判别阈值。通常需要将样本分成两组：一组是构建预测模型的预测样本，也称为估计样本；另一组是测试预测模型的测试样本，又称有效样本。首先，将预测样本（包括危机企业和正常企业）按照某一选定的财务比率进行排序，选择判别阈值点，使得两组的误判率达到最小；然后，将选定的阈值作为判别规则，对测试样本进行测试。

单变量判定模型简单易懂、使用方便，但总体判别精度不高，具有以下局限性：（1）仅用一个财务指标不可能充分反映企业的财务特征；(2)如果使用多个指标分别进行判断，这几个指标的判定结果之间可能会产生矛盾，不同的分析者可能会得出不同的结论。鉴于此，上市公司财务预警的评析不能局限于对单变量模型进行分析，而要与多变量模型相结合。

2. 多变量判定模型

多变量模型即多元线性判定模型，是指使用多个财务指标加权汇总产生的判别值来预测财务危机可能性的模型。其将相互联系的多个财务指标有机结合，建立一个多元线性函数模型来综合反映企业财务风险情况，以消除个别指标在评价企业财务状况方面存在的缺陷。

(1)Z 分数模型。

1968 年，纽约大学教授奥尔特曼(Altman)在其《财务比率、判别分析和公司破产预测》一文中认为，企业是一个综合体，各个财务指标之间存在某种相互联系，各个财务指标对企业整体风险的影响和作用也是不一样的。他把传统的财务比率和多元判别分析方法结合在一起，发展了一种企业财务危机预警模型，即 Z 计分模型。该模型的具体形式如下：

$$Z=1.2X_1+1.4X_2+3.3X_3+0.6X_4+1.0X_5$$

式中：

X_1＝营运资本/总资产，反映资产的流动性与规模特征；

X_2＝留存收益/总资产，反映企业累计盈利状况；

X_3＝息税前收益/总资产，反映企业资产的获利能力；

X_4＝权益的市场价值/总债务的账面值，反映企业的偿债能力；

X_5＝销售总额/总资产，反映企业的营运能力。

Z 分数模型的变量是从资产流动性、获利能力、偿债能力和营运能力等指标中各选择一两个最具代表性的指标，模型中的系数则是根据统计结果得到的各指标相对重要性的量度。实证表明，该模型对企业财务危机有很好的预警功能。但其预测效果也因时间的长短而不一样，预测期越短，预测能力越强，因此该模型较适合企业短期风险的判断。

通过统计分析，奥尔特曼认为 Z 值应在 1.81～2.99 之间，等于 2.675 时居中。如果企业的 Z 值大于 2.675，表明企业的财务状况良好；如果 Z 值小于 1.81，则企业存在很大的破产风险；如果 Z 值处于 1.81～2.675 之间，称为“灰色地带”，处在这个区间，企业财务状况极不稳定。

根据我国的新会计准则，Z 分数模型中的各项指标设定应调整为：

X_1＝(流动资产－流动负债)/总资产

X_2＝(未分配利润＋盈余公积)/总资产

X_3＝(利润总额＋财务费用)/总资产

X_4＝(每股市价×总股数)/总债务的账面值

X_5＝主营业务收入/总资产

Z 模型是一种比较成熟的财务危机预警方法，从总体角度给企业一个定量标准，以检查企业的财务状况，有利于不同时期的比较。另外，该模型简单明了、易于理解，在财务危机和破产方面得到广泛的运用。但是，由于企业规模、行业、地域等诸多差异，使得 Z 值并不具有横向可比性，且仅适用于已上市的公司。

(2)Zeta 模型。

Z 计分模型在企业破产前超过 3 年的预测正确率大大降低，而且随着时间的推移，经济环境也将出现重大变化，特别是进入 20 世纪 70 年代以后，企业财务危机的平均规模急剧增大，

原有的 Z 计分模型已无法解释当时的企业财务危机现象。于是,奥尔特曼等人于 1977 年又提出了一种能更准确地预测企业财务危机的新模型——Zeta 模型。在该模型中,奥尔特曼等人利用 27 个初始财务比率进行区别分析,最后选取了 7 个解释变量,即资产报酬率(息税前利润/总资产)、盈余稳定性(息税前利润/总资产的 10 年标准误差)、利息保障倍数(息税前利润/利息支出总额)、累计盈余(留存收益/总资产)、流动性(流动比率)、资本比率(5 年普通股平均市值/总资本)和资本规模(普通股权益/总资产)。该模型预测正确率在破产前 1 年高达 91%,前 4 年可达 80%,即使前 5 年亦可达 70%,预测精度高于 Z 模型。

Zeta 模型在 Z 分数模型基础上进行了改进,目前已受到学者们普遍认可,并被财务管理人员广泛运用。该模型的不足之处是选择比率没有理论可依,选择同一行业中相匹配的危机公司和正常公司较为困难,而且观察的总是历史事件。

(3)F 分数模型。

由于 Z 计分模型在建立时并没有充分考虑到现金流量的变动等方面的情况,因而具有一定的局限性。为此,中国学者周首华等对 Z 计分模型加以改造,并建立了企业财务危机预测的新模型——F 分数模型。F 分数模型的主要特点是:

①F 分数模型中加入了现金流量这一预测自变量。许多专家证实现金流量比率是预测公司破产的有效变量,因而弥补了 Z 计分模型的不足。

②F 分数模型考虑了现代化公司财务状况的发展及其有关财务比率标准的更新,特别是现金管理技术的应用,已使公司所应维持的必要的流动比率大为降低。

③F 分数模型使用的样本更加扩大。其使用了 Compustat PC Plus 会计数据库中 1990 年以来的 4 160 家公司的数据;而 Z 计分模型的样本仅为 66 家(33 家破产公司和 33 家非破产公司)。

F 分数模型如下:

$$F=1.1091X_1+1.1074X_2+1.9271X_3+0.0302X_4+0.4961X_5-0.1774$$

式中:

X_1=(期末流动资产－期末流动负债)/期末总资产

X_2=期末留存收益/资产总额

X_3=(税后净利润＋折旧)/平均总负债

X_4=期末股东权益的市场价值/期末总负债

X_5=(税后纯收益＋利息＋折旧)/平均总资产

F 分数模型与 Z 计分模型中各比率的区别就在于其 X_3、X_5 的比率不同。X_3 是一个现金流量变量,它是衡量企业所产生的全部现金流量可用于偿还企业债务能力的重要指标。一般来讲,企业提取的折旧费用,也是企业创造的现金流入,必要时可将这部分资金用来偿还债务。X_5 测定的是企业总资产在创造现金流量方面的能力。相对于 Z 计分模型,它可以更准确地预测企业是否存在财务危机。F 分数模型的 F 分数临界点为 0.027 4,若某一特定的 F 分数低于 0.027 4,表明企业有可能在不远的将来发生财务危机,被预测为破产公司;反之,若 F 分数高于 0.027 4,表明企业财务状况正常,公司被预测为继续生存公司。若 F 分数模型的数值在其临界点上下,称为不确定区域,在此区域内有可能把财务危机公司预测为继续生存公司,而将继续生存公司预测为财务危机公司,则需作进一步研究分析。

多变量模型计算简便、准确率高,它能包括反映企业财务状况的多项指标,也能包括独立变量。但是,该类模型也存在一些缺点:(1)工作量比较大;(2)在前一年的预测中,多变量模型的预测精度比较高，但是在前两年、前三年的预测中，其预测精度会大幅下降，甚至低于单变量模型；(3)多变量模型有一个很严格的假设，即假定自变量呈正态分布，两组样本要求等协方差，而现实中的样本往往并不能满足这一要求，这就大大限制了多变量模型的使用范围。

五、定量财务预警分析应用举例

(一)上汽集团Z指数财务预警

假设上汽集团2×15年的财务费用全部为利息支出。

根据Z分数模型可得：

$$Z=1.2X_1+1.4X_2+3.3X_3+0.6X_4+1.0X_5$$

式中：

X_1=(流动资产－流动负债)/总资产

=(269 930 697 254.04－257 667 822 183.89)/511 630 690 839.21

=0.024

X_2= 留存收益/总资产

=(26 728 261 764.70+86 397 638 086.22)/511 630 690 839.21

=0.221 1

X_3=息税前收益/总资产

=(45 809 676 486.26－231 192 097.17)/511 630 690 839.21

=0.089

X_4=(每股市价×总股数)/总债务的账面值

=(21.5×11 025 566 629.00)/300 713 405 119.00

=0.788 3

X_5=主营业务收入/总资产

=650 377 398 413.60/511 630 690 839.21

=1.271 2

则上汽集团2×15年Z分数值为：

$Z=1.2X_1+1.4X_2+3.3X_3+0.6X_4+1.0X_5$

$=1.2\times0.024+1.4\times0.221\,1+3.3\times0.089+0.6\times0.788\,3+1.0\times1.271\,2$

$=2.376\,2$

根据Z模型的判定法则，上汽集团的Z值处于1.81～2.675之间，表明企业财务状况是极不稳定的。

(二)上汽集团F指数财务预警

根据F指数模型可得：

$$F=1.109\,1X_1+1.107\,4X_2+1.927\,1X_3+0.030\,2X_4+0.496\,1X_5-0.177\,4$$

式中：

X_1=(期末流动资产－期末流动负债)/期末总资产

=(269 930 697 254.04－257 667 822 183.89)/511 630 690 839.21

=0.024

X_2=期末留存收益/资产总额

=(26 728 261 764.70+86 397 638 086.22)/511 630 690 839.21

$=0.2211$

$X_3=$(税后净利润+折旧)/平均总负债

$=(40\ 073\ 969\ 223.24+29\ 548\ 933\ 570.72)/265\ 292\ 500\ 792.97$

$=0.2624$

$X_4=$期末股东权益的市场价值/期末总负债

$=(21.5\times 11\ 025\ 566\ 629.00)/300\ 713\ 405\ 119.00$

$=0.7883$

$X_5=$(税后纯收益+利息+折旧)/平均总资产

$=(40\ 073\ 969\ 223.24-231\ 192\ 097.17+29\ 548\ 933\ 570.72)/463\ 250\ 682\ 160.53$

$=0.1498$

则上汽集团2×15年的F指数值为：

$$F=1.1091X_1+1.1074X_2+1.9271X_3+0.0302X_4+0.4961X_5-0.1774$$

$$=1.1091\times 0.024+1.1074\times 0.2211+1.9271\times 0.2624+0.0302\times 0.7883+0.4961\times 0.1498-0.1774$$

$$=0.8739$$

F分数模式的F分数临界点为0.0274，若某一特定的F分数低于0.0274，表明企业有可能在不远的将来发生财务危机，被预测为破产公司；反之，若F分数高于0.0274，表明企业财务状况正常，公司被预测为继续生存公司。若F分数模型的数值在其临界点上下，称为不确定区域，在此区域内有可能把财务危机公司预测为继续生存公司，而将继续生存公司预测为财务危机公司，因此，要进一步进行研究分析。而上汽集团的F分数为$0.8739>0.0274$，表明企业财务状况正常，公司被预测为继续生存公司，不会破产。

本章小结

财务综合分析，指将企业的营运能力、偿债能力、盈利能力等方面的分析纳入一个有机的分析系统之中，全面地对企业的财务状况、经营成果和现金流量进行剖析，从而对企业的整体经济效益做出较为准确的评价和判断。

杜邦财务分析体系将若干个用以评价企业经营成果和财务状况的指标按其内在联系有机地结合在一起，形成一个完整的指标体系，并最终通过净资产收益率来综合反映。其基本思想是将企业净资产收益率逐级分解为多项财务比率的乘积，使财务比率的分析层次更清晰、条理更突出，为报表使用者全面了解企业的经营和盈利状况提供方便。

沃尔评分法通过将各项指标与行业的平均值进行比较分析，能够反映企业在行业中的地位，评价指标体系较为完整，基本上能够反映企业的财务状况，能够较好地反映企业的盈利能力、偿债能力和营运能力。通过对财务指标实际值与标准值的对比分析，便于找出影响企业财务状况的主要因素，为企业改善财务状况提供了方向。

财务分析报告撰写应积累素材，合理确定财务分析的内容和范围，明确重点，财务分析报告应结合公司经营业务、宏观经济环境，不宜轻易下结论。

财务预警分析是企业财务管理中的重要内容，可以借助企业提供的财务报表、经营计划及其他相关会计资料，利用财会、统计、企业管理等理论，采用一定的方法，对企业的经营活动、财务活动等进行分析预测，以发现企业在经营管理活动中存在的经营风险和财务风险，并将企业所面临的风险告知企业的管理当局和其他利益关系人，分析发生财务危机的原因和企业经营管理过程中存在的问题，为避免潜在的风险演变成事实损失，提早着手实施预控的过程。

思考题

1. 财务综合分析的含义及其与单项分析的区别是什么?
2. 杜邦财务分析体系的优缺点有哪些?
3. 沃尔评分法的步骤有哪些? 其有什么缺陷?
4. 如何撰写财务分析报告?
5. 什么是财务预警分析? 财务预警分析有哪些作用?
6. 如何进行财务预警分析?

本章练习与实务分析

一、单项选择题

1. 杜邦分析体系的核心指标是(　　)。

A. 权益乘数　　B. 总资产周转率
C. 净资产收益率　　D. 资产负债率

2. 产权比率与权益乘数的关系是(　　)。

A. 产权比率×权益乘数＝1
B. 权益乘数＝1/(1－产权比率)
C. 权益乘数＝(1＋产权比率)/产权比率
D. 权益乘数＝1＋产权比率

3. 把若干财务比率用线性关系结合起来，以评价企业信用水平的方法是(　　)。

A. 杜邦分析法　　B. 沃尔评分法
C. 预警分析法　　D. 经营杠杆系数分析

二、多项选择题

1. 关于杜邦分析体系，下列说法中不正确的是(　　)。

A. 资产净利率是杜邦分析体系的核心
B. 杜邦分析体系是通过建立新的财务指标来进行分析的方法
C. 杜邦分析体系的关键在于指标的计算
D. 杜邦分析体系利用各指标间的内在联系对综合财务状况与经营成果进行分析与评价

2. 在收入既定条件下，不会引起总资产周转次数下降的经济业务是(　　)。

A. 收回应收账款　　B. 获得一笔银行借款
C. 以存款购入设备　　D. 计提坏账准备

三、判断题

1. 流动比率不会对净资产收益率产生影响。　　(　　)
2. 根据净资产收益率的计算公式，在其他条件一定的情况下，资产负债率越高，净资产收

益率越高，因此，企业应尽可能负债经营，提高资产负债率。（　　）

3. 沃尔评分法为综合评价企业的财务状况提供了一个较好的思路，但它未能证明每个指标所占比重的合理性、比率的标准值如何确定，因此，带有一定的主观性。（　　）

四、实务分析

万科公司 2×15 年及 2×14 年相关财务数据资料如表 11—9 所示。

表 11—9　　**万科相关财务数据资料表**　　单位：元

项　目	2×14 年	2×15 年
总资产	508 408 755 415.65	611 295 567 689.29
净资产	115 893 616 919.97	136 309 617 321.02
负债	392 515 138 495.68	474 985 950 368.27
销售收入	146 388 004 498.44	195 549 130 020.90
净利润	19 287 524 028.08	25 949 438 026.31

要求：

(1)按杜邦分析体系要求计算相关指标。(结果保留两位小数)

(2)根据分析资料和分析结果，填写表 11—10 并制作 2×15 年杜邦分析图进行简要评价。

表 11—10　　**万科杜邦分析数据表**

项　目	2×14 年	2×15 年
资产负债率		
权益乘数		
销售净利率		
总资产周转率		
总资产净利率		
净资产收益率		

附录　　财务分析报告参考格式

×××公司财务分析报告

一、公司基本情况(公司名称、性质、经营范围及特色产品等)

二、公司各项财务指标完成情况的说明(对运营及财务现状的介绍)

三、财务分析

(一)财务报表分析

1. 近三年财务状况分析(资产数据、负债数据、所有者权益数据变化趋势等)

2. 近三年经营成果分析(各类利润数据变化趋势等)

(二)财务能力分析

1. 公司偿债能力分析

2. 公司营运能力分析

3. 公司盈利能力分析

4. 公司发展能力分析

四、财务评价(存在问题及原因分析)

五、改进措施及建议

财务分析专员：

时间：

参考文献

1. 张先治. 财务分析(第四版)[M]. 大连:东北财经大学出版社,2011.

2. 张先治,陈友邦. 财务分析(第七版)[M] . 大连:东北财经大学出版社,2014.

3. 鲁爱民. 财务分析(第三版)[M] . 北京:机械工业出版社,2015.

4. 刘义鹃. 财务分析:方法与案例[M]. 大连:东北财经大学出版社,2012.

5. 宋军. 财务报表分析行业案例[M] . 上海:复旦大学出版社,2012.

6. 查尔斯·H. 吉布森. 财务报表分析(第十二版)[M]. 胡玉明译. 大连:东北财经大学出版社,2012.

7. 朱学义,李文美,刘建勇,朱亮峰. 财务分析教程[M] . 北京:北京大学出版社,2009.

8. 王德发. 财务报表分析(第二版)[M]. 北京:中国人民大学出版社,2007.

9. 邹香,谢万健. 财务报表编制与分析[M]. 大连:大连理工大学出版社,2010.

10. 杨克泉. 财务分析学[M]. 上海:立信会计出版社,2011.

11. 刘敏. 企业发展能力指标的循环分析[J]. 中国农业会计,2013(5):34—36.